新形态教材

应用文写作

YINGYONGWEN XIEZUO

王　梅 ◎ 主　编

首都经济贸易大学出版社
Capital University of Economics and Business Press
·北京·

图书在版编目（CIP）数据

应用文写作/王梅主编．－－北京：首都经济贸易大学出版社，2018.9
ISBN 978－7－5638－2856－2

Ⅰ.①应… Ⅱ.①王… Ⅲ.①汉语—应用文—写作—高等职业教育—教材 Ⅳ.①H152.3

中国版本图书馆 CIP 数据核字（2018）第 199102 号

应用文写作

王 梅 主编

责任编辑	陈雪莲 彭 芳
封面设计	砚祥志远·激光照排　TEL：010-65976003
出版发行	首都经济贸易大学出版社
地　　址	北京市朝阳区红庙（邮编 100026）
电　　话	（010）65976483　65065761　65071505（传真）
网　　址	http：//www.sjmcb.com
E-mail	publish@cueb.edu.cn
经　　销	全国新华书店
照　　排	北京砚祥志远激光照排技术有限公司
印　　刷	北京市泰锐印刷有限责任公司
开　　本	787 毫米×1092 毫米　1/16
字　　数	390 千字
印　　张	15.25
版　　次	2018 年 9 月第 1 版　2019 年 8 月第 2 次印刷
书　　号	ISBN 978－7－5638－2856－2/H·197
定　　价	42.00 元

图书印装若有质量问题，本社负责调换
版权所有　侵权必究

前　言

写作是沟通人与自然、人与社会、人与人、人与自我的媒介。早在三国时期，魏文帝曹丕就在《典论·论文》中提出："盖文章者，经国之大业，不朽之盛事。"这说明写作与人生、事业，甚至治国安邦都有着极为重要的关系。现代社会飞速发展，竞争无处不在，良好的书面表达能力已是现代人必备的基本素质。

应用文是一种广泛应用于不同交际领域的文体。作为一门操作性极强的课程，应用文写作在大学生的学习生涯、求职过程、就业期间和日常生活中都发挥着重要作用。著名作家、教育家叶圣陶先生曾说过："大学毕业生不一定要能写小说、诗歌，但一定要能写工作和生活中使用的文章，而且非写得既通顺又扎实不可。"目前，写作能力已成为大多数用人单位衡量应聘者素质的一项重要标准。因此，切实提高大学生的写作能力，便成为高等院校写作教学的重要课题。

应用文写作既是一门文化基础课，又是一门职业能力训练课，更是一门人文素质课。本书充分体现"以学生发展为本"的教育思想，编写内容既考虑到学生的认知水平与写作基础，更着眼于学生的未来发展。立足大学校园生活，面向社会，以培养学生基本写作能力为目标，以就业为导向，为学生的职业生涯发展奠定基础，是本书的编写宗旨。

本书具有以下特点：

第一，体例科学。本书坚持理论先行，以写作模板为导引，以例文为范本，以训练为重心，以能力培养为目标，将教学与实训有机衔接起来，便于教师讲授和学生自学。

第二，内容实用。本书从学生实际需要出发，在选择文种时坚持"不求多，但求实用"的原则，同时，为帮助有志于从事教师职业的学生通过教师资格考试，特设"教师资格应用文单元"，助力学生的职业发展和自我成长。

第三，思想人本。本书一方面严格遵循各类应用文种的"书写规范"，体现应用写作"戴着镣铐跳舞"的特征；另一方面，积极渗透"对象化思维"，让学生领悟应用文写作的本质不是"文字与文字的交流"，而是"人与人的交流"。

第四，视野多元。本书引入新媒体写作和跨文体写作，详细介绍了几种新媒体营销文案的写作方法，旨在引导学生接触业界前沿，用新的创作理论提高自己的写作素养和能力，提升职业竞争力。

第五，平台开放。本书意在为学生构建一个开放的学习平台，随纸质教材配有丰富的数字教学资源，包括视频、课件、例文、拓展知识点、延伸阅读等，扫描书中相应的二维码即可获取。

"文章千古事,得失寸心知。"写作是一种"生长机制",它没有"封顶",需要写作者在不断的读写交替中实现知识的增值,在师生的教学互动中激发创意,在螺旋式递进中提高实际能力。秉承知识、能力、素质并重的编写理念,希望本书能对大学生应用文写作能力的提升有所助益。

本书在编写过程中,参考了写作学界前辈的相关研究成果,特别是借鉴、改编、使用了众多书籍、网络、报刊中的例文和训练材料。由于种种原因,未能与作者一一联系,在此谨致敬意和谢忱。

限于水平,囿于经验,难免有疏漏之处,敬请读者不吝指正。

目 录 Contents

第一章　应用文写作基础知识 / 1

第一节　应用文写作概说 / 2
一、应用文的含义与作用 / 2
二、应用文的特点与种类 / 3
三、学习应用文写作的基本要求 / 5

第二节　应用文的组成要素 / 7
一、应用文的主旨 / 7
二、应用文的材料 / 9
三、应用文的结构 / 10
四、应用文的语言 / 17
五、应用文的表达方式 / 18

第二章　就学期间应用文 / 21

第一节　职业规划书 / 22
一、职业规划书的含义及特点 / 27
二、职业规划书的写作 / 28
三、职业规划书的写作要求 / 29

第二节　演讲稿 / 31
一、演讲稿的含义、特点及类型 / 32
二、演讲稿的写作 / 35
三、锤炼演讲语言 / 43

第三节　实习报告 / 46
一、实习报告的含义及种类 / 48
二、实习报告的结构和写法 / 49
三、实习报告的写作要点 / 50

第四节　毕业论文 / 52
一、毕业论文的含义及特点 / 54
二、毕业论文的格式及写法 / 55
三、毕业论文的写作步骤 / 57

目 录 Contents

第三章　教师资格应用文 / 63
　　第一节　常规课堂教案 / 64
　　　　一、教案的含义、特性及编写价值 / 67
　　　　二、常规课堂教案的编写 / 68
　　　　三、教案编写注意事项 / 73
　　第二节　"国考教资"试讲教案 / 76
　　　　一、"国考教资"试讲概说 / 79
　　　　二、"国考教资"试讲教案设计 / 80
　　　　三、"国考教资"面试教案模板解析 / 96
　　　　四、"国考教资"教学设计案例精析 / 99
　　第三节　"国考教资"教育写作 / 107
　　　　一、"国考教资"教育写作概说 / 108
　　　　二、"国考教资"教育写作常用文体 / 111
　　　　三、"国考教资"教育写作审题立意 / 122
　　　　四、"国考教资"教育写作谋篇布局 / 129
　　　　五、"国考教资"教育写作备考建议 / 136

第四章　求职期间应用文 / 141
　　第一节　个人简历 / 142
　　　　一、个人简历的含义及类型 / 143
　　　　二、个人简历的格式及写法 / 147
　　　　三、个人简历的写作要求 / 148
　　第二节　求职信 / 150
　　　　一、求职信的含义及类型 / 152
　　　　二、求职信的格式及写法 / 153
　　　　三、求职信的写作要求 / 154
　　第三节　申论 / 156
　　　　一、申论的含义、特点及试卷的内容 / 156

Contents 目录

二、申论的写作指导 / 158
三、申论写作的注意事项 / 159

第五章　工作期间应用文 / 169

第一节　新媒体写作 / 170
一、新媒体写作概说 / 170
二、网络新闻写作 / 173
三、博客营销文章的写作 / 178
四、微博营销文章的写作 / 181
五、微信营销文章的写作 / 184

第二节　广告文案策划 / 206
一、广告文案的含义、类型及创作原则 / 208
二、广告文案的结构及创意原则 / 209
三、广告文案的创意写作方法 / 212

第三节　项目活动策划书 / 214
一、项目活动策划书的含义、类型及文体特征 / 215
二、活动策划书写作前的准备工作 / 217
三、明确策划书各要素的特点与功能 / 218

第六章　跨文体写作 / 227

第一节　跨文体写作概说 / 228
一、跨文体写作的含义 / 228
二、跨文体写作的使用 / 228

第二节　跨文体写作案例赏析 / 230
一、集小说、散文、随笔、诗歌等文体为一体 / 230
二、小说、新闻、报告文学等交融 / 231
三、小说与诗歌的交叉 / 231

目 录 Contents

四、新闻+故事化 / 231
五、小说与书信、剧本的杂糅 / 231
六、应用文体的跨文体特质 / 232

参考文献 / 234

第一章
应用文写作基础知识

 学习目标

1. 了解应用文的含义与作用
2. 了解应用文的特点与种类
3. 掌握应用文写作的基本要求
4. 理解应用文的组成要素

第一节　应用文写作概述

一、应用文的含义与作用

（一）应用文的含义

目前，写作界一般把古今文苑大体分为两类，即以审美为标准的文学文体和以实用为目的的应用文体。

应用文是各类企事业单位、机关团体和个人在工作、学习与日常生活等社会活动中，用于处理各种公私事务、传递信息、解决实际问题所使用的具有直接使用价值、格式规范、语言简约的多种文体的统称。

随着社会的发展，人们的交际日益频繁，工作、生活中对应用文的运用日益广泛。政府机关指导工作需要用公文，企业经营需要签订合同，公司营销需要拟写活动策划书，找工作需要设计个人简历和求职信……相对于其他文体，应用文的使用频率要高得多。许多人一生中可以不写诗歌、小说、散文，却免不了写应用文。美国著名学者约翰·奈斯特在《大趋势——改变我们生活的十个新方法》一书中指出："在这个文字密集的社会里，我们首先比以往任何时候都更需要具备最基本的读写技能。"这里所说的"写"的技能，首先就是应付日常工作和生活所需要的写作能力，也就是应用文写作能力。所以说，应用文写作能力已成为当代人必须具备的重要素质之一。

（二）应用文的作用

1. 指挥管理，规范行为

国家行政公文和规章制度文具有法律法规的性质，是党和国家进行社会管理的重要工具。特别是法规性和政令性文件，对于规范人们的行为、维护正常的社会秩序、安定社会生活、保障公民的合法权益具有极其重要的作用。这类文件一经发布，就必须坚决执行，任何人都不得违反。

2. 交流信息，联系沟通

随着社会的发展和进步，国与国之间、单位与单位之间、个人与个人之间的交往日益频繁，而应用文能突破时间与空间的限制，成为人们传递信息、组织生产、推广成果、交流思想、加强协作的有效载体。应用文因其负载一定的信息量，才具有了传播的必要，同时也因为传播，才实现了其自身的价值。

3. 宣传教育，传递情感

各种文章都具有宣传教育的功能，而应用文的这种功能更具有直接性和权威性。

党和国家的各项方针、政策往往以应用文中的公文为载体进行传达，各种典型经验和先进事迹也往往以公文为载体进行宣传。

4. 凭证资料，实用有效

应用文反映了各行各业、社团和个人的各种活动，储存了不同时期政治、经济、科学、文化等方面的大量信息，为国家建设和经济发展提供了许多有重要价值的历史资料，是我们做好日常工作的主要依据和重要凭证。

二、应用文的特点与种类

（一）应用文的写作特点

在千百年的发展中，应用文由于自身的特点，形成了独特的表达方式和写作样式。由于应用文种类较多，各类应用文的特点也不尽相同，但整体而言，应用文具有以下共性特征。

1. *内容的实用性*

汉代学者王充言："为世用者百篇无害，不为用者一章无补。"应用文是一种实用文体，它的内容有明确的实用性。一般文学作品的创作是"有感而发"的，像诗歌、小说、散文、戏剧等文学作品，主要用于抒发情感，表达人们的喜怒哀乐，反映人们对现实世界的认识和感悟。优秀的文学作品能给读者带来审美愉悦，有认识生活、陶冶情操的作用，但很难立即、直接解决现实生活中的实际问题。而应用文的写作主要是为了解决某一具体问题或实现特定目标，是"有事而发，无事不发"的，写作的目的总是先于写作行为而出现。因此，应用文往往被称为"实用文"，是"为实用而作之文"。

2. *材料的真实性*

材料的真实性是应用文写作的根本原则。文学作品的材料是作家从现实生活中收集、提炼、加工而成的，可以"上下五千年，纵横数万里"。而应用文是"笔下有财产万千，笔下有人命关天"。应用文写作所选取的材料必须实事求是、有针对性，来不得半点虚构和杜撰。文中所用的数据、材料等要准确；所表达的意见、主张要真实；所发布、传达的上级指示精神要确切，没有经过任何艺术加工，否则作者将承担一定的行政和法律责任。

3. *格式的规范性*

文学作品的结构是作者主观思路和事物客观逻辑相结合的产物，不具有规定性，也没有格式化，贵在求新、奇、特，构思越巧妙越好。应用文则不同，应用文结构的规范性和格式化是其重要特征之一，它便于写作，也便于阅读，有利于公务、事务的及时准确处理，也体现了应用文的严肃性和客观性。

应用文格式的规范性主要体现在两个方面：一是文种的规范，即涉及什么样的事务就使用与其相应的文种，这是约定俗成或有明文规定的，在写此类文种时，应遵照执行；二是格式的规范，即每一文种在写法上有固定的格式规范，不能随意变更。

4. 语体的独特性

文学作品总是追求语言个性，作家总是有自己的语言风格，进而形成自己独特的艺术个性。应用文的语言比较规范，句式严谨，语句准确，风格庄重；表达方式以叙述、说明为主，以议论为辅，避免个性化、风格化的语言表达习惯，避免使用不切实际的形容词和不适宜的比拟、夸张等修辞手法。在长期的应用文写作实践中，人们已经形成了一系列的专用词汇和习惯用语。

5. 时效的严格性

应用文的实用性决定了其功能的时效性。文学作品可以反复构思，多次修改，仔细推敲，不必急于求成。而应用文写作则不能如此从容，常常要在第一时间把情况反映清楚，有的紧迫到争分夺秒，否则就会耽误工作或因过期而失效。例如，公文、合同、请柬等一般都要标明生效的具体日期；一则关于防汛抗洪的紧急通知，如果错过了汛期，那后果就不堪设想了。

除以上5个特点外，应用文还具有使用的广泛性和政策的权威性等特点。

（二）应用文的种类

应用文种类繁多，目前常用的应用文有200多种，随着市场经济的发展，还将不断产生新的文种。要想对这一庞大的系统进行分类是困难的，因而至今没有形成权威的应用文分类体系。在这里，我们以应用文的内容和使用范围作为划分标准，把应用文分为以下4类。

1. 公务文书

公务文书简称"公文"。人们通常说的公文有广义和狭义之分。广义的公文，是指法定机关、社会团体、企事业单位在公务活动中所使用的具有规范格式的文书材料，包括行政公文、事务文书、各类专用文书等。狭义的公文，专指行政机关公文。行政机关公文是行政机关在行政管理过程中形成的具有法定效力和规范体式的文书，是依法行政和进行公务活动的重要工具，即中共中央办公厅、国务院办公厅2012年4月16日印发的《党政机关公文处理工作条例》中列出的15类公文：决议、决定、命令（令）、公报、公告、通告、意见、通知、通报、报告、请示、批复、议案、函、纪要。

2. 事务文书

事务文书是指机关、团体、企事业单位为反映事实情况、解决问题、处理日常事务而普遍使用的文书，它具有很强的实用性、事务性，有某种惯用格式。从广义上说，事务文书也是一种公务文书，撰写的目的是处理公务和传递信息。使用"事务文书"这一名称，是相对于正式公文而言的，如计划、总结、简报、述职报告等都是事务文书。

3. 专业性文书

专业性文书包括以下几种：

（1）经济文书。经济文书包括商品说明书、广告、经济合同、招投标书、市场调查报告、调研报告、审计报告等。

（2）科技文书。科技文书包括实验报告、科研报告、学术论文等。

（3）涉外文书。涉外文书包括对外业务函电、涉外意向书、中外合资企业项目建议书等。

（4）司法文书。司法文书包括判决书、裁定书、执行通知、调解书等。

（5）新闻报道。新闻报道包括消息、新闻评论。

4. 日常文书

日常文书是指机关、团体、企事业单位和个人在日常生活、工作和学习中所使用的，具有一定规范格式，能起到交流思想、沟通感情、传递信息等作用的应用文书，如书信、日记、条据、启事、对联、感谢信、表扬信、演讲稿、申请书、慰问信、请柬、导游词、讣告、悼词等。

三、学习应用文写作的基本要求

（一）具备扎实的专业知识

1. 提高思想政治修养

部分种类的应用文具有强烈的思想性与政治性，这就要求撰写者具有较高的政治理论水平，不断学习和理解党和国家的方针、政策，了解形势的发展，坚持科学发展观，站在正确的立场上用辩证唯物主义的观点去认识事物、分析问题、解决问题。应用文撰写者必须不断加强政治理论的学习和修养，才能使撰写的应用文符合党和国家的方针政策。

2. 提高道德修养

"作文先做人。"应用文写作要求从实际需要出发，解决人们生活、学习、工作中出现的问题。这就要求应用文撰写者具有较强的责任心，持辩证唯物主义世界观，抱着实事求是的工作态度，具备良好的职业道德。

3. 增加知识积累

应用文写作涉及社会生活的各个领域、各个层面，并与方方面面的知识密切相关，需要撰写者有多方面的知识积累。要想写出较高水平的应用文，撰写者还必须全面提高自身的修养水平。

（二）具备较强的逻辑思维能力

逻辑思维能力是指正确、合理地对事物进行观察、比较、分析、概括、判断及推理，采用科学的逻辑方法，准确而有条理地表达自己的思维过程的能力。科学的逻辑思维能力是一种辩证的、多维的、严谨的思维能力。

具备逻辑思维能力有助于应用文撰写者正确领悟和运用国家法律法规，快速领会写作意图，准确把握行文重点和要求，能根据主题思路进行符合逻辑的拓展和延伸写作；有助于应用文撰写者在面对错综复杂的管理工作，甚至是与事实或实质相违背的情况时，认真观察，沉着冷静地研究和分析问题，准确地把握事物的本质，提出科学合理、切实可行的解决问题的方案；有助于增强应用文撰写者的表达能力，高效传递管理者的意图，从而大大提高组织管理水平和管理效率。总之，培养较强的逻辑思维能力是撰写者写出内容充实、逻辑清晰的优秀应用文的重要前提。

（三）具备良好的文字表达能力

应用文撰写者要想做到文约而事丰、文简而理周，使受文者准确理解并快速把握应用文的主题，就必须具备良好的文字表达能力，如熟悉语法，注意用词的准确与规范，掌握特定的表达方式，文字表述言简意赅，等等。

如何提高撰写者的文字表达能力？一方面，要加强阅读，阅读是学习语言、提高文字表达能力的最佳、最有效途径。长期坚持认真阅读能解决语言匮乏、表述不能得心应手的问题。另一方面要多进行写作实践训练。鲁迅先生说："文章应该怎样做，我说不出来，因为自己的作文，是由于多看和练习，此外并无心得或方法的。"这是他的经验之谈。只有亲自动手，将所学的理论知识应用到写作活动中，不断思考、练笔、修改，循环往复，逐渐将别人的经验转化成自身的知识和能力，才能撰写出符合要求的应用文。

（四）具备严谨的写作态度

常言道，态度决定行为，行为决定细节，细节决定成败。同样，在应用文写作活动中，撰写者的写作态度决定着应用文的质量，而应用文的质量大则代表一个组织的对内对外形象，小则体现一个人的业务能力和素养，进而直接影响组织的管理效率和个人意愿的达成。因此，撰写者要在思想上重视、行文上严谨，做到言之有据、言之有理，实事求是地反映客观事实，以事立言，不夸大成绩，不回避问题，不以主观代客观，不凭个人好恶下结论，只有这样，才能客观、准确、高效地完成应用文写作的任务。

（五）具有鲜明的受体意识

应用文的受体，即应用文的接受者与读者，也就是受文者。受体意识是指应用文撰写者在写作过程中设定了受体，并自觉进行换位思考，贴近受体需要的心理过程。受体意识要求应用文撰写者在写作之前及整个写作过程中，始终主动设想受体将如何阅读文章，阅读后的效果如何，这个效果与自己的写作动机是否一致等，并以此来调整和矫正自己的写作行为。应用文撰写者要加强自己的受体意识，设身处地地考虑受体的阅读特点、心理需求和可能存在的困难等，将相关依据、背景、道理等说清楚，使受体心悦诚服地接受文本内容。

在学习、工作、生活中，应用文写作人人都会用到，写作的门槛似乎也不高，但要写出高质量的应用文并非易事。对在校大学生来说，要具有较高的应用文写作能力，除了平时加强写作练习外，还要学习一定的应用文理论知识，要进行逻辑思维训练，自觉进行知识的储备，提高思想与文化修养，并树立牢固的"受体意识"，以平等的观念、平和的态度、平易的笔调进行应用文写作，传达出对受体的尊重，从而实现写作目的。

本书选择现今社会通用的，契合大学生学习、工作、生活的文种进行介绍，并就学习写作这些文种提出方法和建议，希望对学习者有所帮助。

第二节 应用文的组成要素

应用文的组成要素是指在建构应用文文本过程中所呈现出的具有文种个性的文本结构要素，一般包括主旨、材料、结构、语言、表达方式等。

一、应用文的主旨

主旨，又称"主题""题旨""立意"等。任何一个应用文都有一个主旨，即发文者的制发意图、制发目的和主张。明代学者王夫之曾说："意犹帅也，无帅之兵，谓之乌合。"这说明主旨在文章形成过程中起着关键作用，决定着文章的质量、价值和作用。

（一）应用文主旨的要求

1. 正确

主旨正确是撰写应用文的基本要求。一篇文章要表达什么思想，说明什么问题，集中体现在主旨上。应用文主旨正确就是指以先进的思想为指导，文章内容符合党和国家的路线、方针、政策、法律、法规，符合客观实际。

2. 鲜明

主旨鲜明是指对待事物的态度要鲜明。提出的观点、解决问题的办法和措施一定要表述清楚、明白、突出，无论赞成还是反对，提倡还是禁止，肯定还是否定，都应使读者一目了然。

3. 深刻

主旨深刻就是对事物的认识要深入、透彻，要准确反映生活的本质和规律，揭示事物所隐含的最有价值的思想意义。

4. 集中

集中是指应用文的主旨要单一，一篇应用文只能有一个主旨。应用文的主要功能是联系上下、沟通左右，以提高办事效率。如果应用文所传达的信息呈现多向性，就会表述不清楚，使受文者无从把握。一文一事，主旨明确、集中，效果会好很多。

（二）确立主旨的依据

应用文的写作是为了表达一定的目的，如表彰先进、传播经验、宣传思想、提出倡议等，所以应用文的写作常常是"主旨先行"。主旨一旦确定，文章材料的取舍、结构的安排、语言的运用，都要紧紧围绕主旨，突出主旨，受主旨的支配。因此，选准、选好主旨是写好应用文的关键。确定应用文主旨的主要依据离不开以下几个方面。

1. 根据本行业、本单位、本部门的实际情况确立

本单位在工作中遇到什么情况，需要怎么解决问题，这是确定主旨的主要依据。例如，召开会议，会议的中心议题就是会议文件的主旨。

2. 按照上级的指示精神确立

应用文的主旨必须根据上级的指示精神而定。

3. 根据实际材料确立

主旨不是凭空想象出来的，如果没有真实而丰富的材料可供分析提炼，主旨的产生就无从谈起。例如，市场调查报告必须依据作者实地调查得到的材料和分析结果来确定主旨。

（三）应用文主旨的表现方法

应用文主旨的表达要做到明确、单一、集中。那么，怎样做才能使主旨从文章中有效地显露出来呢？其方法主要有以下几点。

1. 标题见旨

标题即文章的主旨。由于标题比较简短，要用标题表达主旨，就必须使标题高度浓缩，能准确概括文章主旨。这种表达方式极为简便，适用内容单一、简短的公文。

2. 开篇明旨

篇首点明主旨，开宗明义，方便受文者快速抓住要点，了解行文目的，把握文章的基本内容。

3. 文中点旨

在行文中，当叙述或议论到一定程度的时候，在主体部分自然引出主旨。例如，一些篇幅较长的工作总结、报告等，由于阐述的问题较多，往往通过分析典型事例来阐明观点主张，层层深入，揭示主旨。

4. 篇末结旨

在应用文结尾处进行总结，概括性地道出全文的主旨，可以再次加深受文者的印象。

5. 小标题显旨

应用文中篇幅较长的文种，如工作报告、总结、调查报告、讲话稿等往往都有小标题。这种写法实际上是把主旨分解成几个部分，每一个部分用一个小标题标示，一线贯通，但各个小标题的排序必须注意体现合理的逻辑关系。

二、应用文的材料

材料是指作者在应用文写作中，为实现写作目的，有效表现主题而收集、积累的一系列事实现象和理论依据。它既包括经过选择提炼后写进文章中的内容材料，也包括在写作之前收集积累的原始材料。

（一）应用文材料的收集

应用文的写作材料一般可分为直接材料和间接材料两种。直接材料是指在现实生活中，通过实地调查，亲自观察、感受所得到的材料，它源自作者的生活积累。所以，在现实生活中了解工作的进程，掌握事物的规律，在实践中形成自己的判断，是获取直接材料的重要途径。人的精力和能力是有限的，不可能事事亲身经历或实践，因此，通过大量阅读、调查或各种社会交际，以及借助传媒工具等获取写作素材，是取得间接材料的重要途径。

1. 观察

观察是指借助人的感官全面、深入、细致地认识客观事物，是积累材料的主要途径。只有"笼天地于形内"，才能"挫万物于笔端"。每个人都应养成留心观察的良好习惯，学会从现实生活中获取大量有价值的材料，为应用文写作奠定坚实的"物质基础"。

2. 调查

调查是指通过一定的途径，采用一定的方式、方法，了解和掌握现实生活中某些事情的实况。调查中常用的方法有个别采访、开会调查、问卷调查等。只有经过认真的调查，才能获得真实可靠的材料。

3. 阅读

阅读是指看书读报、上网查阅。阅读是获取写作材料的有效方法。书籍、网络能把前人获得的知识、经验、信息记录并传播开来，使读者在较短时间内接收到，并进行研究、分析，进而发掘其参考和借鉴价值。

（二）应用文材料的选用

写作前占有的材料以多为好，以全为贵，但不是所有的材料都要用上，只有那些能够证明或说明主题的材料，才能进入文本。选择材料应遵循以下原则。

1. 切题

材料的主要作用在于表现和支撑主题，因此，要根据主题的需要决定材料的取舍。凡是与主题有直接关系的，能说明、突出主题的材料就选用，其他的材料不管本身多么生动，都要坚决舍去，这是选择材料的一个基本原则。

2. 真实

应用文所使用的材料必须准确无误，符合生活实际，能正确地反映客观事物的本来面貌。只有客观真实的材料，才能取信于读者，达到预期的效果。真实是应用文的生命线。

3. 典型

典型材料就是最有代表性、最能说明问题、最能揭示事物本质的材料。这样的材料能够把道理具体化，把过程形象化，具有内在的说服力。一个典型材料往往具备3个特点：一是思想性，即能够表现善恶美丑的倾向，促人思索，给人启迪；二是代表性，能够使人以小见大，见微知著；三是生动性，能够强烈地感染人、教育人。

4. 新颖

新颖、生动的材料是指那些具有新意的具体、形象的材料。这些材料的选用能增强文章的现实性，使人耳目一新。因此，在选择材料时，应站在时代精神和科学思维的高度，选择那些新思想、新问题、新成果等容易引人共鸣的材料，给读者以新的启迪。

总之，在材料的选择上，要紧扣主题，精当剪裁，做到主次分明、详略得当。

三、应用文的结构

应用文的结构是指应用文内容的组织安排，它既是应用文内容的重要表现形式，也是应用文撰写者的思路在文章中的具体体现。

文章的结构有两种：一是外部结构，即文章的总体框架，如标题、开头、主体、结尾、过渡、照应等；二是内部结构，即内在的逻辑条理、意念脉络等。只有外部结构与内部结构完美结合，才能使主题与材料有机地融为一体，才能使写作意图呈现出来。

（一）应用文结构的要求

文学作品的结构往往富有创造性，应用文的结构则要符合客观要求。应用文的各个文种由于反映问题的角度、方法、容量不相同，在布局结构上也有所不同。但无论哪种类型的应用文，其结构都应完整、严谨、清晰，程式划一，单一平直。

1. 完整

完整要求文章的题目、开头、主体、结尾等各个部分齐全，各部分内容安排恰当，首尾圆通。

2. 严谨

严谨要求文章的层次、条理之间的联系要紧密，脉络通畅自然。

3. 清晰

应用文不追求曲折波澜，但要求段落清楚，纲举目张，便于受文者把握要领。

4. 程式划一

应用文结构体式的程式划一具体表现在两个方面：一是文面形式上有惯用格式；二是内容构成上有固定的项目。

5. 单一平直

应用文的写作目的是解决问题、处理事务，而不是供人欣赏，因而应用文的篇章结构呈现出单一平直的特性，一是一，二是二，不含糊，不费解，合乎逻辑，合乎语法，平铺直叙，如实道来。

（二）应用文结构安排的原则

1. 符合事物发展的内部规律和人们认识事物的客观规律

应用文是对现实生活和客观事物的真实反映，客观事物有其固有的存在形式和发展变化规律，因此，应用文撰写者对客观事物的认识和反映也应遵循其固有的形式和规律。

2. 服从并服务于表达主题的需要

合理的文章结构安排就是把内容材料组合成一个统一的有机整体，以表现主旨。在应用文写作中，用什么样的结构形式来组织文章只是手段，通过这种手段去表现和揭示文章的内容才是目的。因此，内容材料的详略先后、层次段落的划分等都必须紧紧围绕主旨，让主旨贯穿全文始终。

3. 适合不同文种的特点

文章体裁不同，对结构的要求也不同，因此，写作必须考虑到具体文体的需要。一般而言，应用文的结构组成都有开头、主体与结尾几大部分，但在具体写作时，要根据不同文种的特点安排不同的结构形态。

4. 有一定的审美效果

应用文结构的审美效果主要表现在匀称完整、周严缜密、富于变化3个方面。

（三）应用文结构的基本内容

应用文的结构一般涉及标题、开头、主体、结尾、层次和段落、过渡和照应。

1. 标题

应用文的标题要能显示主旨或者显示主要内容。标题通常有以下几种形式。

（1）公文式标题。公文式标题程式性强，表达直接而少变化，主要用于公文，如《××市人民政府关于做好2017年安全生产工作的通知》。

（2）新闻式标题。新闻式标题通常又称"文章式标题"，可分为单标题和双标题两种形式。

①单标题。单标题即单行标题，通常有3种标题形式：

a. 主旨式。标题提出应用文的主旨，如《药品销售中回扣现象再也不能继续下去了》。

b. 事实式。标题陈述基本事实、情况，如《大巴山捕蛇严重导致鼠害猖獗》。

c. 问题式。标题提出问题，规范内容走向，如《职工的归属感从何而来》。

②双标题。双标题即有正题和副题的双行标题，其中正题符合单标题的要求，突出应用文的主旨，副题则对正题起补充说明的作用，说明应用文书写作的内容范围和文种。如：《艰苦的拼搏，丰硕的成果——××省供销系统2015年工作总结》

（3）四项式标题。四项式标题通常由单位（或对象）、时限、事项和文种4个部分组成。如《××市××研究所2016年度科研工作总结》，这种形式的标题程式性强，常用于计划、总结及法规、规章等。

（4）论文式标题。论文式标题或表达文章的观点和内容，或点明所论述范围，如《论"在激情奋斗中绽放青春光芒"》。

（5）文种式标题。以文种名称为标题，诉状类文书、合同、启事、部分礼仪文书等常用此类标题。

2. 开头

应用文种类繁多，其开头往往因文种的不同而不同，常用的开头大致有以下几种。

（1）概述式。概述式是应用文写作中较为常用的一种开头方法，即直接写出基本情况、基本问题或工作的大致过程。总结、报告等经常采用这种方法，如《××区政府关于东山村至五柳村乡村公路修整工程的报告》的开头是这样的：

本区东山村至五柳村一段七公里乡村公路，因系地方自建，不属于国家公路管理部门的养路范围，近年来因农村汽车、拖拉机、摩托车增多，加上沿路采石场的施工，路面洼陷及部分坍塌严重，影响行车安全，前经报请做一次较大的路面修整在案。现该段路面修整已经竣工，兹将修整情况报告如下……

概述式开头的优点在于直接写出基本情况，使受文者先有一个总的概念、印象，为正确理解正文主体部分打下基础。

（2）引用式。引用式开头是指文章开头部分直接引述上级指示、有关政策规定或有关单位来文，为正文主体的表达做好准备。报告、批复、通知、通令、评论等多采用这种方法，如《××区政府转发××区要求我区配合行动打击拐卖妇女的来函的通知》的开头：

兹接××区政府来函，内称：最近以来，本区发现多起外来的犯罪团伙，至农村以介绍到大城市工作为由，诱骗妇女，致使妇女多人被拐卖到外地。在拐骗过程中，经常将受骗妇女引至附近乡村隐藏，伺机带出。我区除严密注意这些犯罪团伙的不法行为外，请你区配合，防止不明身份的歹徒将妇女引至你区乡间藏匿。倘有发现，请立即通知我区，以便迅予制止，不使歹徒得逞……

（3）根据式。根据式开头就是根据上级的有关精神或为配合某项工作而对下级或本单位的工作作出指示、安排，起始处常有"根据""按照"等词语，如：

根据市政府"一转、二破、三活"的改革总框架，征求市局同意，定于×月×日至×月×日在我县召开粮食经营深化改革的七个专题会议……

根据式开头的优点在于先阐明事项的依据，加深读者对主体陈述的理解，从而提高办事效率。

(4) 提问式。提问式开头是指在应用文的开头根据写作目的提出问题，引起下文，回答问题，以引起读者注意。如邓小平的文章《全党讲大局，把国民经济搞上去》的开头：

现在有一个大局，全党要多讲。大局是什么？

开篇先提出论点，然后提出问题，最后开始回答问题。提问式开头把受文者带入问题的情境之中，吸引受文者阅读的注意力，引发对问题的深入思考。一般论文、调查报告、新闻等常用这种方法开头。

(5) 起因式。起因式开头就是直接阐明进行某项工作的条件和必要性，在很多应用体式中都可运用。起因式开头在开头时常用"因为""由于"等词语。如某旅行社《关于取消"5·21"主题活动暨"5·18"开漂仪式的紧急通知》的开头：

尊敬的广大游客朋友：

因高过河景区近期遭遇特大暴雨，造成山洪暴涨，导致漂流河道、观光步道及标识标牌等基础设施严重损毁，道路多处塌方中断，景区暂不具备旅游接待条件……公司本着"以人为本、安全旅游为主"的原则，为游客人身安全着想，结合景区实际情况，特取消计划开展的"5·21"主题活动暨"5·18"高过河开漂仪式……

起因式开头的优点在于阐明"事出有因"，一方面加大了行文的分量，另一方面也引起了读者的重视。

(6) 庆贺式。贺电、贺信、贺词常用庆贺式开头。如《全国工商管理硕士教育指导委员会贺信》的开头：

获悉中国人民大学组建商学院，全国MBA教育指导委员会向中国人民大学商学院表示热烈的祝贺！

开篇就向对方表示祝贺，这样写作是为了融洽关系，增进情感，发展友谊。只有语言热烈，态度热情，才能和对方喜庆的气氛相吻合。

(7) 目的式。目的式开头就是在开头写明某项活动或举措的意义、背景等情况，如合同、经济报告、计划、广告等。在起首处常用"为了""为"等词语表明目的所在。如《中华猕猴桃果汁、果酱加工工艺科研合同》的开头：

为了调动××县果酒厂研究中华猕猴桃果汁、果酱（半成品）加工工艺的积极性，确保科研经费的合理使用，明确甲、乙、丙三方的责任，促使科研任务早日完成，经甲、乙、丙三方充分协商，特签订本合同，以便共同遵守……

目的式开头的优点在于先阐明写作目的、背景，一方面表明事项的重要性，另一方面也为受文者正确理解下文打下基础。

(8) 结论式。结论式开头就是把有关事情的结论放在前面，然后进行叙述或分析，说明产生这个结论的事实和依据，以引起读者对问题的充分重视。总结、可行性分析报告、市场调查报告等都可采用这种方式。如《对××牌轿车的质量调查》的开头：

××牌轿车，质量、技术水平本来一直处于同行业领先水平，但是，在产品获得"优质"称号后，放松了质量管理，造成质量事故不断出现。这件事提醒我们要注意，优质产品也存在质量下降问题，所以，评优不能居优不前，相反，更应坚持不懈地抓好质量。

结论式开头的优点在于结论在前，吸引受文者重视下文，阅读下文，从而达到行文的目的。

当然，在实际写作中，开头方式灵活多样，不拘一格。开头部分在全文占有很重要的地位，写作时究竟用什么方法，要根据文章内容和体式来决定。但无论采用何种方式，都要紧扣文章的正文部分，所以，落笔就要生辉，不能东拉西扯，尽快进入正题。

3. 主体

主体是应用文写作的"重头戏"，是全文的重点和核心所在。这部分紧接开头，转入对基本内容（包括事实）或主要问题的具体说明和详细分析，它是开头的必然发展。主体的好坏关系着应用文写作的质量乃至成败。

由于事物本身固有的条理性不同，主体部分的结构安排也各有千秋。应用文主体部分常见的结构方式有：

（1）时序式主体。时序式主体是指以时间的先后为序，按照事情的发生、发展变化过程的次序安排结构。时序式主体多用于事情、情况的说明。总结、调查报告、情况通报等常用此种方式。

（2）递进式主体。递进式主体是指按事理的顺序或对事物的认识过程来安排层次。主体内容层层推进、环环相扣，且推进的顺序不可颠倒。意见、报告、议案等常用这种方式。

（3）条款式主体。条款式主体是指用分条陈述的方式把所选取的材料逐条逐款地排列出来。这些内容必须符合一个统一的观点，各条各款不能相互抵触、前后矛盾，一定要注意其内在的逻辑联系。决定、通告、公告、规章制度等常用此种结构方式。

（4）总分式主体。总分式是总述与分述的层次关系，其特点是中心突出，层次分明，条理清楚。具体运用此方式时，可以按总—分—总，或分—总，或总—分关系安排层次。简报、调查报告、总结、述职报告等常用这种方式。

（5）并列式主体。并列式主体是指文章各层内容无主从关系，各层次并列且有联系，共同表达主旨或论点。

4. 结尾

应用文常见的结尾方式有：

（1）强调式。正文结束时，对全文的主旨意义、重要性进行强调，以引起受文者的注意。

（2）号召式。正文结束时，发出号召，提出希望，展望未来，寄托希望，以鼓舞斗志。

（3）请求式。正文结束时，写上请求上级批复、批转、批准或请求对方帮助之类的话语。

（4）总结式。正文结束时，对文中的主要观点或问题做出归纳总结，或略做重申，以加深印象。

（5）要求式。正文结束时，提出明确要求，敦促受文者采取相应的行动。

（6）说明式。正文结束时，对主体部分的未尽事宜做一些补充说明，或者对与内容有关的问题做一些必要交代。

（7）补充式。正文结束时，补充交代有关事宜，以保证内容的完整性。

（8）建议式。正文结束时，针对主体部分设定的施行目标和存在的问题提出意见与建议。

（9）专用语式。以模式化的方式把名词性文种作动词用，并以此结尾，如"特此通告""特此通报""特此通知""特此报告""此布""此复"等。

（10）自然收尾式。在主体部分写完之后，事尽言止，自然收结。

5. *层次和段落*

应用文层次清晰、段落分明可以增强文章的条理性。

（1）层次。层次是应用文的表达次序和展开步骤，由段落组成，又可称"意义段"、"逻辑段"或"部分"。对层次的要求是：突出主旨，顺序合理，避免交叉。具体安排方式有：

①纵向式。按照事物发展的自然顺序、时间顺序或递进次序安排。

②横向式（并列式）。按事物的组成部分和性质分类安排。

③交错式。按纵向展开层次并穿插横向组合的材料。

（2）段落。段落也叫"自然段"，是构成文章的基本结构单位。对段落的要求有：段落单一，内容完整，长短适度。其表现形式有条款式和提行式两种。

6. *过渡和照应*

好的过渡和照应能增强文章的逻辑性。

（1）过渡。文章中的过渡是体现段落与段落、层次与层次之间各种衔接关系的方式、手段，在文章中起承上启下的作用。常见的过渡形式有：①过渡段，一个单独自然段，用在层次或段落的转换之间。②过渡句，一个句子，用在上段末或下段首。③过渡词，如"因此""总之""可是""然而""综上所述""总而言之"等词语，一般放在下段首。

（2）照应。照应是指文章前后内容之间的照顾和呼应，包括交代和呼应两个方面。交代指的是对后面要表现的内容，在前面适当的地方先提示一下，埋下伏笔；呼应指的是对前面已经提示或埋下伏笔的内容进行必要的续写或回答。照应的作用在于显示文章的内在联系，强化关键的内容，给受文者深刻印象和某种启示。常用的照应方式有：①题文照应，主要表现在文首、文中、文末的点题；②首尾照应，开头提出问题，收尾做出结论，说明解决问题的办法；③前后照应，前文提出问题，后文有所呼应。

（四）应用文的常见结构模式

应用文的结构模式是指应用文的结构在外部形态上所表现出来的形式。应用文的外部形态大致有以下类型。

1. 单段式

单段式也叫"篇段合一式",即正文内容包容在一个完整的自然段内,一个段落就是一篇完整的文章。这种形式常用于内容少、事项单一的情况。

2. 两段式

两段式,即由两个自然段组成,一般用于以下几种情况:

(1)把篇段合一式中的结语部分单独列为一段,成为两段式,即行文的缘由和行文事项为一段,希望、要求等结尾语句为一段。

(2)把三段式中的结语部分省略,写作目的或缘由、行文事项各为一段,就成了两段式。这往往是内容简单、篇幅简短的应用文常用的结构类型。

(3)在转发、发布性文书中,将批准、同意转发、发布有关文件的名称列为一段,把转发、发布的执行意见、要求列为另一段。

(4)在答复性文书如复函、批复等文种中,将表示收到对方文件列为一段,且多为独句段,将答复事项及结尾列为另一段。

(5)没有开头、结语部分,将主体内容列为两段。

3. 三段式

三段式是短篇应用文常用的一种比较规范的外部结构形式,是指正文把写作目的、事项、结语分为三段来写。

4. 多段式

多段式总共有四个自然段或四个自然段以上,一般是开头概述情况,说明缘由、目的或依据,结尾单独成段或省略结尾段,主体部分分成若干段。多段式常用于内容较多,篇幅较长的应用文。

5. 分部式

分部式这种结构形式通常把文章分成几个大部分,每个部分就是一个层次。为了使条理清晰,每个部分可用小标题或者序号列出,实际中多用序号加小标题的形式。这种结构形式容量较大,头绪分明,适用于内容较多、篇幅较长的应用文书,如工作总结、调研报告等。

6. 条款式

在行文中,分条分款,显得眉目清楚,排列有序,简洁明了。法规、规章和职能部门的一些行业文书等常采用这种结构形式。

应用文中的条款式结构一般可采用以下两种形式:

(1)断章条连式。断章条连式适用于内容多、篇幅长的法规、规章。这种结构以章为序划分有关法规、规章的层次,各章下的"条"不依章断开、另起开头,而是连续编号,这便于执行承办时援引有关条文。章下可分条,极少数还在章下分节,节下再分条。

(2)条文并列式。条文并列式适用于内容不太多、篇幅不太长的法规、规章和其他应用文章。条下同样可分款或项、目。若为非法规、规章的其他应用文章,通常不用"第×条"标示，其标法形如：第一层为"一、"，第二层为"（一）"，第三层为"1."，第四层为"（1）"，不另以其他数码为序数。若只有一层，则以"一、"这类数码为序数。条下的款或项、目独立成段。段间内容具有相关性，有的可以用"首先""其次""再次"，或"第一""第二""第三"等文字来表明次序和结构。

7. 表格式

不少经济管理职能部门，如工商行政管理部门、税务部门、专利管理部门等机构和不少企业如银行、厂矿、公司等单位，制发的各种专门文件大都采用表格式的结构类型。

8. 总分条文式

文章开头部分为总说：或概述情况，或说明写作目的、原因，或阐明主旨、摆出结论。后文则分条阐述有关内容，有的在分条之后还有一个总说的结尾，形成"总说—分说—总说"的结构。

9. 贯通式

贯通式是围绕中心，按时间顺序、事物发展顺序或者对事理的认识顺序，抓住主要线索，逐层分析，比较完整地说明一个事项、一项工作、一个道理。它不用小标题，前后贯通，按自然段安排层次，以自然段落组成全篇。

10. 自由式

自由式应用文章不像一般文章那样有完整的结构，开头、结尾、层次、段落、过渡和照应都不一定齐备或有明显标示，从其外部形态来看也不像传统的文章样式，语言表述方式也有其特殊性，通常运用图文相间的形式或者图表形式，很有吸引力。

四、应用文的语言

应用文的语言是指在写作过程中用以承载应用文撰写者对客观事物的观点和态度的文字材料。能否运用语言文字去准确地表达思想内容，不仅是一个人是否具有写作能力的重要标志，也是一篇文章成功与否的关键。

应用文写作中的语言文字，应具有以下特点。

（一）准确

准确是应用文写作对语言的最基本要求，它直接关系到应用文的效果。应用文具有很强的政策性和时效性，在记载、传递信息的过程中，只有语言准确、语法规范，才能对客观事物做出正确的反映。如果用语含混，词义表述不确切，概念不明确，就容易产生歧义。

（二）严谨

严谨是作者处理事务的态度在应用文语言中的体现。严谨是指应用文语言分寸感强，逻辑严密，通俗易懂，不生僻，不使用方言、口语、网络流行语。用语要符合书面语要求，符合应用文语体风格。

（三）简明

为了使机关单位和个人在处理公、私事务时加快办事节奏，提高办事效率，应用文的用语必须简洁精炼、言简意赅。在具体写作中，遣词造句最基本的一条原则就是"明白"，要让人一看就知道讲的是什么，明白该如何去做，不枝蔓，不苟简，不晦涩难懂，不啰唆，不烦琐。

五、应用文的表达方式

文章的表达方式有叙述、说明、议论、描写和抒情5种。就应用文而言，受文体特点和写作目的的制约，其表达方式主要有叙述、说明与议论3种。

（一）叙述

叙述是有次序地叙说、介绍人物的经历、言行或事物发展变化过程的表达方式。完整的叙述包括时间、地点、人物、起因、经过、结果6要素。

叙述是应用文最基本的表达方式。在应用文写作中，常用的叙述方法有顺叙、倒叙、插叙等。顺叙是根据人物经历或事件发生、发展的自然时序进行的叙述。倒叙是把事件的结局或事件中最突出的片断提到前面来叙述，然后再以顺叙的方式进行的叙述。插叙是在叙述主要事件的过程中，因为需要，暂时中断叙述主线，插入与中心事件有关的内容的叙述。

应用文的叙述要求真实、准确，不带主观色彩。

（二）说明

说明就是用简明扼要的文字，对客观事物或事理的状态、性质、特点、功能、成因、关系、功用等属性加以客观地解释和介绍的表达方式。

说明在应用文写作中使用广泛，如总结、简报、调查报告、工作报告、通报、决定等文体主要使用说明的表达方式，条例、规定、制度、公约等法规、规章和管理规章文书、介绍信、证明信等专用书信以及启事、经济合同、广告等，也常用说明的表达方式。

说明的方法主要有定义说明、解释说明、分类说明、比较说明、引用说明、举例说明、比喻说明、图表说明等。

说明在应用文中的使用应遵守内容科学、表述明晰、态度客观的原则。

（三）议论

议论是应用文撰写者对某件事情或某个问题进行分析、推理、评论，表明自己的立场、观点、意见的一种表达方式。应用文写作中的议论，与一般议论文中的议论有明显的区别。在一般议论文中，议论是最主要的表现方法，贯穿全文始终，论点、论据和论证三要素齐备。而在应用文中，在阐述某一观点时，常常简化论证环节，点到为止，不做深入论证。在叙述事实后便下结论，或提出观点后即举例证明，不在文章里演绎整个推理的过程。应用文中的议论以事实为根据，以法规为准绳，不渗入个人主观好恶，直接用判断句式，表明观点、态度，或用夹叙夹议的手法，使叙述、说明更简练。

在应用文中，任何一种表达方式都是为表现文章主旨服务的，这些表达方式常常不是单独使用的，更多的时候是相互配合、综合运用的，只是有主有次而已。我们应娴熟地掌握这些表达方式，从而实现准确表达文义、突出主旨的目的。

时代大潮滚滚向前，人类认识不断深化，作为一门产生于人类社会实践活动中的学科，应用文的写作必将不断地发展和完善。我们进行应用文写作时，要立足于时代的高度，以敏锐的洞察力去发现和摄取新鲜事物，获取富有生机的材料，反映新面貌，阐述新见解，给人以新鲜感和较强的吸引力。

应用文常用词语如表1-1所示。

表1-1 应用文常用词语一览表

称谓用语		第一人称	本、我、我们
		第二人称	贵、你、你们
		第三人称	该
领叙用语			根据、据、按照、为了、依照、遵照、前接……、……收悉、为……特……、现……、如下
承转用语			为此、据此、鉴此、综上所述、总之
祈请用语			希、希望、敬希、请、敬请、烦请、恳请
商洽用语			妥否、当否、是否可行、是否妥当、是否同意、意见如何
目的用语		用于上行文、平行文	请批复、函复、批示、请告知、批转、转发
		用于下行文	查照办理、遵照办理、参照执行
		用于知照性文件	周知、知照、备案、审阅
表态用语			应、应当、同意、准予备案、特此批准、请即执行、按照执行、可行、不可行、迅即办理
结尾用语		用以结束上文	特此报告、特此通知、特此批复、特此函复、特此函告、特予公布、此致、谨此、此复
		再次明确行文的目的与要求	……为要、……为盼、……为荷、……是荷
		表示谢意、敬意	敬礼、致以谢意、谨致谢忱

任务演练

一些同学认为,学习《应用文写作》这门课程实用性不大。请你调查现实生活中应用文的使用领域,并收集一些与我们日常生活息息相关的应用文,然后结合我们所学的内容,写一篇题为《谈谈应用文的特点与作用》的发言稿,下次课与同学们交流。要求条理分明,主旨鲜明,详略得当。

第二章
就学期间应用文

 学习目标

1. 了解就学期间职业规划书、演讲稿、实习报告、毕业论文的性质和特点
2. 掌握就学期间职业规划书等文书的文体结构和写作要领
3. 能够熟练进行就学期间常用文书的写作

第一节　职业规划书

 引航

例文	评析
大学生职业规划书 　　为了科学谋划未来，在当前激烈的人才竞争中占有一席之地，我在对当前的就业形势，社会的政治环境、经济环境、文化环境以及自己的性格、兴趣、特长进行全面了解和认识的基础上，制定了自己的职业规划。我的总体目标是成为一名企事业单位的高级秘书。 　　一、职业志向 　　最新的统计数据表明，越是市场经济发达的国家，秘书人员在总从业人口中所占的比例越高。随着我国经济、科技、文化与教育的迅猛发展，国家实力的进一步增强，国际地位的日益提升，在竞争日趋激烈的大环境下，高素质、高水平、高层次的专业文秘人才非常紧缺。作为一种全球性的职业，文秘工作越来越趋于现代化、科学化和专业化。它在辅助各级领导进行综合管理、树立企业形象、沟通内外关系、处理信息交流等方面发挥着越来越重要的作用。我一直对文秘行业有浓厚的兴趣，加之现在所学专业为文秘专业，因此我确定自己的职业志向是：适应社会经济发展需求，成为一名出色的高级秘书。 　　二、因素分析 　　（一）个人因素 　　1. 个人兴趣（略） 　　2. 个人性格（略） 　　3. 个人气质（略） 　　4. 个人能力（略） 　　（二）环境因素 　　1. 社会环境 随着社会经济、科学的飞速发展，各类企业的不断增	直书标题。 确定志向是职业规划的关键。 自我分析要实事求是。 环境分析从社会环境和校园环境两方面着手。

多，秘书职业得到不断发展。社会对秘书岗位的需求越来越多，对秘书的要求越来越高。秘书职业将不可或缺。

2. 校园环境分析

目前，我就读的学院采取半军事化管理，严格的要求、严明的纪律，为我们以后走出校园、适应社会打下了基础。学院教学过程注重理论与实践相结合，使我们高职高专院校毕业的学生具备更多的实战经验。我所在的系更是配备了优秀的师资队伍，为我们学习专业知识创造了优越的外部环境。所以我相信，在学校紧跟专业教育的步伐，认真踏实地学习并掌握好专业知识，毕业之后找工作就多了一份保障。

三、机会评估

（一）优势

（1）参加过多种活动并获奖：全院辩论赛冠军、演讲比赛优秀奖、运动会先进个人等。同时，我还参加了院艺术团，任系学生会文艺部干事、班级组织委员，在学院电视台工作过一段时间，也参加过新闻青年论坛，是系《明日记者》报的小记者。

（2）社会实践：做过校园代理，做过营销员，现任某公司宣传员。

（3）性格：热情、开朗、大方，做事有恒心。

（二）弱势

企事业单位文秘工作对一个人的内外素质要求很高，我的抗压能力有待提高；文秘需要英语口语流利，而我的英语口语水平欠佳；社会经验还不足。

（三）机会

随着我国经济的快速发展，以及各种各样外资的涌入，企事业单位如雨后春笋般出现，提供了越来越多的文秘工作岗位。在今天，秘书已成为世界范围内覆盖面最广的职业之一，被称为现代社会的第361行。最近几年，"秘书"这个字眼在人才市场中频频出现，秘书职位的空缺也是显而易见的，其需求连续多年在招聘排行榜上位居前列。随着市场经济的发展与繁荣，特别是三资企业在中国的发展，秘书职位需求迅猛上升的这种势头将会有增无减，同时也给社会提供了许多就业机会。

> 机会评估要具有科学性。

（四）威胁

作为一名文秘，个人的发展与企事业单位的发展紧密联系。只有企事业单位健康繁荣发展，才能有个人的发展；若单位发展出现问题，个人前途必定会受到影响。

四、设计方案

（一）思想观念

思想上还没有压力，没有紧迫感，不能清楚就业的困难程度和以后竞争的激烈程度。要树立正确的思想意识，用发展的眼光看问题，破除思想上的依赖性。改变观念，明确自己的奋斗目标。

（二）知识差距

专业知识的储备还较少，要好好利用大学这几年的时间，加强专业知识的学习。另外要多看些课外书，拓展自己的知识面。一个人知识储备的多少决定了这个人价值的多少。对于文化知识，我要好好地补充、吸收，以使自己走上工作岗位更具竞争力。我知道自己知识面还很窄，和一些人比起来差距还很大，所以我要更加努力学习，缩小差距，以便将来更好地发展。

（三）能力差距

每个人的能力是不同的，但能力是可以锻炼出来的。虽然现在我还没有工作，但在学校里我积极参加活动，锻炼自己各方面的能力，如组织能力、交往能力、协作能力等。课余时间我还出去做兼职，尝试一下社会上的工作，虽然很辛苦，但是能力上得到了锻炼。我相信自己的潜力是无穷的，所以我会充分利用时间，好好锻炼自己，发掘自己的潜力，提高自己的能力。

（四）心理素质

现代社会发展节奏逐步加快，工作、生活带给人们的压力也越来越大，对心理承受能力、心理素质的要求也越来越高。要想在这样节奏紧张的社会中更好地生活，就要练就过硬的心理素质，学会调节自己的心态，使自己经得起磨炼与打击。虽然我现在还没有真正地步入社会，但是要做好充分的心理准备，明白以后就业的困难，这样在毕业后才能以平和、冷静的心态面对工作上的压力与挑战。

> 设计方案从思想观念、知识差距、能力差距、心理素质等方面进行阐述，分析问题，找到缩小现实条件与职业规划中人生目标的差距的方法。

五、角色建议

（略）

六、实施方案

（一）计划实施表

名称	短期计划（专科生或本科生阶段）
时间跨度	略
本期目标	专科毕业时要达到……
发文机关	发文机关全称（印鉴）
细分目标	略
计划内容	略
策略和措施	略
备注	略

名称	中期计划（毕业后5年）
本期目标	毕业后第五年要达到……
细分目标	毕业后第一年要……第二年要……在×××××方面要达到……
计划内容	略
策略和措施	略
备注	略

名称	长期计划（毕业后10年或以上）
计划名称	略
本期目标	××岁时要达到……
细分目标	毕业后第十年要……第二十年要……
计划内容	略
策略和措施	略
备注	略

> 实施方案是职业规划书的重点部分。要把长期目标和短期目标结合起来，通过不断实现短期目标来最终实现长期目标，也就是对目标进行分解与组合。

（二）阶段性详细计划

（略）

七、评价调整

（一）职业目标评价

（1）在工作期间，若发现自己并不适合文秘工作，我会考虑向报社编辑方向或新闻方向发展。

（2）在工作期间，若发现自己适合文秘工作，我将争取机会，进一步提高自己在文秘方面的专业素养。

（3）在工作后期，若发现自己不适合高级文秘工作，我会考虑从事相近工作。

> 从目标评价、路径评价、其他因素评价、评价时间、评价原则5个方面论述。

（二）职业路径评价

（1）若公司后期福利不好，或者工资水平与其他同等公司差距悬殊，我会选择离开公司，寻求新的公司。

（2）若公司倒闭，我会提前选好新的公司，并且随时安排好自己以后的工作方向，直到公司结束运营再到新的公司面试就职。

（三）其他因素评价

（1）若身体出现重大疾病，我会选择辞职，待调理好身体之后，再度就业。

（2）假如家庭发生重大变故，如需要大量资金，我会酌情选择工资较高的公司就职或者抵押贷款；如需要长时间陪伴家庭，我会选择辞职，陪伴家庭渡过难关。

（3）若经济状况不足以维持整个家庭的开支，我会尽量缩减开支，同时寻找第二份职业填补家用。

（四）评价时间

计划往往赶不上变化，这就要求我做好职业目标的评价和调整，及时了解情况的变化，通过对实际情况和目标的实现程度分析，做好职业目标的考核、修改和调整，重新制定适合自身发展的职业目标，确保可行性。一般情况下，我会一年做一次评价规划，并在年初制订该年具体计划，逐月修订，将具体计划按照年、月、周细分，并做好总结工作。积极修正和核查策略和计划，保证目标有效实施。

在特殊情况下，如职位变更或者职业变更，我会随时评价并进行相应调整，酌情缩短规划周期，做到事事有计划。

> 对规划的反馈、调整与预测。

（五）规划调整的原则

遵循个人、职业、家庭协调发展的原则。

八、小结

目标是人生发展的实际动力，是一步步接近理想的阶梯。合理的职业生涯规划则是人生目标成功的保证书。作为当代大学生，我应"志当存高远，襟怀有天下"，以"自信人生两百年，会当击水三千里"的豪情，通过勾画未来的理想蓝图，勇敢地创造属于自己的人生舞台。我坚信："心有多大，舞台就有多大。"

结尾简洁有力。

一、职业规划书的含义及特点

（一）职业规划书的含义

职业规划书又称"职业生涯规划书"，是指求职者针对个人职业选择的主客观因素进行分析和测定，对自己的兴趣、爱好、能力、特长、经历等各方面进行评价与权衡，确定其最佳的职业奋斗目标，并为实现这一目标进行规划而使用的专用文书。

职业生涯规划是一个动态的过程，包括一个人的过去、现在和未来那些可以实际观察到的连续从事的职业发展过程，还包括个人对职业生涯发展的见解和期望。因此，制定职业规划最重要的是寻求职业的人岗匹配，使求职者和用人单位实现共赢互利，协同发展。

（二）职业规划书的特点

1. 预测性

职业规划是指订下事业大计，通过详细测评主客观条件，在"衡外情，量己力"的情形下设计出合理且可行的职业生涯发展方向，确定最佳的职业奋斗目标，并为实现这一目标做出行之有效的安排。所以说，职业规划书具有较强的预测性。

2. 评估（价）性

职业规划的设计具有明确的时间限制或标准，能随时掌握执行状况，能按计划进行阶段性评估（价）和最终评估（价）。

3. 全程性

拟定职业生涯规划时必须考虑到生涯发展的整个历程，做全程的考量。

4. 可行性

职业规划各阶段的路线划分与安排必须具体可行。实现职业生涯目标的途径很多，在做规划时必须考虑到自身的特质、社会环境、组织环境以及其他相关因素，选择确定可行的途径。

5. 模式性

职业规划常基于两种模式：一是"5W"模式，包括对"Who are you（你是什么样的人）""What do you want（你想要什么）""What can you do（你能做什么）""What can support you（环境能支持你做什么）""What can you be in the end（自己最终的职业目标是什么）"等5个问题的解答；二是斯韦恩的三角模式，即根据自我、环境、教育与职业等3个职业目标，通过自我评估，分析助力和阻力，建立职业目标。

二、职业规划书的写作

（一）职业规划书的常见格式

1. 表格式

表格式为不完整的职业规划书格式，常常仅列出最简单的目标、分阶段实现时间、职业机会评估和发展策略等几个项目，有的只相当于完整职业规划书的实施计划表，适合作为日常警示使用。

2. 条列式

条列式也为不完整的职业规划书格式，只描述职业规划的主要内容，多进行一些简单表述，没有详细的分析和材料。条列式文章虽精炼但逻辑性不强。

3. 综合式

综合式是完整的职业规划书格式。

（二）综合式职业规划书的结构与写法

1. 扉页

扉页标明题目、目录、姓名及基本情况介绍、年限、起止日期等，也可直接标明文种"职业规划书"。扉页设计要清晰美观。

2. 正文

（1）导语。导语写自己进行职业规划的缘由、背景和总体目标等，用语要简约。

（2）主体。这是规划书的重点部分。主体部分主要包括：

第一，职业志向。确定志向是职业规划的关键。在制定职业规划时，应以社会利益为主来确定自己的职业志向。

第二，因素分析。因素分析是指分析影响职业生涯规划的各种因素，主要包括个人因素分析和环境因素分析。个人因素分析是指对个人兴趣（物质兴趣、精神兴趣、社会兴趣）、个人性格、个人能力（语言能力、数理能力、判断能力、观察能力、动手能力、交往能力和组织管理能力）等进行分析。环境因素分析是指对社会环境（社会文化、政治制度、价值观念、经济条件）和自然环境等进行分析，具体来说，是指对行业、组织制度、企业文化、管理层、组织运行机制、发展领域等进行分析。大学生规划职业时也可分析校园环境对职业的影响。

第三,机会评估。机会评估是指通过对自身条件和外在环境进行测评,客观评估自己的职业机会。评估职业机会最常用的方法是 SWOT 分析(又称"态势分析法"),即分析优势(Strength)、劣势(Weakness)、机会(Opportunity)、威胁(Threat),找出现实条件与职业规划中人生目标的差距。

第四,设计方案。根据自己的情况,实施不同的解决方案,找到缩小现实条件与职业规划中人生目标的差距的方法。

第五,角色建议。记录对自己职业生涯影响最大的一部分人的建议。

第六,实施方案。实施方案部分包括时间目标、职务目标、经济目标、能力目标、成功标准、发展策略、发展路径、具体措施等。要把长期目标和短期目标结合起来,通过不断实现短期目标来最终实现长期目标,也就是对目标进行分解与组合。这是职业规划书的重点部分。

第七,评估调整。这部分主要撰写对规划的反馈、调整与预测,包括调整内容、时间和原则,为不断提高职业规划的可行性提供可靠的基准。职业生涯规划是一个动态的过程,必须根据实施情况及对应变化进行及时评估与修正。

3. 结尾

可以针对完成职业规划书中的目标谈认识、表决心、提希望,还可以对职业规划书中的目标实现后的情况进行憧憬。

三、职业规划书的写作要求

(一)资料要翔实

可通过个别访谈、实地调查、图书摘录、网络下载等方式获取资料,多运用图标、数据来说明问题,以提高资料的可信度和说服力。

(二)分析要到位

要了解有关测评理论与知识,及时对自己进行检测,认真审视并思考测评报告,科学分析职业方向。

(三)规划要科学

职业规划书要在科学分析的基础上撰写:一是要有科学的自我评价体系,特别是自我评价的方法、标准和步骤等要科学;二是要有连续、系统的职业规划,体现出个性化;三是要有评估与反馈机制,要根据实施效果不断进行调整。

(四)设计要实证

要根据职业规划有针对性地安排社会实践,通过实践来诊断规划的各个环节。社会实践要体现对规划的直接作用,如选择做兼职、家教、促销员、业务员等固然是一种社会实践,但是往往缺乏职业方向,容易造成注重量的积累而忽视质的要求的结果。

(五) 结构要紧凑

语言朴实简洁,用词精炼准确,行文流畅,条理清楚,这是职业规划书最基本的写作要求。此外,撰写职业规划书时还应注意文章的结构和重心所在,对规划内容进行分析阐述时,必须紧紧围绕职业目标这条主线展开,使行文结构紧凑,从而体现论述的逻辑性和连贯性。

职业规划书结构模板如表2-1所示。

表2-1 职业规划书结构模板

项目		要 点
扉页		标明题目、目录、姓名及基本情况介绍、年限、起止日期等
标题		职业规划书
正文	导语	职业规划的缘由、背景和总体目标等
	主体	1. 职业志向 2. 因素分析 3. 机会评估 4. 设计方案 5. 实施方案 6. 角色建议 7. 评估调整
	结论	对规划的总结

任务演练

一、职业是大学生步入社会安身立命之本、事业发展之基,而职业管理的第一步就是职业规划。职业生涯规划的好坏影响着大学生的整个人生历程。制定科学的职业生涯规划,会帮助大学生进一步明确自己将来的职业方向,减少机会成本,引导大学生努力实现自己的人生奋斗目标。请阅读以下写作提示,参照本节职业规划书的写作要求及例文,撰写自己的职业规划书。

写作提示:

(1) 职业规划要从自身实际出发,在科学分析的基础上制定。

(2) 性格分析可以参考性格色彩学,也可以对自己进行SWOT分析。

(3) 要将短期目标和长期目标相结合。

(4) 根据职业规划有针对性地安排社会实践,通过实践来诊断规划的各个环节。

二、请同学们结合自己的专业及个人自身特点,从学校环境、家庭环境、社会环境等方面进行分析,制定大学期间的学习和生活规划,并结合自己的实际情况,制定月计划、周计划、日计划。

请扫描二维码，赏析大学生职业生涯规划书案例。

第二节　演讲稿

 引航

母爱就是身上衣

各位朋友，我想请问大家一个问题：

有哪位曾经穿过母亲做的衣服？

今天，又有哪位是穿着母亲做的衣服来参加比赛的？

看来我是幸运的！因为我今天就是穿着母亲做的衣服来参加比赛的。这是母亲手工剪裁，手工缝制的！你能看出来吗？母亲做的衣服我一穿就是35年！

有人说母爱是阳光，温暖我身；有人说母爱是春雨，滋润我心。而在我看来，母爱就是穿在我身上的这件衣裳。

我的母亲是一名普通的农村劳动妇女。我从小生活在一个由父母亲撑起的四世同堂的家庭。如果让我找寻儿时的幸福与快乐，我可以肯定地告诉您，那一定是与衣裳有关的。儿时最高兴的事是过年时穿母亲做的新衣裳。大年三十的晚上，母亲把新做好的衣服熨帖得板板正正，然后穿在我身上。母亲总是面带笑容看着我身上的衣服，左端详、右端详，似是欣赏衣服，更是在欣赏成长中的儿子。那种幸福感正是寒冷冬季新衣服传递到我身上的阵阵暖流啊！

我曾问过母亲："为什么过年一定要穿新衣服呢？"母亲说："过新年啊，人要有新盼头儿，特别是孩子不能穿着破旧的衣服过年！"现在想来，当时我穿着的更多的应该是母亲对我未来生活的期望啊。

母亲的爱不仅体现在我身上，更体现在我曾祖父、曾祖母身上。曾祖父、曾祖母都活到90岁，晚年瘫痪在床，生活不能自理，都是由母亲照料。人都说儿子是母亲一把屎一把尿带大的，而曾祖父、曾祖母是母亲一把屎一把尿送走的！走的时候，他们穿着母亲做的最厚重、最庄重、最体面的"养老衣裳"。

送走二老，2007年母亲来到广东和我一起生活。我们家也添了新成员——我的女儿。我女儿6岁了，这6年我的女儿也是穿着母亲做的衣服长大的。我十分钦佩母亲的学习能力和模仿能力。每次在网上看到什么好看的款式，母亲都能照着样子做出来，就连上面的花儿，母亲也能绣出那个样儿来。

所以，你若问我母爱是什么，在我看来，母爱就是身上衣。这衣服穿了不是一代、两代，而是五代。穿上这件衣裳，让我知道，母亲的爱可以让家庭和和美美；母亲的爱可以让家庭子孝孙贤；母亲的爱可以让我充满对生活的渴望；母亲的爱可以让我不断积蓄人生进取的力量。

然而，去年9月的一次体检查出母亲得了肝癌。你能想象这对一个一直穿着母亲做的衣、吃着母亲做的饭、受着母亲照料的孩子来说，意味着什么吗？天塌地陷啊！母亲做手术的那段时间，我一个人不知流了多少泪！有一次回惠州，开车一个半小时，一直哭到家。朋友们，是不是有句话叫母子情深？是不是有句话叫母子连心！

母亲知道家人是悲痛的，坚强乐观的母亲还常劝慰我们："你们不要哭，我也不哭。人这一辈子谁能没个大病小灾的，以后的日子该怎么过，咱还怎么过！"

今天我穿着母亲做的衣服来参加华语国际演讲大赛，就是想告诉大家：我有一个既普通又伟大的母亲，她把所有的爱都给了子女，给了家人。这种爱，如苍山洱海亘古不变；这种爱，如茶马古道历久弥新！母爱心，身上衣！

（资料来源：孙朝阳的博客，http://blog.sina.com.cn/s/blog_892/cc620/0/gbwr.html.）

评析

平凡的事例，不平凡的母爱；平凡的亲情，不平凡的感动。没有惊天动地的语言，却有震撼人心的感慨；没有声嘶力竭的呐喊，却留下永久回味反思的情感。听完演讲，明白并开始实践一个道理：母爱无边，爱自己的母亲吧！演讲的魅力在于唤醒真善美并为之行动，是永远的而不是一时的。

一、演讲稿的含义、特点及类型

（一）演讲稿的含义

演讲稿又称"演讲词""演说词"，是演讲者在集会或某些特定的公众场合发表个人观点、见解和主张的文稿。演讲稿是进行演讲的依据，它注重对演讲的主题、目的，以及演讲的内容与形式进行精心的构思和设计。

演讲稿的好坏直接决定了演讲的成败。一场充满智慧与思考、有着极强鼓动性和感召力、能够给听者带来思想启迪和艺术熏陶的演讲，通常都离不开一篇好的演讲稿。许多政治家、军事家、科学家、思想家、教育家、哲学家、文学家、诗人等，都曾发表过激动人心、影响深远的演讲。其演讲的文本历经岁月的磨洗，已超越时空与国别，成为人类共有的不朽经典和精神财富。

（二）演讲稿的特点

　　演讲稿是为演讲精心打造的，这就决定了它的写作不同于其他文体的写作。演讲稿必须遵循演讲的规律，把握演讲的特点，根据演讲的需要而写。演讲在社会的政治活动、经济活动、外交活动、文化交流、学术交流、社交活动中都有广泛的应用和特殊的作用，因此具有社会性。演讲是在特定的环境、特定的场合、针对特定的对象进行的。演讲者借助有声语言、态势语言、主题形象等，选择某个话题公开向听众传递信息、介绍情况、阐明观点、发表见解和主张、表达自己的感受、抒发强烈情感，从而达到感召听众、说服听众，使之产生强烈共鸣的效果。演讲作为一种活动，是由演讲者（演讲主体）、听众（客体）、时境（主、客体同处的时间和环境）三者组成的，缺一不可。此外，演讲者还要注意以"讲"为主，以"演"为辅。

　　鉴于演讲的上述特征，演讲稿的写作要把握以下几个特点。

1. 针对性和现场性

　　演讲稿要始终从听众的角度来思考如何写，并注意结合作者自己的体验，设想演讲对象、演讲现场，从寻找现场感觉入手来运思行文，使之贴近演讲实际，具有明确的针对性和具体的现场感。

　　针对性要求演讲稿的作者要了解听众，有的放矢。在动笔之前，作者要先了解听众的身份、职业、文化背景，他们在想什么、关心什么，会提出什么问题等。只有了解了对象，才能决定写什么，怎么写，以最合适的方式吸引听众，满足听众的心理期待，以获得最佳的演讲效果。例如，温家宝2011年6月27日在英国皇家学会发表题为《未来中国的走向》的演讲时，就充分考虑到听众都是英国皇家学会会员这一特殊身份。面对英国的学术精英，温总理在演讲的开头，除了称赞英国皇家学会"是英国最高科学学术机构，也是世界上历史最悠久的科学学会"，其中的"牛顿、达尔文、爱因斯坦、霍金等科学巨匠，为人类科技事业发展做出过划时代的贡献"外，还特别有针对性地表达自己对在场听众的评价和崇敬之情："在座的各位会员，同样以自己的杰出成就造福社会。我们向你们表示崇高的敬意！"由此转入向这些英国学术精英讲述未来中国的走向，以便他们更好地了解、理解当今中国与未来中国。这样的演讲具有较强的针对性，容易引起共鸣。

　　现场性就是要求作者在构思和写作时，心里要想着演讲"现场"，设身处地设想演讲者在现场如何发挥、如何表达才能取得最佳效果，以便在撰稿时能贴近现场需要去安排内容，包括巧设开场白、联系现场情景来拉近与听众的距离，设置悬念，引用名人名言，选用富有表现力的动词去配合演讲者的眼神、表情和动作，采用多种艺术手法掀起情感的波澜，选用极富鼓动性的语言去打动听众，等等。演讲稿在现场呈现时，并非一成不变。演讲者有时需要根据演讲现场的气氛、听众的反应，随机调整演讲的内容。例如，白岩松参加全国新闻界"作文与做人"演讲比赛，他演讲的题目是《人格是最高的学历》。当他上场后,听众还沉浸在感慨前一位演讲者作为一名驻藏记者的自豪和作为母亲的辛酸的情绪中,白岩松顺接前者的演讲内容调动现场气氛,从孩子说起:"我是一个两岁孩子的父亲,我知道,在一个孩子一岁半到两岁之间,没有母亲在身边,对于母亲来说是怎样的一种痛,我愿意把我所有的掌声,都献给前面的选手。"这样承上启下后,他顺势抓住"紧张"这一话题,引出"作文与做人"的主题:"是的,今天我也很紧张,这种紧张不仅来自我将面对评判,更来自我身后'作文与做人'这个沉沉的题目。"这样自然而然地将听众拉到自己的演讲中,为其演讲的成功打下了良好的基础。

2. 可讲性与可听性

演讲稿是为演讲而写的,它的行文既要符合演讲者口语表达的需要,又要满足听者接受的需要,这也是演讲稿区别于其他文体写作的重要特征。

一篇好的演讲稿,既要便于"上口",又要便于"入耳"。演讲稿的写作要充分考虑演讲语言的特殊性,无论演讲的内容多么丰富深刻,都要尽量使用明白晓畅、好讲易听、富有感染力和启示力的语言。演讲的语言应是经过精心锤炼的书面语言与口头语言的结合体,是生活化的语言。它的语言词汇、句式和语气应尽量简短明快、生动形象、诙谐有趣、有长有短、整散结合,并有很强的节奏感,适合口头表达。当然,我们在注重语言通俗易懂的同时,也应注意用语的规范化,防止滥用方言土语。听众比较生疏的行业语、专业名词也要少用,如果非用不可,就要进行必要的解释。

3. 宣传性和鼓动性

演讲是一种机智幽默、激励人心的艺术,其目的就是通过典型感人的事例、睿智独到的分析,带给听众心灵的享受、情感的震撼、思想的启迪和精神的升华,从而使听众接受或赞成演讲者的观点和主张。演讲稿的写作就是要通过各种有效的方式来体现这一点,以便起到很好的宣传作用和鼓动作用。

要说明的是,征服了听众的演讲内容以文字稿件的形式再传播时,虽然现场情景消失,声音不复再现,但蕴含着思想、智慧、崇高精神的文字依然会影响无数读者,体现其传播价值。

(三)演讲稿的类型

从不同的角度,按照不同的标准,演讲稿可分为不同的类型。

1. 根据演讲内容划分

从内容方面考察,演讲可以分为政治演讲、经济演讲、法律演讲、学术演讲、宗教演讲、社会生活演讲等。

2. 根据表达方式划分

根据表达方式,演讲可以分为阐释性演讲、抒发式演讲、论述型演讲、颂悼式演讲等。

3. 根据演讲活动的前提规定划分

根据演讲活动的前提规定划分,演讲主要有命题演讲、辩论演讲、即兴演讲、自主演讲等。

二、演讲稿的写作

演讲稿的写作要注意谋篇布局，优化整体结构，精心设计好每一个环节，以取得最佳的整体效果。演讲稿的写作，可以按照研究演讲语境、明确演讲主旨、精选典型材料、优化文本结构几个步骤进行。

（一）研究演讲语境

1. 考虑时代因素

每一场演讲都处于特定的时代环境中，同一主题的演讲在不同的时代应显示不同的时代特点。例如，"励志"话题的演讲，在20世纪80年代和21世纪的具体社会环境下，其思想内涵是不同的。若忽略时代情景，演讲就会显得空洞乏味，对实践缺乏指导意义。

2. 考虑演讲场合

同一话题，在不同的场合，演讲内容的表述是应该有所区别的。这不仅体现在讲述话语的内外尺度需要与演讲场合通行的话语尺度接洽，还表现在话语风格要符合演讲者的身份，演讲者的角色身份是随着演讲场合的变化而变化的。例如，比尔·盖茨在其母校的演讲与在中国清华大学的演讲必然有区别，在其公司的演讲与在其他机构的演讲也会不同。撰写演讲稿时，考虑演讲的场合与深度把握演讲者在具体场合的身份角色紧密相连。

3. 调查演讲的听众

演讲的目的是向听众传递信息，完成主体与客体之间的瞬息交流，演讲的成效最终决定于听众的反应。所以演讲稿应充分分析听众的观点、态度、希望和要求，根据演讲对象的具体情况落笔，有针对性地选择材料、拟定内容、安排结构。

在写演讲稿之前，要对听众进行充分的调查研究，对听众的年龄、职业性质、思想动向、文化层次、品味修养、生存环境、爱好愿望等做到心中有数，以便对症下药，因人制宜。

例如，在大学毕业典礼上，如果作为学生代表发言，首先就应分析一下演讲对象。演讲对象是学校领导、毕业班班主任和全校毕业班的同学，其中，毕业班的同学最多。根据演讲对象和毕业典礼的气氛，演讲者所要表达的应该是对母校的感激之情，对老师的感谢之情，对同学的依依惜别之情，还有对踏上社会开始工作生活的向往之情。写作内容要紧紧围绕此情感展开，而不能大谈对大学生活的种种负面印象和不满。

只有针对具体情境和听众对象撰写演讲稿，演讲才会走进听众的心灵，才会紧紧抓住听众的情绪，引起听众的共鸣。

（二）明确演讲主旨

演讲的主旨就是演讲者所要表达的观点和主张，演讲者希望通过演讲影响听众，并使之理解和接受，进而在行动上积极响应。从演讲稿的撰写来看，如果没有一个明确的主旨，就无法有目的地去选择材料，谋篇布局，安排结构，无法在整体和细节上进行精心设计。从演讲的效果来看，如果演讲缺乏明确的主旨，只是随感而发，任意发挥，听众就无法把握演讲的精神实质，也就无法做出正确的判断和选择。具体来讲，演讲主旨可以从以下3个方面进行把握。

1. 主旨要适时

演讲的主旨要贴近现实生活、贴近民众，具有时代感和现实意义，符合听众的需要和心理期待。

2. 主旨要单一

主旨太多，太繁杂，反而会影响演讲效果。正如德国著名演讲家海茵茨·雷德曼所强调的："在一次演讲中不要期待得到太多。宁可只有1个给人印象深刻的思想，也不要50个让人前听后忘的思想。宁可牢牢地敲进一个钉子，也不要松松地按上几十个一拔即出的图钉。"

3. 主旨要新颖

新颖是对演讲主旨的更高要求。一篇好的演讲稿要向听众传达新的思想、新的观点，帮助听者突破传统的观念和习惯性思维的束缚，获得新的启迪和新的认识，以便更好地解放思想、创新思路、改进工作、拓宽眼界。

（三）精选典型材料

要想使演讲获得听众的认可与响应，演讲者在准备演讲稿时必须全面收集和占有材料。材料越充分，论据就越充分，思路就越开阔，也就越能正确有力地阐明观点，使之深入人心，产生令人信服的雄辩力量。

例如，2012年2月17日，习近平在洛杉矶中美经贸合作论坛开幕式上发表演讲《着眼长远，携手开创中美合作新局面》，其主旨就是强调中美经贸合作的密切性、互惠性和重要性。为了增强演讲的说服力，使演讲主旨明确、令人信服，演讲稿中选用了大量宏观和微观的典型材料，取得了强有力的论说效果。如"现在，中美两国每年人员往来超过300万人次，平均每天有近1万人往返于太平洋两岸"，"双边贸易额已从建交当年不足2亿美元发展到2011年的4 466亿美元，增长近180倍，按目前增长速度，近年有望突破5 000亿美元"。这足以说明中美贸易关系的密切程度。再如，"美国从中国进口的大量质优价廉的产品，提高了美国民众实际消费能力和生活水平，为美国经济保持增长提供了助力"，"这相当于美国每个家庭每年可支配收入增加1 000美元"，"2001年至2010年，美国对华出口共为美国增加了300多万个就业岗位"，等等。这些材料充分地说明中美经贸合作是互惠共赢的。可见，典型材料的选用强有力地支撑了演讲主旨，获得了令人信服的效果。

（四）优化文本结构

1. 称谓

演讲中的称谓可分为泛称和特称两种。泛称是不分职业、年龄和层次的统称。这种称谓多用于多层次听众参加的演讲，如"女士们""先生们""同胞们""朋友们"等。特称是指面对特定行业、特定层次听众而使用的称谓。例如，2014年3月27日，习近平在联合国教科文组织总部的演讲中所用的称谓是"尊敬的博科娃总干事，女士们，先生们，朋友们"。此外，特称还有常见的"尊敬的各位老师""各位评委""亲爱的观众朋友们"等。

称谓不仅出现在演讲的开头，演讲的中间、结尾都可以适当地运用称谓。例如，习近平在联合国教科文组织总部的演讲中，开头、中间、结尾共用了5次称谓。称谓要能反映对方的身份、地位和双方的关系。得体的称谓可以反映出演讲者的修养，并把演讲者的感情传导给听众，对控制演讲的节奏，拉近讲、听双方的心理距离，调动听众的注意力具有不可忽视的作用。

2. 题目

拟定演讲稿的题目既要考虑演讲者的讲述目的与传播需求，也要考虑听众的需求与接受的可能性。从接受效果出发，所拟题目应新颖、有特点，让听众"过耳不忘"。

（1）标题要体现内容。标题的内容必须与整个演讲稿的内容直接相关，或者必须揭示或涵盖演讲稿某一方面的内容。例如，马寅初的《北大之精神》告诉了人们演讲的主旨，蔡畅的《一个女人能干什么》则表明了演讲的内容，而朱自清的《论气节》指出了论述的对象。

人们对演讲稿标题的要求和对文艺作品标题的要求是不一样的。例如，人们看完话剧《雷雨》会觉得剧名有意义，含蓄、贴切，但倘以《雷雨》为标题进行演讲，人们就会认为是气象方面的学术报告，结果讲的是一个家庭的悲剧，讲的是一个故事，听众就会认为演讲者在瞎扯胡闹。所以有些体现内容的标题，不一定都适合作演讲的标题，像《叶的事业》《沉重的翅膀》《太阳石》等，作文艺作品的标题可能很好，但作演讲标题就不太妥当。

（2）标题要简短明快。用于标题的字数不要太多，句子不要太长，意思要明白易懂。像奥斯特洛夫斯基的《生活万岁》、陈独秀的《妇女问题与社会问题》、郭沫若的《科学的春天》都是好标题。然而简短明快固然好，若短到没什么内容就不好了。例如，《信念》《责任》等，范围比较宽泛，不能令听者尽快抓住演讲的主旨。

（3）标题要表态、含情。演讲者对自己所讲的问题总是有自己的态度和情感，并且常常是很明朗、很强烈的。把这种态度和情感渗透在标题里，标题就有表态、含情的作用了。例如，马克·吐温的《我也是义和团》、卓别林的《要为自由而战斗》、毛泽东的《反对党八股》、周恩来的《中美友好往来的大门终于打开了》等，都明确地表现了演讲者的态度和爱憎的情感。

（4）标题要适当使用修辞。运用恰当的修辞手法可以为标题增色，吸引听众注意例如，使用设问法的《互联网改变了我们什么》，使用呼告法的《救救我们的母亲河》，使用对比法的《生与死》等。

3. 开头

演讲稿的开头也叫"开场白"，在演讲中处于钩玄提要、开篇定调的位置，发挥着联络感情、掌控会场、营造氛围、吸引听众的重要作用。高尔基在谈文学创作时说道："最难的是开始，就是第一句话，如同在音乐上一样，全曲的音调都是它给予的，平常却又得花好长时间去寻找。"写演讲稿也是如此。

演讲稿的开头，不仅要围绕演讲的主旨来设计，还要综合考虑听众的职业、心理，演讲现场，演讲基调，以及演讲者的身份、个性特征、文化修养、语言表达能力等因素。这里介绍几种常见的开头类型。

（1）贴近现场式。在演讲的开头，巧妙设计一段与现场有关的话，使演讲的开场白显得非常自然、轻松而又富有韵味，很快拉近与听者的距离。例如，连战访问大陆在北京大学演讲时，开头就从北大的现场切入：

我的母亲在20世纪30年代在这里念书，所以今天来到这里可以说是倍感亲切……看到斯草、斯木、斯事、斯人，想到我母亲在这儿年轻的岁月，在这个校园接受教育、进修成长，心里面实在是非常亲切。她老人家今年已经96岁了，我告诉她我要到这边来，她还是笑眯眯地很高兴。台湾地区的媒体说我今天回母校，母亲的学校，这是一个非常正确的报道。

在这个贴近现场的开头，连战巧妙地把北大和他母亲联系起来，把北大的草、木、人、事与他母亲在此地的求学岁月联系起来，并巧借台湾地区媒体的报道，把自己来北大说成是"回母校，回母亲的学校"，一下子拉近了他与北大的距离。这个开头轻松、自然又充满风趣，营造了情景交融、极富情味又饱含深意的氛围，取得了贴近听众、扣人心弦的效果。

（2）开宗明义式。这种开头直奔主题，不做任何铺垫，开门见山，亮出主旨，直截了当地说明演讲的目的、内容概要，要解决什么问题，主张什么，反对什么，有什么价值。例如，英国近代生物化学家、科学技术史专家李约瑟在题为《以广阔的视野思考问题》的演讲中，开宗明义点明主旨："我觉得我的事业在很大程度上受益于给我人生带来很大影响的……忠告——'要以广阔的视野思考问题'和'要找到能激励自己去执着追求的东西'。"李约瑟长期致力于中国科技史研究，被誉为"20世纪的伟大学者""百科全书式人物"。他在演讲中概括自己一生取得巨大成就的经验时，认为他在昂德尔公学学习时，校长桑德森"要以广阔的视野思考问题"和"要找到能激励自己去执着追求的东西"的教诲对他产生了极大的影响，使他受益终身。这个开头结合自己的人生经历，直接点明演讲主旨，使得听众一听就明，深受启发。

（3）故意设疑式。在演讲的开头故意提出一个与演讲主旨密切相关的问题，引起听众的注意和思考，由此设置一个悬念，引起听众对答案的期待。如一个有关振兴江西、南昌的演讲的开头：

要振兴江西和南昌，首先要搞清楚江西省情和南昌市情。南昌的特点是什么？优势在哪里?《滕王阁序》中有两句话已对南昌的特点和优势做了精妙的概括,那就是:"物华天宝""人杰地灵"。这8个字说了3件事:物、人、地。

这个演讲的开头以设问的方式引起听众的关注和思考,接着引用《滕王阁序》中的名句继续引导听众思考问题,为接下来的展开分析、提出解决问题的具体办法做了铺垫。

(4) 故事引入式。在演讲的开头,先讲一个与演讲主旨有关的故事,吸引听众注意,引发思考,由此进入演讲正题。例如,一位校长在全校家长会上作有关"望子成才"的演讲时,其开头是这样的:

据说少年时的林则徐,赴试赶考途中,父亲担心他远行劳累,便让他骑在自己的肩膀上。进考场时,主考官视其年少,即景出一联索对,作为进考场的条件。其联曰:"以父作马。"这使得父亲羞得面红耳赤,很难为情。可是骑在父亲肩上的小孩十分聪明,眼珠一转,出语不凡,应道:"望子成龙。"

今天,我们不妨把"望子成龙"改动一字,成为"望子成才"。望子成才乃是当今家长们的共同心愿。

从名人小时候的故事讲起,激发听者兴趣,在此基础上巧妙引入"望子成才"话题,自然能引起听者的格外关注。

(5) 诙谐幽默式。以诙谐幽默的语句作为开场白,营造一种轻松、愉快、热烈的现场气氛,使听众一开始就喜欢上演讲者,进而对演讲的内容产生浓厚的兴趣。莎士比亚说过,幽默和风趣是智慧的闪现。诙谐幽默式开头常常会给听者带来意外的惊喜、愉悦以及特殊的启发。例如,国学名师沈谦教授到静宜大学演讲,题目是《中国古典式的爱情》。在开始演讲前,他从学生那儿得知余光中教授两周前在这里作过一场同题报告。为了避免因主旨相同而使听众厌倦,他临场调整了思路,改变了事先设计好的讲法,这样开头:

听说前两个礼拜,余光中教授也在这里讲跟我一样的题目,不过,他讲的是正题,我今天讲的是副题。

余光中教授是研究西洋文学的,他来讲中国古典式的爱情,绝对是个外行。不过,他的学问很好,一定讲得很内行。而我是学中国古典文学的,我来讲中国古典式的爱情,绝对是内行。不过我的学问差一点,也许讲出来会有些外行⋯⋯而且,余光中是诗人,他往台上一站,大家都"醉"了,陶醉在诗人的风采里;我是教书匠,往台上一站,大家都"睡"了⋯⋯

还好,我没有跟余光中先生一起登台演讲,否则在座的各位,一个个都要"醉生梦死"去了!

这个开头,极其巧妙地将两场同题演讲做了衔接和对比,以诙谐幽默的方式,创造了极为轻松、欢快的氛围,于谈笑间既谦虚又机智地点出了两场演讲虽同题但各有千秋,一下子获得了听众的好感与认可,不得不佩服演讲者的个人魅力。

(6) 引用警句式。在演讲的开头引用与演讲主旨有关的名言、警句,以增强演讲的说服力。例如,美国作家、哲学家梭罗的演讲《论公民的不服从》,这样开头:

我由衷地同意这个警句——"最好的政府是管得最少的政府"。我希望看到这个警句迅速而系统地得到实施。我相信实施后，其最终结果将是——"最好的政府是根本不进行治理的政府"。

这个开头引用了一个警句，为他演讲的主旨提供了有力的依据，同时也有利于他由此展开、深化演讲的内容，强调公民有权利保持个人的独立自由，不盲从权力意志。

（7）抒情式。在演讲的开头，从当时真切的感受出发，以抒情的方式营造浓郁的情感氛围，迅速感染和打动听众，取得以情动人的演讲效果。例如，老舍先生在《梅兰芳同志千古》的演讲中这样开头：

我们正在大兴安岭上游览访问，忽然听到梅兰芳同志病逝的消息。我们都黯然久之，热泪欲坠！我们之中，有的是梅大师的朋友，有的只看过他的表演，伤心却是一致的。谁都知道这是全国戏曲界的一个重大损失！

我有许多话要说，但是心中悲痛，无法安排好我的话语。我只好想到什么就说什么。在这心酸意乱的时刻，我已控制不住自己的感情，无法有条有理地讲话！

这个开头紧扣噩耗传来时的悲痛感受，于"心酸意乱"中直抒胸臆，表达自己无法控制的感情，使听众一开始就受到情感的冲击，产生强烈的共鸣。

演讲开头的方式还有交代背景式、设置悬念式、假设推想式、议论发生式、逆向思考式等。总之，无论采取什么方式开头，都要做到先声夺人，富有吸引力。

4. 主体

演讲的主体是对演讲主旨进行具体分析和论证的部分。演讲词的主体部分要做到在理论上说服听众，在内容上吸引听众，在情感上感染听众。在写作过程中，要注意精心安排好主体的结构，处理好层次、节奏和衔接等问题。

（1）主体结构。演讲稿常用的结构方式主要有以下几种：

第一，陈述式。按照时间的自然顺序和客观事物、事件发生与发展的先后顺序来安排主体结构。例如，舞蹈演员刘岩的演讲稿《梦想不凋零》就采用这种结构方式。刘岩在2008年迎接奥运的舞蹈排练中受重伤致残，演讲稿主体部分以自问"为什么学舞蹈"开始，然后按照时间顺序讲述了学舞的"风雨之程"，摔伤后克服身体、心理双重障碍，确立新的人生目标，最终考上艺术博士。其内容螺旋式层层深入，由表及里，一位有着坚韧生命力的强者在时光的流动中高大起来。

第二，并列式。从不同的角度或侧面围绕主题展开论述，其结构形态呈放射状四面展开，宛如车轮之轴与其辐条，每一侧面都指向中心论点，证明中心论点。例如，白岩松的演讲稿《人格是最高的学历》，依次讲述有关大提琴家卡萨尔斯、季羡林、冰心、北大学子的4个真实生动的故事，每讲一个故事，就进行一番议论，引领读者去思考，最终认同他的观点：先成为一个优秀的人，然后成为优秀的新闻人，再然后成为一名优秀的主持人。采用并列式结构需要注意的是避免只罗列现象而无评说，做一些精当的议论，既能升华主题，又能引领听者更好地领悟演讲的主旨。

第三，递进式。围绕演讲主旨，依据事物或事理的内在逻辑，从表面、浅层入手，采取层层推进、步步深入的方式，将问题论述得透彻明了，从而使听者把握问题的本质，获得对事理的深刻认识。美国早期女权主义运动领袖苏珊·安东尼在1872年的美国总统大选中因带领一群妇女参与投票而被捕，因为当时妇女投票是非法的，她在被传讯时作了著名的辩护演讲《论妇女选举权》。在演讲中，苏珊开宗明义地亮出自己的观点："今晚我要向你们证明，我参加这次选举不但没有罪，相反我只是行使了我的公民权。"接着，她依据宪法进一步展开分析，认为"组成联邦的是我们公民"，当然包括女性公民，而宪法是"为了确保全体人民的自由幸福——女人和男人都包括在内的自由幸福"。这样，视女性参与投票为非法行为本身就违反了宪法："一方面奢谈妇女享有自由幸福，另一方面却又剥夺她们的投票权，这是一个极大的讽刺。"最后，她从宪法承认人权、维护人权的角度进行反向论证："妇女是不是人？我相信，任何反对我们的人都不敢斗胆说妇女不是人。妇女既然是人，那就是公民。任何州都无权制定某种法律，来剥夺妇女的特权和豁免权。"这样一环套一环、步步为营、层层深入的论说，具有极强的逻辑性和无可辩驳的力量，使观点无懈可击、牢不可破。

第四，对比式。围绕演讲主旨，对不同事物或同一事物的不同方面进行对照，通过分析对比相同或相异处，说明一个道理。事物的前后或正反都可以形成对比。有比较才有鉴别，对比式用得好，道理不言自明。例如，演讲稿《诚信，做人之本》就是从诚信者如何获得成功、失信者如何走向失败两方面进行对比论述，形成反差，于比较中加深听众对主旨的理解。

第五，并列递进结合式。这种结构，或是在并列中包含递进，或是在递进中包含并列。一些纵横捭阖、气势雄伟的演讲词常采用这种方式。

在行文的过程中，除了选用恰当的结构模式外，主体的写作还要处理好层次、节奏和衔接等几个问题。

（2）层次。层次是演讲稿思想内容的表现次序，它体现着演讲者思路展开的步骤，也反映了演讲者对客观事物的认识过程。

演讲稿结构的层次是根据演讲的时空特点对演讲材料加以选取和组合形成的。由于演讲是直接面对听众的，所以演讲稿的结构层次是听众无法凭借视觉加以把握的，而听觉对层次的把握又要受限于演讲的时间。那么，怎样才能使演讲稿结构的层次清晰明了呢？根据听众以听觉把握层次的特点，显示演讲稿结构层次的基本方法就是在演讲中树立明显的有声语言标志，以此适时诉诸听众的听觉，从而获得层次清晰的效果。例如，演讲者在演讲中反复设问，并根据设问来阐述自己的观点，就能在结构上环环相扣、层层深入。此外，演讲稿中使用过渡句，或用"首先""其次""然后"等语词来区别层次，也是使层次清晰的有效方法。

（3）节奏。演讲稿的节奏是指演讲内容、表达方式及语言节拍等要素相互作用、相互影响所形成的一种张弛起伏、变化多端的内在律动。它既是演讲的助推力，又具有征服听众、满足听众心理期待和审美期待的内在感召力。可以说，强烈而鲜明的节奏感是演讲稿具有艺术生命，演讲获得成功的关键。

演讲稿的节奏表现在很多方面，除了内容上的变换外，还有诸多艺术方式与语言表达方面的因素，如结构上的起与伏、张与弛，情感上的急与缓、强与弱，思想上的藏与露、深与浅，声调上的抑与扬、顿与挫，语言上的快与慢、行与止，句式上的整与散、长与短等。

其中，安排好起伏与高潮是写好演讲稿的关键。起伏应当是多种节奏的紧密合作、和谐共振的结果。高潮则是由特殊的节奏运动所形成的，是节奏由慢到快、由驰到张、由藏到露、由抑到扬、由低到高的转换和不断强化的结果。一般而言，一篇演讲稿设计一个大高潮即可，在大高潮前可根据演讲内容和情感表达的需要，适当设计几个小高潮，以便形成演讲的跌宕起伏之美，最后以一个强有力的高潮去激荡听众的情绪，振奋其精神。

（4）衔接。衔接是指把演讲中各个内容层次巧妙地连接起来，给人自然连贯、浑然一体的感觉，以取得最佳的演讲效果。演讲过程中为了吸引听众，需要不断变换演讲内容，适当地穿插一些名人轶事、幽默故事、感人事例，或引用一些名言佳句等，使听众始终保持对演讲的兴趣，避免注意力分散。这些内容之间的衔接如果处理得不好，演讲稿的结构就会显得松散零乱，从而直接影响到演讲的现场表达效果。写作中，衔接的主要方法是根据上下段之间的关系和表达的需要，精心设计好过渡段、过渡句或过渡词，使之前后关联，和谐统一。

5. 结尾

结尾是演讲稿的重要组成部分，是主题内容的自然延伸或升华。好的结尾应干脆利落、简洁有力，给人以寻味和思考的空间。常见的结尾方式有以下几种。

（1）总结式。在演讲结尾时，应对前面所讲内容进行归纳和总结。例如，鲁迅的演讲稿《读书杂谈》的结尾：

总之，我的意思是很简单的：我们自动的读书，即嗜好的读书，请教别人是大抵无用，只好先行泛览，然后抉择而入于自己所爱的较专的一门或几门；但专读书也有弊病，所以必须和现实社会接触，使所读的书活起来。

（2）号召式。号召式就是在演讲的结尾以富有激情和鼓动性的语言向听众发出强有力的号召。例如，尼克松1969年1月20日的演讲稿《就职演说》的结尾：

我们的命运所献上的乃是机会之佳酿，而不是绝望的苦酒，让我们满怀喜悦而又无所畏惧地去抓住机会吧——地球的乘客们，让我们坚定信念，认准目标，谨防危险，凭着对上帝意志和人类希望的信心，大步前进吧！

（3）引述式。引述式，即引用与演讲内容相关的权威性言论来结尾，包括名人名言、成语、经典古诗文、警句等。例如，陈凯歌的演讲稿《我和我所处的时代》的结尾：

我是这样一个人，我希望我每一部电影我都能够当成第一部电影来拍，谦虚谨慎，向年轻人学习，向观众学习。同时内心又要骄傲，骄傲不是自傲，骄傲的含义是"骄傲可以推得动自己，向较为理想的方向推动。骄傲是可以对自己有要求，骄傲是可以不看轻自己"。……鲁迅说："一国有骄傲的国民，真是一国的幸福。"我拿这句话和在座的所有的年轻朋友共勉，做一个骄傲的人，做骄傲的事情！

权威性的话语历经时世的考验，具有使人确信不疑的力量。恰当地引用权威性话语，也有深化主题的作用。这篇演讲稿，结尾引用鲁迅的话语，无疑对演讲的主旨起到了升华作用。

（4）高潮式。美国作家约翰·沃尔夫说："演讲最好在听众兴趣未尽时戛然而止。"在演讲达到高潮、听众情绪氛围达到了最高点时结束演讲，既可以令人振奋，给人鼓舞，又可以留下回味无穷的感觉。例如，爱尔兰民主斗士伊墨刺多的辞世演说《名誉重于生命》的结尾：

唉！可爱的国民，切勿替我立墓碑！如果知道我死的原因，死的事实，一行行写到墓碑上去，那么作者也将受暴政的虐待，也要死在无情的刑具之下。况且时势一转，后世人对于我，如果不能下极公允的评论，那么我的事实反不如任他埋没。要是我可爱的爱尔兰，国运勃兴，得到自由，和别的国家并立，这时候再来替我做墓碑，那真不嫌迟，那我在黄泉之下也高兴。否则，千万不要替我立碑啊！这是我的希望，我到了此时也没有话讲了！亲爱的爱尔兰，亲爱的国民，我与你们长别了！请你们努力自爱！

这个结尾以惊天的气概、强烈的激情、深远的思考，向国民发出热切的呼吁，字里行间饱含着对国民命运、民族前途的关切，也表达了自己临死不惧、勇于舍生取义的凛然正气，如骤起的巨浪掀起演讲的高潮，直击听众心灵，使人受到强烈的震撼，久久难以平静。

（5）抒情式。结尾用极富感情的话语，创造出浓郁的抒情氛围，传达演讲者澎湃的激情，起到感染听众、激励听众的效果。例如，郭沫若的演讲稿《科学的春天》的结尾：

春分刚刚过去，清明即将到来。"日出江花红胜火，春来江水绿如蓝。"这是革命的春天，这是人民的春天，这是科学的春天！让我们张开双臂，热烈地拥抱这个春天吧！

先引用古代诗歌，再使用一组排比句，营造了一种诗意盎然、生机勃发、激动人心的抒情氛围，具有极强的感染力和号召力，使听者受到极大的鼓舞。

（6）希望式。在结尾紧扣演讲主旨，以真诚、中肯的话语向听众提出演讲者殷切的希望。例如，惠普公司前首席执行官卡莉·菲奥莉娜2004年在清华大学发表的题为《谈"变革时代的领导力"》演讲，就是这样结尾的：

我希望你们无论做什么，都要记住发挥自己的能力，献身于清华悉心培养你们要去做的事业，献身于发挥别人的潜力，同时相信自己的潜力，使这个时代成为人类历史上最激动人心的时代，去拨开云霾，证明世事皆有可能。

这个结尾以饱含真情与哲理的话语，向在场的清华学子提出了自己的希望，具有很强的启示和激励作用。

三、锤炼演讲语言

（一）多用形象化的语言

形象化的语言能变抽象为具象，化深奥为浅显，便于听众理解和接受演讲内容。

具体来说，就是要多用比喻、拟人、夸张、排比等修辞手法增强语言的形象性。例如，北京大学的一位学生在其所作题为《另一只眼睛》的演讲中这样说道：

我们来到北大，就像一张张软盘，到北大这台计算机上拷走了知识和精神。我们的时间是有限的，我们面对的硬盘却是全国最大的……我们应该做的，就是把我们体会到的北大精神抓紧时间拷过来，然后再用一生去慢慢解读。但要注意，可千万要提防自由散漫、眼高手低的北大病毒。拷走知识的同时，你还要问问自己，你又留下了什么？……

这里，演讲者将学生和北大的关系比作软盘和硬盘，将学生的求学与北大的关系、研究北大精神与理解、学习北大精神等复杂的关系形象化，显得通俗易懂，生动活泼。

（二）运用幽默风趣的语言

为了调节、活跃演讲气氛，有时可适当使用一些幽默风趣的语言，吸引听众的注意力，激发听众的兴趣，赢得听众的好感。1938年，陈毅应邀参加一次演讲，主持人作介绍时称呼他为将军。陈毅一开讲就说：

我叫陈毅，耳东陈，毅力的毅，刚才司仪先生称我将军，实在不敢当，我现在还不是将军。当然叫我将军也可以。我是受全国老百姓的委托，去"将"日本鬼子的"军"。这一"将"直到把他们"将死"为止……

在这里，陈毅巧妙发挥，对"将军"做出新解，充分表现出他非凡的智慧和幽默才能，也巧妙地表达了他抗日的决心，令听者耳目一新，顿生好感，经久难忘。

（三）运用富有感情和哲理的语言

在演讲中，富有感情和哲理性的语言容易打动人心、启人深思，增强演讲的感染力和震撼力。例如，白岩松在其演讲《人格是最高的学历》中有一段谈到冰心老人：

冰心的身躯并不强壮，即使年轻时也少有英姿飒爽的模样，然而她这一生却用自己当笔，拿岁月当稿纸，写下了一篇关于爱是一种力量的文章，然后在离去之后给我们留下一个伟大的背影。

演讲者以情理交融的语言，对冰心的人格和贡献做出了高度评价，其中渗透着演讲者对平凡与伟大二者关系的理解，具有深刻的哲理性。

（四）注意句式的变化

演讲稿的写作要以短句为主，长短参差，富于变化。要尽量减少过长句式，避免"欧式"句式，尽量不用过长的定语、状语、补语，不采用复杂句式结构。同时，还要尽量采用双音节词，这样既便于演讲者"上口"，又便于听者"入耳"。例如，维克多·雨果在题为《巴尔扎克葬词》的演讲中说道：

唉！这强有力、永不疲倦的勤奋作家，这个哲学家，这个思想家，这个诗人，这个天才，在我们中间经历了暴风雨、斗争、争执、战斗的生活，一切时代的伟大人物都有的这种生活。今天，他安息了。他摆脱了纷争和仇恨。他在同一天步入了光荣的殿堂和坟墓。从今以后，他在我们头顶的云霄之上，在祖国的群星之中闪闪发光。

这里，长短句交错，以短句为主，形成明快有力的表达效果，使听者在悲悼之余深化了对巴尔扎克的认识。

（五）发挥语言的音乐性

为了使演讲具有节奏感，形成流畅、起伏、回环的音乐美，演讲稿的写作可采用叠词、反复、排比、顶针等修辞手法，加强声调的和谐和节奏变化。例如，恩格斯在《在燕妮·马克思墓前的讲话》中就使用了排比：

她生前终于看到，曾经落在她丈夫身上的各种污蔑完全烟消云散；她生前终于听到，各国反动派曾经企图扼杀的她丈夫的学说在各个文明国家用各种优美的语言公开地、胜利地传播了；她生前终于看到，充满胜利信心的无产阶级的革命运动席卷了从俄罗斯到美洲的一个又一个国家。

排比句的运用不仅展示了燕妮与马克思共同奋斗取得的巨大成功，也热情地赞美了燕妮的忠贞不渝、甘于奉献、忘我奋斗的高尚品德。

（六）采用合适的引语

在演讲稿的行文中，可适当引用一些名言、格言、诗文、警句、谚语等，以增强演讲的文化底蕴和说服力。例如，温家宝2010年10月3日在希腊议会所做的演讲《坚定信念，共克时艰》中，引用了亚里士多德的名言"吾爱吾师，吾更爱真理"、苏格拉底的名句"逆境是磨炼人的高等学府"以及中国古语"艰难困苦，玉汝于成"等，增强了演讲的说服力。这种方法用得恰当，能够激发听众兴趣，吸引听众的注意力，有利于听众对演讲者产生出语不凡的感受，增强对演讲者及演讲内容的信任。

任务演练

一、请你针对互联网外卖现象，发表即兴演讲。
二、学校正在举办"建设书香校园"的演讲比赛，请你撰写一篇演讲稿。

请扫描二维码，赏析优秀演讲稿《记忆》。

第三节 实习报告

 引航

英语专业实习报告

一、实习时间

2017年××月××日—2017年××月××日

二、实习目的

巩固、充实在校期间学习的理论知识,强化实践技能,提高综合技能与素质。通过实习达到"检验自己,融入社会,发现不足,提高能力"的目的,以使自己毕业后能够更快、更好地适应社会,将大学里学到的知识应用到实际工作当中。

三、实习前期准备

(一)确定目标

根据自身树立的目标及规划,寻找实习单位,分析单位的性质、潜力,同时分析自身条件,看自己是否适合从事此份工作以及是否喜爱这份工作。通过对公司和个人的了解,在进入公司实习前,我做好基本知识的巩固,调整好心态,转换好自身角色。

在做了以上准备工作后,我确定我的目标是进入一家数码商务公司实习,当一名普通员工,从小事做起,处理好与客户、同事、上司的种种关系,不自欺、自傲,坚定自身目标,培养职业道德。

我了解到我即将面试的这家公司是一家从事批发、零售手机、笔记本、电脑周边配件、手机保护壳、移动电源的商务公司,属于小型商务公司。这家公司名为××科技,对员工要求比较特别,老板认为进入这家公司就像进入一个大家庭,要学会如何在家庭中寻找自己的位置,实现自己的价值。价值不一定体现为金钱和利益,还体现为亲情、友情。这也是我选择这家公司的重点。因为团结才能成功,因为有爱才有价值。为了能顺利通过面试进入这家公司,我做了许多准备。首先,在大致了解公司的基础上,我努力复习英语专业中比较实用以及基础的知识,包括商务常用单词、句型的听写说,同时也加强自身的口语表达能力以及随机应变能力的锻炼。做好一切前期准备,迎接面试。

(二)实习面试

通过目标的确定以及对公司的了解,在面试前期我准备了相关材料以及简单的自我介绍,同时调整好心态,以最佳的状态回答面试官的种种问题,将自己最真实最优秀的一面在短短的几分钟展示出来。

此次面试分为3个阶段。第一个阶段是公司主要管理人员对应聘者进行一对一的

面试，目的是了解面试者的基本常识、专业知识的学习情况以及工作应变能力，这项占面试总分数的30%，这一阶段通过后就进入下一个阶段。第二个阶段主要由公司部分员工以与面试者交流的形式进行的，目的是了解面试者是否能融入这个家庭，考察面试者为人处事方面的能力，以及最基本的交流能力。这个阶段占面试总分数的50%，这一阶段通过后就进入最后一个阶段。第三个阶段是同老板交流，目的是了解面试者与领导相处、交流的方式，以及面试者的潜在能力，有利于以后的工作分配。最后这一阶段占面试分数的20%。

荣幸的是，我通过了以上3个阶段的面试，得到了老板、主管及同事的肯定。同时我也明白了在面试中最重要的基本素质，那就是以良好的心态、真诚的自己、敏锐的思维、扎实的专业知识迎接每一项面试。

四、实习过程

因为前期做了充分的准备，我顺利通过面试关卡，终于迎来人生第一次工作的机会。想起学校生活的安逸与悠闲，看着现在生活的步伐，让我在充实中带点忧虑。不过，我坚信成功是留给有准备的人，无论前方的道路如何变化，我的目标、我的理念将永远跟随我。

我在公司的职务是业务员兼翻译员。由于我们公司的外国客户不定时来要货，我也成了不定时的翻译员。我的前期工作是，在最短的时间内学习公司的业务以及本人负责的工作项目，做到得心应手、随机应变。同时，我也负责公司的打印、发送文件以及资料整理的工作，主要目的是通过帮同事打印、发送文件以及整理资料，提高我与公司人员的接触量，便于我更快融入这个大家庭。在第一个星期，我的工作主要还是学习业务，留意同事的交流方式以及应变方法。在此过程中我也学习到如何更好更快地融入公司，以及如何处理好同事关系。在这个星期，我接触的工作基本上是协助同事完成一些资料的整理及发送工作，让我感受到什么是从底层做起，以及要从底层做起的原因。以前总以为所谓底层就是最低等的层次，其实不然，所谓底层就是最基本的层次，从底层做起有利于一个职场新人更快更好地学习业务，也能磨炼一个人的心智和心态。起初，我内心也是有一丝的犹豫和沮丧，感觉自己就是公司最渺小的蚂蚁，但最后我明白这都是为了让我以后能出色地完成工作，创造业绩。

通过一个星期对公司以及业务的基本了解，我渐渐地融入了这个大家庭，主管也开始给我安排正式的工作。主管让我负责移动电源这个业务，让我同公司长期合作的几个老客户进行生意往来。主要的工作内容是留意客户动态，定时与客户交流，保证货物的销售数量，向上级反映临时发生的各种问题，确保销量稳步提升。在这一过程中，我终于明白了说顾客是上帝的原因，他们的一举一动都牵动着公司商品销售量的变化。为了能让客户满意、提升公司销售量，我也不断地在实践中总结经验，学习同事以及成功人士的一些处事方法，确保自身能力同业绩一样稳步提升。通过与老客户的接触，我更好地把握了语言的表达及应变技巧，赢得了更多客户的"芳心"。现在的我也已经开始发展自己的新业务，开创自己的新客户圈，面对新挑战的我也不再像以前那样担忧与恐惧，反而是充满期待，感觉生活多了一番精彩。面对新的业务发展，我不断地思考开展业务的方法，收集相关的资料，分析同类公司以及业务员的优缺点，寻找方法打破局面，开创新的天地。通过分析，我发现现在的新业务发展方式有电话销售、网络销售、交际圈销售、纸质宣传销售等，这也让我明白了为什么以前父母和老师让我扩展自己的交际圈，因为这就是资源，也是新业务的发展渠道。通过分析，我决定采取以开展交际圈业务为主，其他为辅的方式发展客户。在这过程中，我的亲戚、朋友、同学也都加入了我的客户圈，让我在这段营销经历中得到了回报。

在公司的这段时间，我的经历让我成长了许多，也学到了许多。不管将来的生活如何变化，都不能改变我此刻的收获，因为经历过，所以永远保存着。

五、实习收获和感悟

我的实习可以说硕果累累，我在各方面都有所收获。

首先，在专业知识方面。基于课本理论知识，我在实习过程中学到了很多实战知识和方法。例如，学会了一些从未接触过的语法、单词，知道如何应变自己无法表达的句子并能让一个中国人的英语得到外国人的肯定。同时，也接触到了外国人的标准口语以及风俗习惯，让我能更好地了解专业用语的意义，更好地同外国人交流。

其次，在自身的心态方面。人们常说有好的心态才有好的方法。在实习前后的这段时间，我学会了调整自己的心态。在面试前要保持轻松、自信的心态，在工作中要坚持严谨、和谐的心态，面对客户要抱以真诚、充满信心的心态等。不同的场合要有不同的心态，因人而异。

最后，在工作能力方面。在工作中，要做到与人包容、随和，遇事处变不惊、随机应变。不管是做什么事，都要做到观察、分析、总结，确保工作能完美完成，自身能力也随之稳步提升。

在工作中，我明白收获的来源就是付出。面对现代社会的竞争，学习与进步是最好的方法，学会面对与适应是最终道路。我一直认为，有了目标就有了希望，有了收获就有了幸福，要对自己和未来充满希望，生活永远是公平的，成功永远留给努力的人。

评析

这是一份较完整的实习报告，报告中记载了实习计划和具体内容，以及实习的收获和感悟。该名实习生实习态度谦虚谨慎，认真投入实习，并用心观察实习过程，及时总结实习经验和心得体会。其感受真实，叙述详略得当，条理清晰。

一、实习报告的含义及种类

（一）实习报告的含义

实习报告是在校大学生完成所学课程并根据教学计划开展实习后，向指导教师和教学管理部门提交的有关实习情况的书面材料。实习报告是检验教学成果的重要依据之一。

（二）实习报告的种类

实习报告根据实习内容不同可以分为教学实习报告、生产实习报告、课程实习报告和毕业实习报告。本章所讲的主要是毕业实习报告。

1. 教学实习报告

教学实习报告主要用于师范生或者是从事教学实习的人。这类实习报告一般要求提供实习教案、实习听课记录表、课堂教师行为观察表、课堂学生行为观察表、班主任工作计划、主题班会记录、重点学生了解情况记载、家访提纲和记录、教育行政实习工作报告、教育调查与研究报告等资料。

2. 生产实习报告

生产实习报告是指学生以工人、管理员等身份到企业一线实习而撰写的报告。一般由指导教师和企业管理人员共同制订生产实习计划，主要由企业的生产管理人员指导学生实习。实习期间要撰写实习日记，实习报告一般包括技术报告和实习总结两部分。

3. 课程实习报告

课程实习与教学实习的不同点在于，课程实习要求学生一边学习理论课程一边到企业去实习。课程实习也被称为"实训"，实训是企业培养员工的一种途径。课程实习报告与生产实习报告相似，但内容侧重点不同。

4. 毕业实习报告

毕业实习报告是在校大学生在学业的最后一个学期参加毕业实习并撰写毕业实习结果的一种作业。报告是对该阶段进行总结与说明的书面材料，是反映学生毕业实习完成情况的一个主要内容，也是对毕业生的又一次培养和训练。

二、实习报告的结构和写法

实习报告一般由标题、前言、正文和落款等几部分组成。在正文内容上，实习报告主要包括实习计划、实习环境、实习内容、实习过程、实习收获和心得体会等，具体内容由各大学制定。

（一）标题

标题可以由专业名称和文种构成，如"环境工程专业实习报告"，可以由实习单位和文种构成，如"在××单位的实习报告"，也可以只写"实习报告"。

（二）前言

前言是对实习的背景、经历和收获等所做的概述。

（三）正文

实习报告正文内容一般包含以下4个方面。

1. 实习计划

实习计划可以由学校统一制订，也可以由个人自行制订。实习计划通常要写明实习的目的、实习任务、实习时间和地点、实习纪律安全等要求。实习计划要求言简意赅，点明主题。

2. 实习单位及岗位介绍

实习单位及岗位介绍部分要求详略得当、重点突出，重点应放在实习岗位的介绍上。

3. 实习内容及过程

实习内容及过程部分是实习报告的重点，字数不少于1 500字。此部分要求内容翔实、层次清楚，侧重实际动手能力和技能的培养、锻炼和提高，严禁日记或记账式的简单罗列。

4. 实习总结及体会

实习总结及体会部分主要是对工作的主客观条件、有利和不利条件以及工作的环境和基础等进行分析。总结的中心是指出成绩和缺点，总结的目的是肯定成绩，找出缺点：成绩有哪些，有多大，表现在哪些方面，是怎样取得的；缺点有多少，表现在哪些方面，是什么性质的，怎样产生的。还要总结经验和教训。须对实习工作的经验和教训进行分析、研究、概括、总结，特别是要高度认识自己所学的专业理论与实践的差距。最后是阐明今后的打算。要根据今后的工作任务和要求，吸取前一时期工作的经验和教训，明确努力方向，提出改进措施等。

（四）落款

在报告的结尾写上本人姓名和报告日期，也可以在报告标题的下方署上实习单位名称、本人姓名和报告日期。

整体实习报告的内容必须与所学专业内容相关，字数不少于3 000字。

三、实习报告的写作要点

撰写实习报告，除了要做好详尽的计划外，材料的收集也是非常关键的。从开始实习的那天起就要注意广泛收集资料，并以各种形式及时地记录下来（如写工作日记、周记等）。

丰富的资料是写好实习报告的基础。实习过程中要注意收集以下资料。

（一）专业知识在工作中如何灵活运用

实习过程中要了解专业知识在工作中如何灵活运用。例如，法律专业的学生要注意法官或法律工作者在执法过程中是如何灵活运用法律条款的，深入了解优秀法官是如何运用法律以外的手段解决民事纠纷，提高结案率的；秘书专业的学生可以直接将秘书实务、应用写作等科目中的问题带到实践中去，在实践中寻求理论与实践的结合点；等等。

（二）观察周围同事如何处理问题、解决矛盾

实习是观察、体验社会生活，将学习到的理论转化为实践技能的过程，所以既要体验还要观察。应从同事、前辈的言行中去学习，观察别人的成绩和缺点，以此作为自己行为的参照。通过观察别人来启发自己也是实习的一种收获。

（三）实习单位的工作作风如何

单位的工作作风对你将来开展工作、发展和提高自己有什么启发？某些同事的工作作风、办事效率有哪些值得你学习、有哪些是要引以为鉴的？对工作、对事业会有怎样的影响？这些都是在实习过程中需要考虑的。

（四）实习单位的部门职能如何发挥

对不同职能部门的工作作风、履行职能的情况有什么看法和认识？

此外，实习报告要客观陈述，文风朴实，用语要简洁精确，多使用专业语言。

实习报告结构模板如表 2-2 所示。

表 2-2 实习报告结构模板

	标题	实习报告
	前言	对实习背景、经历、收获进行概述
正文	实习计划	写明实习目的，实习任务，实习时间、地点及步骤，实习纪律安全等方面的要求
	实习单位及岗位介绍	重点介绍实习岗位
	实习过程	翔实记录实习的过程，侧重具体实践
	实习体会	对实习的认识，提出问题和建议
	落款	实习人姓名及年、月、日

 任务演练

根据即将到来的实习进行前期实习计划设计，实习期间撰写实习日记，实习结束后撰写一份实习报告，并开展实习总结大会交流活动。

请扫描二维码，赏析教育类实习报告案例。

第四节 毕业论文

 引航

电视购物的现状、问题及其对策研究

【摘要】在我国,电视购物是一个刚刚起步、尚不完善的媒体赢利模式。在短短的几年时间内,各地就先后开办了多家电视购物公司,电视购物呈现出蓬勃发展之势。但目前我国电视购物的发展还有很多问题需要解决。本文对全球家庭电视购物这种无店铺、无商场的新型的商品交易及个人购物形式进行探讨与研究,尤其是对我国的家庭电视购物的兴起、现状及发展过程中存在和将面临的一系列问题,予以较为全面的论述与评析,揭示其症结所在,以利寻求解决这些问题的策略及具体方法。

【关键词】电视购物;组织框架;运营模式;美嘉购物

一、电视购物的发展概况

(一)电视购物的起源

……

(二)国内外电视购物概况

……

二、电视购物的定义、流程与特征

(一)电视购物的定义

……

(二)电视购物的流程

……

(三)电视购物的特征

……

三、电视购物的经营模式分析

(一)电视购物与传统电视直销的区别

……

(二)电视购物与网络购物的区别

……

(三)电视购物经营模式的划分

……

四、电视购物公司的基本组织框架

(一)商品开发部

……………
（二）节目制作中心
……………
（三）电话服务中心
……………
（四）仓储物流中心
……………
（五）售后服务中心
……………
五、电视购物运营分析——以美嘉购物为例
（一）美嘉购物简介
……………
（二）美嘉购物的运营流程
……………
（三）美嘉购物面临的问题
……………
（四）美嘉购物发展的对策和建议
……………

结束语

  美嘉购物是一个还处在摸索阶段的企业，要想在竞争激烈的零售业市场继续发展，就要坚持以较低的价格吸引顾客，以良好的商品质量和切合实际的商品宣传树立自己的信誉；要从自身实际情况和占有优势出发，采取多种营销策略，做好电视媒体广告运营和节目运营；要逐渐实行统一商品开发、统一服务体系、统一管理模式，尽可能有效地控制成本，以实现规模化、集约化、专业化的运营模式，从而迅速发展壮大……

致 谢

  此刻，我的心情无法平静。这篇论文能顺利完成，离不开敬爱的师长，亲爱的同学、朋友的真诚无私的帮助，在此向他们致以诚挚的谢意！感谢我的指导教师××老师，他严谨细致、一丝不苟的作风值得我学习；他循循善诱的教导方式和不拘一格的思路给予我无尽的启迪。感谢我的室友们，从遥远的家乡来到这个陌生的城市里，是你们和我共同维系着彼此之间兄弟般的感情。兄弟之谊，地久天长。感谢我的爸爸妈妈，"焉得谖草，言树之背"，养育之恩，无以回报，你们永远健康快乐是我最大的心愿。

参考文献：

[1] 邓文卿，张晓峰. 当代电视购物及其社会发展价值 [J]. 山东经济，2007，23（4）：44-48.

［2］王芳，李金洋. 电视购物行业面临的风险及其对策研究［J］. 西部广播电视，2008（9）：120-123.
…………

评析

该毕业论文的结构较为完整，包括标题、摘要、关键词、正文、结束语、致谢、参考文献等各个部分，符合毕业论文的一般构成条件。

该论文从电视购物的发展概况谈起，让读者对电视购物有一个感性的认识；接着介绍了电视购物的定义、流程与特征，让读者从定性的角度进一步认识电视购物；电视购物的经营模式与基本组织框架部分是该论文的中心；最后以美嘉购物为例，对电视购物的总体运营情况进行分析。总体来看，该论文构思缜密，思路清晰，行文有序，是一篇比较标准的毕业论文。

一、毕业论文的含义及特点

（一）毕业论文的含义

毕业论文是高等学校学生学业的重要组成部分，是高等院校应届毕业生在教师指导下综合运用所学专业的理论知识和技能，对本学科或社会生产实践领域内的某些问题进行探讨、研究后所形成的具有一定创建性的研究文章，是检验毕业生掌握知识的程度、分析问题和解决问题基本能力的一份综合答卷。

（二）毕业论文的特点

1. 学术性

学术性是毕业论文的本质属性。毕业论文是毕业生对其所学学科领域的某一专题进行研究探讨后产生的成果，侧重于对事物进行抽象、概括的论述，带有较强的研究与论证性质，以专门性和学术性为主要特点。

2. 科学性

科学性是毕业论文的基本要求。毕业论文的撰写要从客观实际出发，通过对客体进行仔细周密的观察，获得大量的材料作为立论的依据，用恰当的科学方法和严谨的科学态度从中找出规律，揭示事物的本质，从而得出符合客观实际的结论。

3. 创新性

创新性是毕业论文的根本价值。创新性是指论文作者能够用与众不同的观点和视角去研究问题并得出新的结论。一篇优秀毕业论文的创新性可以体现在基本观点的建立上、材料的选择上、逻辑结构的安排上、论证的风格和语言上。内容上有创见、方法上有独到之处、得出的结论有价值（学术价值、实用价值、认识价值）是毕业论文创新的关键。

4. 规范性

毕业论文属于学术论文的一种，不仅在内容上要体现出规范性，在格式上也要讲究规范性，遵守业内公认的写作格式。

二、毕业论文的格式及写法

一篇完整的毕业论文主要由标题、摘要与关键词、正文、致谢、注释以及参考文献等几部分构成。

（一）标题

标题即毕业论文的题目。标题要确切、简洁、醒目、新颖，才能引起读者的阅读兴趣。

从内容上看，毕业论文的标题有两种类型：一是揭示文章中心论点的标题，这类标题直接反映了作者对所论述问题的看法，标题即文章论点的概括，如《网络文学也需要审美教育》；二是揭示论题的标题，这类标题所反映的只是文章所要论证的内容，而不涉及作者的观点和看法，如《论李商隐诗歌的意象》。

从形式上看，论文的标题也有两种类型：一是单标题，即标题只有一行；二是双标题，正标题揭示论点或论题，副标题对正标题加以补充、说明或限制，如《游荡在神殿阴影中的苦魂灵——克洛德悲悯视角解读》。

（二）摘要与关键词

摘要是论文内容的梗概，其对论文的主要观点和创新之处进行高度概括，揭示论文的主要研究成果。摘要的作用是方便读者在最短时间内了解论文内容的要点。摘要的撰写需用第三人称，序号、公式、图标等不要出现。摘要置于论文标题、署名之后，字体与正文要有所区别。

关键词是从论文中选取的用以表示全文主要内容信息的单词或术语，主要用于电子检索。一篇论文的关键词一般为3~5个，置于摘要下面。每个关键词之间可加分号隔开，也可空一格，中间不加任何标点符号。

（三）正文

正文是毕业论文的最重要部分，包括绪论、本论、结论3个部分。

1. 绪论

绪论也称为"序论""引言""导语"，是论文主体部分的开头。绪论要提出问题，说明研究这一论题的背景、动机、意义和方法，阐明研究的目标，还可对他人已有的研究成果进行概括评述，亦可简要回顾跟主题相关的研究历史。绪论的文字要言简意赅，提纲挈领。绪论置于关键词下面，空一行。

2. 本论

本论是毕业论文的主干部分，是作者分析问题、论证观点的主要部分，最能体现作者的研究成果和学术水平。要写好本论部分，应做到以下几点。

（1）论证充分，说理透彻。论证就是用论据来证明论点的正确性或证明反对论点错误性的过程。本论部分最主要的任务就是组织论证，以理服人。因此，作者要千方百计地证明自己的观点是正确的、可信的。

（2）结构严谨，条理清楚。本论部分的篇幅长，容量大，如果不按一定的次序来安排文章内容，就会显得层次不清，结构混乱，大大降低说理的效果。

本论部分常用的结构形式有并列式、递进式、混合式等。并列式结构的论文的各个分论点的论述没有主次关系，各个部分的关系是并列的。递进式结构的论文要对事物的发展进行由浅入深、由表及里、层层深入的论证。混合式结构的论文既有并列结构，又有递进结构，纵中有横，横中有纵。

（3）观点和材料相统一。写好本论要将观点和材料有机结合起来，以观点统领材料，以材料证明观点。从总体上说，材料应按照各自所要服务的观点来安排，即把所有的相关材料划归到各个分论点之下，随着分论点间逻辑关系和排列顺序的明确，材料自然就各得其所了。

3. 结论

结论是对整篇论文的总结，是作者通过逻辑推理、深入论证而得出的结果。从表达的内容来看，结论不是对正文部分各段小结的简单重复，而是作者在认识上的进一步深化。结论包括：论文研究的成果或观点；解决了什么理论或实际问题；具有什么应用前景和社会经济价值；对前人的研究成果做了哪些修改或补充；指出今后在本研究上的进一步展望与设想。

（四）致谢

致谢是指对课题研究和论文撰写过程中给予帮助的人员公开表示感谢的文字。致谢既表示对他人劳动的尊重，也体现了作者的谦逊品质。致谢的对象包括：论文写作的指导教师，参加过讨论或提出过指导意见的老师；论文所采用的数据、图表、照片等材料的提供者；提供帮助、给予鼓励的亲人朋友等。致谢语要诚恳、简洁、恰如其分。致谢语放在正文之后，空一行。

（五）参考文献

参考文献是指为撰写或编辑论文和著作而引用的有关文献的信息资源。在论文的撰写过程中，作者要翻阅查看大量的有关书籍、报刊，甚至要引用、借鉴其中的某些观点、数据。为了反映论文的科学依据，尊重他人的研究成果，向读者提供有关信息，作者在论文正式结束后，需要将引用、参考过的书刊和文章等资源按照论文中出现的先后次序列于参考文献中。高职毕业生一般要求查阅文献不少于10篇，置于正文致谢之后空两行。参考文献的字体、字号一般与摘要相同。

参考文献的主要类型标示为：专著——M，期刊——J，报纸——N，论文集——C，学位论文——D，报告——R。

常见的参考文献书写格式如下：

1. 专著、论文集、学位论文、报告的书写格式

［序号］作者．文献名［M］．出版地：出版者，出版年：起止页码．

例如：葛红兵，许道军．创意写作教程［M］．北京：高等教育出版社，2017：97－101.

2. 期刊书写格式

［序号］作者．文献名［J］．刊名，年，卷（期）：起止页码．

例如：刘彦超．孤独的殉道者——析卡夫卡及其《饥饿艺术家》［J］．武警学院学报，2007，23（11）：54－55.

3. 报纸文章的书写格式

［序号］作者．文献名［N］．报纸名，出版日期（版次）．

例如：谢希德．创造学习的思路［N］．人民日报，1998－12－25（10）.

4. 电子文献书写格式

［序号］作者．文献名［EB/OL］．电子文献的出处或网址．

如：王明亮．关于中国学术期刊标准化数据库系统工程的进展［EB/OL］．http：//www．cajcd．edu．cn/pub/wml．txt/980810－2．html，1998－08－16/1998－10－04.

三、毕业论文的写作步骤

毕业论文的写作一般包括选题、搜集材料、提炼观点、安排结构提纲、起草和修改等几个步骤。

（一）科学选择论题

撰写毕业论文主要解决3个问题，即研究什么、怎样研究和得出结论。选择论题就是解决"研究什么"的问题，也就是确定研究的对象。选择一个好的论题，毕业论文就成功了一半。

1. 选题要遵循的原则

（1）可行性。毕业生在确定毕业论文的研究题目时一定要基于专业学科的要求，研究的角度、方法，使用的理论知识都要与在校期间学习的专业学科相关。因为毕业论文主要考查毕业生运用在校学得的理论知识分析和解决实际问题的能力，如果论文的撰写脱离所学专业范围，那么就失去了考查的意义。

确定论题还要从实际出发，论题的研究范围和研究深度要适合自己的水平和研究条件，切忌贪大求全，面面俱到，泛泛而谈。课题尽量遵循"宜小不宜大"的原则，这样有利于将研究深入到问题的实质。

（2）价值性。科学研究的目的是更好地认识世界、改造世界，以推动社会的不断进步和发展。因此，选择的论题要在生产、生活或科学上有一定的实用价值，即研究成果有可能进行移植应用，为人类的社会生活服务，具有实际意义。

（3）创新性。选择的论题要新颖，主要观点要有独特的见解，有自己的新发现。论题应是新领域的探索、空白的填补、通说的纠正（推陈出新）、前说的补充（丰富完善）等。

2. 选题的方法

（1）浏览捕捉法。将阅读材料所得到的方方面面内容进行归纳、分类、排列、组合，从中寻找问题、发现问题，将自己在研读、分析材料中的体会与资料分别加以比较，找出自己的哪些体会在资料中没有，哪些体会资料中已有但自己对此有不同看法，哪些体会和资料是基本一致的，哪些体会是在资料的基础上有所深化和发挥，等等。经过几番思考，就容易萌生自己的想法。把这种想法及时捕捉住，记在本子上，再做进一步的思考，选题的目标就会逐渐清晰起来。

（2）追溯验证法。先有拟想，再通过阅读资料加以验证来确定选题。这种方法是基于只有平时对所学专业内容的某个问题或现象进行深度思考，才会在大脑中产生灵感的设想。

（二）全面搜集材料

搜集材料主要有两种途径：①社会调查。根据实地调查、采访搜集一手材料。②读、查文献材料。通过到图书馆查阅和网上查找等方式查看文献材料。

不论采用哪种途径搜集材料，都要保证材料的真实性和准确性。必须核实查阅报刊书籍所得的资料，核实观察、实验、调查、考察所得到的事实、数据，核实网上查询到的各种资料，做到去伪存真，以免因材料出现差错而影响论文的科学性。

要注意材料的新鲜性。尽量搜集自己所能发现的与研究题目相关的第一手材料。掌握材料要力求全面。要根据研究题目所确定的研究对象和范围，尽可能多地搜集材料，保证材料有充足的选择余地。

（三）准确提炼观点

要在对搜集到的材料进行有选择地通读、选读、研读的基础上，提出自己的看法和见解，并根据选题确立中心论点和分论点。论点可以是对观察、实验中新发现、新创造的归纳总结，也可以是对调查、考察中发现的新情况、新问题的分析论述，还可以是在某门学科学习、钻研过程中形成的创造性见解。总之，提出的观点要有创见性，不能只简单地重复前人的研究成果。要根据已确立的中心论点和分论点选定论文拟用的材料。这些拟用材料是自己在对所搜集的资料加以研究的基础上形成的。组织材料要注意掌握科学的思维方法，注意材料安排的逻辑关系和主次关系。

(四) 合理安排结构，拟定提纲

论文的结构应根据不同的专业内容灵活设计。一般情况下，论文的基本逻辑结构由 3 部分组成：绪论，即开头部分，提出问题，明确中心论点或紧扣论题说明研究的目的、意义、范围、现状等；本论，即主体部分，分析问题，运用科学的方法对论题展开深入分析和严密论证；结论部分，即解决问题，对本论题研究结果做理论性的归纳、总结、强调。

论文的层次结构可以是"总—分—总"的格式，也可以是先分层论述，说明有关情况，后归纳总结的"先分后总"式，还可以是先总说观点，后分层论述、说明的"先总后分"式。

为了使文章结构合理、层次清楚，行文中思路清晰，拟写提纲非常必要。

提纲相当于论文的框架。论文提纲包括的项目如图 2-1 所示。

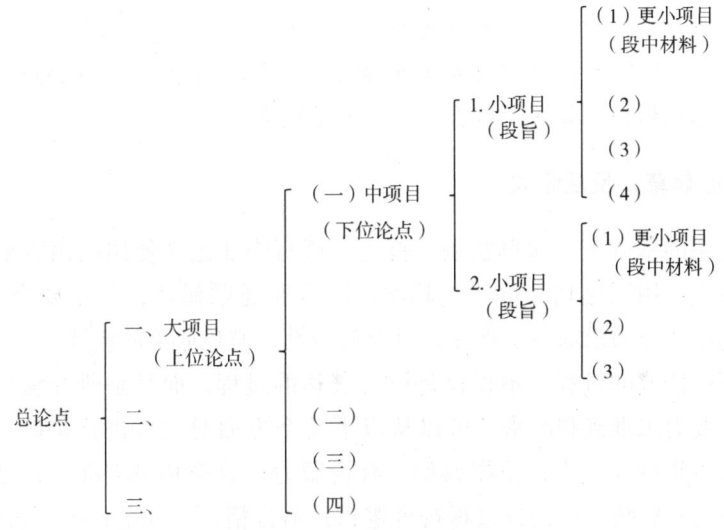

图 2-1 论文提纲包括的项目

论文提纲的拟写方式主要有论点式、标题式、摘要式 3 种。

论点式提纲要列出中心论点、分论点、小论点以及所涉及的论据。例如，这篇题为《浅论〈实践论〉对中国知行学说的光辉总结》的论文，其中一部分的写作提纲是这样设计的。

中心论点：

《实践论》是关于理论与实践、知和行具体的历史的统一论述，是从认识论上总结了马克思列宁主义普遍真理和中国革命具体实践相结合这一根本原则和理论，是对中国哲学史上长期争论的知行关系问题的光辉总结。

分论点：

在中国哲学史上知行说占有重要位置。

小论点（1）：知行说是春秋战国诸子百家探讨问题的方式之一。
论据①：孔子的主张；
论据②：墨子"唯物主义经验论"对"知行"的发展；
论据③：荀况对"知行"的看法和对先秦"知行"问题的总结。
小论点（2）：宋、元、明、清"知行"学说出现各种系统理论，成为当时哲学思潮中的突出问题。
论据①：朱熹的"知先行后，行重知轻说"；
论据②：王阳明的"知行合一"思想；
论据③：王延相对王阳明的批判；
论据④：明清之际的王夫之朴素唯物主义的知行观。
小论点（3）：近代对"知行"问题的总结与发展。
论据：孙中山的"行先知后""知难行易"学说的合理内容与缺陷和错误。

标题式提纲是指使用简要的文字拟写标题，标题可列到二级或三级，一目了然。

摘要式提纲是用要点的形式概括地写出各个层次部分的基本内容。这种提纲的字数比较多，写的时候需要作者将文章的框架了然于胸，不仅要提示要点，还要设计如何展开，如何运用材料，如何衔接等，实际上是论文的缩影。

（五）精心起草，反复修改

在拟好提纲的基础上，起草初稿。首先，撰写毕业论文使用的语言要十分准确地表达作者的观点，用词贴切、恰当。其次，语言要通顺畅达，句子要合乎语法规范。再次，论文的语言应力求简练、严谨，具有论说性，避免通篇的叙述。

论文起草、修改的过程，不仅仅是语言表达的过程，而且是研究深入化和思维周密化的过程，要力求准确和严密。可以从以下几个方面对文章进行修改、润色：开头简明扼要；观点正确、可靠；论据典型、有说服力；数据和引文准确；结构合理、脉络清晰；观点与材料统一；论证过程符合逻辑；语言精炼、规范；图、表清楚适用等。总之，方方面面都要认真检查，仔细推敲斟酌，逐步完善。

毕业论文的写作是一项复杂的思维活动，对于平时缺乏写作经验和科研训练的毕业生来说，确实有难度。因此，大学生一定要以严谨的为学作风、踏实的工作态度对待毕业论文的写作。

毕业论文结构模板如表 2-3 所示。

表 2-3　毕业论文结构模板

项目	要点
标题	对论文内容的高度概括，可以由正副标题构成
摘要	对论文的主要观点和创新之处进行概括，一般为 300～500 字
关键词	用来表达论文主要内容信息的词语或术语，一般为 3～5 个

续表

项目		要　点
正文	绪论	毕业论文的开头部分，用简洁的文字说明论题主旨，提出论文要研究或解决的问题
	本论	是毕业论文的主体，是展开论题、展示作者研究成果的部分
	结论	是对整篇论文的总结，即对整个研究工作进行归纳和综合而得出的结果
致谢		对课题研究和论文撰写中给予帮助的人员进行答谢
注释		对论文中有些字、词、句加以必要的解释和注明来源出处
参考文献		参考书目，是为撰写或编辑论文和著作而引用的有关文献的信息资源

任务演练

结合自己的专业，拟写一份毕业论文的论点提纲。

请扫描二维码，赏析毕业论文《〈红楼梦〉中妙玉的形象再谈》。

第三章
教师资格应用文

学习目标

1. 了解常规课堂教案、"国考教资"面试试讲简案、"国考教资"笔试教育写作的含义和特性
2. 掌握常规课堂教案、"国考教资"面试试讲简案的编写及"国考教资"笔试教育写作的方法
3. 能够根据题目要求熟练编写常规课堂教案、"国考教资"试讲简案,撰写"国考教资"教育论文

第一节　常规课堂教案

 引航

《猴子种果树》第二课时教案
南京师范大学附属小学　李菲

教学目标：

1. 有感情地朗读课文，表演这个故事。

2. 引导学生细读课文，了解猴子种果树的经过和结果，明白做事如果急于求成，没有主见，到头来什么事都办不成的道理。

教学重点： 通过多种形式的朗读，让学生弄清猴子种树的过程，以及什么树也没种成的原因。

教学难点： 通过对问题"为什么猴子什么树也没种成"的思考和讨论，使学生明白做事要有耐心、有主见，不能急于求成，并从中受到教育。

教学准备： 课件、生字卡片。

教学过程：

一、复习导入、整体感知（2分钟）

同学们，这节课，我们继续来学习（学生读：《猴子种果树》）

（预设一）同学们还记得猴子都种过哪些果树吗？请同学们伸出手指跟着老师写一写（板书：梨树、杏树、桃树、樱桃树），都有木字旁，写法不一样，"梨"的木字底竖出头短，"杏"扁一些，"樱桃"窄瘦。猴子种了这么多树，结果怎么样呢？这是为什么呢？这节课，我们就来读懂、读好这篇课文，帮猴子找找原因。（点图，出问号）

（预设二）（课前写好树的名称）同学们，通过上节课的学习，我们知道，猴子先后种了（指板书，学生说），种的结果怎样？这是为什么呢？这节课，我们就来读懂、读好课文，帮猴子找找原因。（点图，出问号）

二、学习课文（30分钟）

（一）学习1~3自然段（12分钟）

过渡：猴子是怎么种梨树的？让我们一起来读一读课文的1~3自然段。（出示1~3自然段）

1. （出示第1自然段、配图）先来看第1自然段，谁来读？大家一边听一边想：文中的猴子给你留下了什么印象？

（1）从"天天"可以看出这只猴子很勤劳，特别想吃到梨子。

（2）从"等着""流口水"可以看出这只猴子很馋，很想吃到梨子。

（3）（点动画：流口水）瞧，这只猴子望着种好的梨树苗，会想什么？（预设：快长大；明天就能吃到梨子就好了；想到水灵灵的梨子，就流口水。）

（4）这只猴子多么渴望吃到梨子啊！谁能有感情地读，把猴子很想吃到梨子的样子表现出来？（1～2名，重点指导"天天"一词的朗读。）（听出来了，你真想吃到梨子。）（我们感受到你对早日吃到梨子的强烈期盼。）

2. 这只很想吃到梨子的猴子，为什么没种成梨树呢？自由读读第2，3自然段，（出示第2，3自然段），试着用自己的话说一说。

（预设一）全说出。

你真了不起，全读懂了，你认为是猴子听了乌鸦说了一句农谚。

（预设二）乌鸦劝猴子。

乌鸦说了一句农谚。

（预设三）猴子。

猴子怎么知道梨树要等五年才能结果？乌鸦说了一句农谚。

联系实际理解"五年"：（梨五杏四）读懂了吗？（板书：五、四）梨树要等五年才能结果，五年有多长？如果你们现在种梨树，我们来算一算需要等到上几年级才能吃到梨子？六年级能不能吃到？要等到上初中才能吃到，多不容易啊！所以，猴子认为：五年——（太长），我可——（等不及），就算梨树已成活，猴子还是毫不犹豫地——（拔掉梨树，改种杏树）（板书：拔）

能不能通过你的阅读，把猴子的这种心情表达出来？（2名）

3. 下面我们来分角色朗读1，2，3自然段。女生读乌鸦的话，你们是猴子的朋友，你也要替猴子着急。男生读猴子心里的想法，老师来读提示语。

小结：读了这3个自然段，现在你们能不能用自己的话简单地说一说，猴子为什么没种成梨树？

（二）自主学习、欣赏4～9自然段（18分钟）

过渡：这只猴子又种了杏树，还种了桃树，为什么也都没种成呢？请同学们轻轻打开书第125页，默读4～7自然段，一边读一边思考。

1. 学生默读。先同座说说：猴子为什么也没种成杏树、桃树？（巡视）

2. 谁来说？

（预设一）没耐心。

（1）从文中哪些词语可以看出猴子总是等不及？

（2）出示：猴子一想："对，五年太长，我可等不及。"于是就拔掉梨树，改种杏树。猴子一想："对，四年太长，我也等不及。"于是就拔掉杏树，改种桃树。猴子一想："对，三年也太长，我还是等不及。"于是就拔掉桃树，改种樱桃树。（点红：可、也、还是）

这是猴子3次听了鸟儿的话后的想法和做法（如果觉得五年时间太长，等不及，我们还有一些理解，可4年、3年，时间越来越短了，猴子也等不及，还是等不及），他恨不得今天种梨树——（明天就吃到梨子）你们觉得这是一只怎样的猴子？（就让我们感受到他的的确确是一只没耐心的猴子。）

（3）请3位小朋友来读这3句话，让我们越来越强烈地感受到猴子的没耐心。（强调：五年等不及，四年也等不及，三年还是等不及。）

（预设二）（猴子没种成杏树、桃树的原因还有什么？）没主见。

（1）从文中哪些词语可以看出猴子总是听别人的？（点红：一想……对……于是……）

（2）这是猴子3次听了鸟儿的话后的想法和做法，3次都一样，都是只想了很短的时间，认为别人的话对，立刻照着做，拔掉已成活的树，该种结果年数少的树。

3. 下面我们来把猴子种梨树、杏树、桃树、樱桃树的经过分角色朗读出来，老师给你们时间准备，同座位的同学合作一下，一人扮作猴子，一人扮作3只鸟儿，两人一起读旁白。哪位同学练得认真，就请他上台戴上头饰朗读！

谁想当乌鸦、喜鹊、布谷、猴子、旁白（全体学生）？（从你的表演中，我们要看见一只没耐心、没主见的猴子。）

4. 猴子拔了桃树，改种樱桃树，可哪里知道樱桃好吃——（树难栽）结果什么树——（也没种成）。

三、拓展延伸（4分钟）

1. 望着死去的樱桃树，猴子的眼泪哗哗地流了出来，他左思右想还是不明白，最后他决定向你们请教，小朋友们，这只猴子已经来到你身边，你发现了吗？（师扮猴）同学们，你们好！今年我还想种果树，你建议我怎么做呢？（还有人建议我种梨树？锻炼我的耐心。种不同品种的果树，虽然累一点，但一分耕耘一分收获，可以品尝到不同滋味的水果。）

2. 谢谢你们，在你们的帮助下，几年之后，我获得了大丰收，有红彤彤的桃子，有黄灿灿的梨子，你们想吃吗？你们答出题，才能得到。你们想先吃什么？

四、练习（4分钟）

1. 连一连（开火车填）

杏树	五年	杜鹃	哇哇
桃树	四年	喜鹊	喳喳
梨树	三年	乌鸦	咕咕
樱桃树	两年	（声音出：答对啦！又香又甜的桃子奖给你们！）

2. 填一填。（能不能用不同的说法：原因可以放在前面，也可以放在后面。）

（1）因为（　　），所以这只猴子什么也没种成。

（2）这只猴子什么树也没种成，是因为（　　）。

（声音出：祝贺你们！这水灵灵的鸭梨就属于你们了！）

五、拓展练笔

1. 猴子接受了同学们的建议，开始新一轮的种果树。它还是那样辛劳地天天浇水、施肥。你想不想夸夸它的勤劳？

2. 就这样，5年过去了。一天，乌鸦、喜鹊、杜鹃相约来看望猴子，它们被眼前的景象迷住了。那么，是怎样的景象呢？它们与猴子又有哪些对话呢？同学们课后可以分小组来讨论，进行一番想象，我们也来创作一个童话故事——《猴子种果树续编》。

六、板书设计

```
        猴子种果树

    梨树      五
    杏树      四      拔
    桃树      三
    樱桃树    二
```

评析

这节课的设计体现了"一切为了学生的发展"的新课程核心理念。忠实于学生的认知发展规律，采用对话式教学，通过提出合理的问题以激发学生的学习兴趣，引导学生理解课文，自主合作探究课文。通过多种形式的朗读、讨论，让学生积极参与学习的全过程，并从中懂得道理。课后作业的设计锻炼了学生的口头语言和书面语言表达能力，可操作性强。总之，三维教学目标设计合理并得以全面实施。

一、教案的含义、特性及编写价值

教师要想上好课，课前必须做一系列的准备工作，这些准备工作统称"备课"。备课一般包括熟悉课程标准、钻研教材、了解学生、搜集资料、设计教学思路、选择教法、编写教案等。可见，教案编写是备课的最后一个环节，教案是全部备课工作的直接产物。

（一）教案的含义

教案是教师以现代教学理论为基础，依据课标的要求、教学对象的特点、不同内容的需要和教师自己的教学理念、教学经验、风格，运用系统的观点与方法，分析教学中的问题和需要，确定教学目标，确立解决问题的步骤，合理组合和安排各种教学要素，为顺利、有效地开展教学实践活动而制订的实施方案。

（二）教案的特性

一份合理的教案应体现出以下特性。

1. 计划性

教案中对每个课时的各个环节，大到教学步骤，小到教具的准备、教学环节的时间分配、教学方法的选择、教学手段的运用时机、板书设计等，都要精心设计，周密规划。

2. 可操作性

教案是具体的教学实施计划，是对一系列预设的实现方案。教什么、怎么教，应该是清晰的、可操作的。

3. 可预演性

教案编写的过程实质上就是教学活动的各环节、各步骤在教师头脑中的预演过程。反过来说，一份好的教案能使教师如临真实的教学情景，依据教学活动的每一细节反复预演，周密预设。

4. 指导性

教案对教学实施具有较强的指导性。

需要注意的是，教案只是课前的备课成果，教学过程中还需要根据具体的教学情景临场备课，调整原先的既定方案，适应即时生成的学情，以获得最佳的教学效果。

（三）教案的编写价值

1. 有备而来，确保效果

编写教案有利于教师弄通教材内容，准确把握教材的重点与难点，进而选择科学、恰当的教学方法；有利于教师科学、合理地支配课堂时间，更好地组织教学活动，提高教学质量，达到预期的教学效果。

有了具体的教学方案，教师就能应对课堂教学过程中出现的各种具体情况，提高教学效果，确保课堂教学的顺利实施。

2. 反思与修正，提升水平

通过编写教案，教师可以积累教学案例，反思教学中的困惑和不足，综合分析、解决教学中经常出现的问题，从而提升教师的教学水平，促进专业发展。

二、常规课堂教案的编写

（一）教案的主要构成元素

教案的编写虽没有固定的格式，但一般看来，以下要素是必要的：课程名称、适用年级、编写时间、任课教师、具体内容等。具体内容又包括课题、教学目标、教学重难点、课时安排、教学过程、作业布置、板书设计、教学反思等项目。

1. 课题

课题是指授课内容的名称，一般包括章、节、本课名称。

2. 教学目标

教学目标即教师根据课标的要求和施教对象的实际，针对课题或课时的教学内容提出的课堂教学活动预期要达到的学习效果。一般从知识与能力、过程与方法、情感态度与价值观 3 个维度提出教学目标。

3. 课型

课型是指属新授课，还是复习课。

4. 课时安排

课时安排是指教学这一课题或这一完整内容所用的课时数安排。要根据教学内容、学生实际灵活安排课时。

5. 教学重点和难点

教学重点和难点主要从讲授与学习教学内容的角度提出要求。教学重点侧重于教师教的角度，是指为有效达成教学目标而重点施教的教学内容；教学难点侧重于学生学的角度，是指学生理解、接受起来有较大困难的教学内容。有时教学的难点就是教学重点，有时难点虽不是重点，但不解决，就影响学生对教学重点的理解，影响教师顺利地完成教学任务。因此，恰当地提出教学重点、难点是编写教案的重要一环。

6. 教学方法

教学方法是指在授课过程中采用的方法。要根据学生实际选择教学方法，注重引导自学，注重启发思维。一节课可采用多种教学方法。

7. 教学过程

教学过程也可称为"教学流程""教学步骤"，是教案的主体部分，是为了达成教学目标、完成教学任务而制定的具体实施步骤和措施。

8. 作业布置

作业是教师布置的课上或课后要完成的学习任务，可分为课上作业和课后作业。课上作业一般随着教学内容的展开随机呈现与解决。课后作业一般在课时即将结束时布置，有时也根据需要在教学过程中布置。作业的安排要简练、适度，紧扣教学内容。

9. 板书设计

板书设计要提纲挈领、简明扼要、条理清楚、布局美观。有的板书穿插在教学内容之中，有的板书附在教案后面单为一项。板书设计也是艺术创造，看了板书，就能抓住本课时的主要教学内容。

10. 教具

教具或称"教具准备"，是辅助教学手段使用的工具。

11. 教学反思

教学反思也称"教学后记"，是教师备课和教案实施情况的小结，也是教学心得体会的概括记录，可供以后教学查考、借鉴。教学反思可以每课时都写，也可以在全课教完之后写。

（二）教案的一般格式

1. 较完整的课时计划格式

以一个课时的教学计划为例，教案一般包括章节题目、授课班级、授课时间、授课类型、第几课时、教学目标、教学重难点、教学方法、教学准备、教学过程、板书设计、作业布置、教学反思等。常规的教案结构模板如表3-1所示。

表 3-1 常规教案结构模板

20　　—20　　学年度　第　　学期

授课课程：　　　　　　　　　　　　　　　　　　　　　　　　授课教师：

章　节			
授课班级		授课时间	
授课类型		课时	
教学目标			
教学重难点			
教学方法			
教学（具）准备			
一、导入 二、新授 三、总结 四、拓展			
作业布置			
板书设计			
教学反思			

2. 一般的课时计划格式

一般的课时计划格式如表 3-2 所示。

表 3-2　一般的课时计划格式

第××课时	
教学目标	
重点难点	
教学过程	
作业布置	
板书设计	
教学反思	

3. 简易的课时计划格式

简易的课时计划格式如表3-3所示。

表3-3 简易的课时计划格式

第××课时	
教学要点	
教学过程	
作业布置	
板书设计	

通常来说,教案的编写不能要求形式上的统一,应在追求内容高质量的前提下各具特色。教案的结构可以根据课型、内容、任务及教学风格等进行调整,主要有3种情况:①教案形式的变通。教案可以设计成内容提要式、活动提纲式、纲要图表式等。②编写详略的变通。一般说来,师范生和新入职教师要写详案,有经验的教师则可以写得简略些。③教案格式的变通。教案的格式可以根据内容或教师的个人习惯灵活设计,例如,教案一侧留一定的空白,以作补充之用。

教案既要体现一定的规范性,又要适合教师个人的风格和特色,尤其是对师范生来说,应先立"规矩"再成"方圆"。

(三) 教案的编写技能

1. 详细教案编写技能

师范生和新入职教师因缺乏教学经验,一般情况下需要写详案。预设越详细,生成就越主动。这样既可以在理论层面上规划好课应该怎么上,怎么上好课,又可以更好地思考和应对教学实践中可能出现的问题。详案的设计主要依据完整的课时计划格式来完成。

(1) 教学目标的确定与编写。教学目标的确定主要依据该门课程的课程标准、教材和学情,要从学生所能达到的结果的角度进行表述,并从每一课时学生所要掌握的知识和技能、所要经历的学习过程和使用方法、所需培养的情感态度与价值观3个维度将目标具体化,转化成学生易操作的主体行为。编写时力求确切、恰当、具体,切忌贪多、求全、空泛。

(2) 教学重难点的把握与编写。教学重点与难点是教案编写的核心。教师要努力钻研教学内容,围绕所确立的目标,找出最基本、最主要的内容,构成教学重点。根据这些内容的特点和学生的实际情况,确定相应的处理方法和过程。编写时应以较多的篇幅,将重点内容、教学方法、教学步骤、教学时间、相应的板书呈现出来,从内容和形式上突出其主要地位。教学难点是学生学习的"拦路虎",把握不好会直接影响学生对新知识的理解和掌握,编写时要化抽象为具体,化整为零,巧妙攻破。

(3) 教学方法的选择与编写。教学方法作为教案构成的基本要素,对教案的结构、教学的效果起着重要作用。所谓"教学有法，教无定法"，就是说，教学有一定规律，教学方法却不一定拘泥于一种。选择合适的教学方法，应从几个基本点出发：教学目标的要求、教学内容的特点、学生学习的特点和教师自身的优势。在做出选择时，应注重教学方法的针对性、完整性和组合性。

教案应体现教师所采用的教学方法，编写教案时要使教学内容与教学方法相互结合、相互统一。

（4）教学流程的设计与编写。教学流程是系统化的教学内容在课堂教学特定的时间和空间里的组合方式和活动序列。设计教学流程是编写教案的主体。设计和编写教学流程应参照各学科教学的一般模式。以小学语文阅读教学为例，说明教学流程的设计与编写步骤：第一步，设置情景，联系旧知；第二步，初读课文，整体感知；第三步，细读课文，深入感悟；第四步，研读品位，练习转化；第五步，熟读成诵，应用迁移。教学内容的结构化，使教案内容层次分明、思路清晰、过程有序、步骤紧凑、详略得当、重点突出。

（5）板书设计与多媒体运用的编写。板书是教学过程中必不可少的辅助教学手段，设计时要根据教学内容的特征和处理方法选择适宜的板书类型，如提纲式、摘要式、表格式等，做到目的性和准确性、条理性和简洁性、实用性和美观性的和谐统一。板书内容可以随着教学的进程逐次出现，也可以总体附于全篇教案后。

教案中要反映出多媒体运用的方式和时机，使多媒体的使用与教学内容紧密配合。

（6）教学反思不可缺。教学反思是一篇完整教案的组成部分，教学设计的实施效果如何，成功或失败处在哪，什么原因造成的，应如何改进，自己在实施过程中或之后有何感想、反思等，都要即时记录下来，作为今后改进教学或研究的素材，以便不断提升教学素养。

2. 简明教案编写技能

简明教案（简案）通常只写出基本内容。例如，教学过程只写几个大的步骤，板书设计只集中在关键的知识点上，等等。编写简明教案需要作者有驾驭教学全局的能力和较强的概括能力。简明教案虽然简短，却较难设计，上课时也不容易把握教学进度，因此，简明教案适合有经验的、对教学驾轻就熟的教师。

（1）提纲式教案。提纲式教案设计只提纲挈领地写明教学目标、重难点、内容及方法和教学流程等关键内容。一些教学的重要内容和方法也可以用关键词、句子或问题的形式呈现出来。教师课前和课中只要看一下教案中的"纲"，就可依此思路展开教学，达到此要求即可。师范生参加面试试讲时，一般都是临场给出试讲材料，可使用这种方式设计教案。

（2）板书式教案。板书式教案设计是指将一堂课的内容浓缩在自己设计的板书中，并根据需要做适当注解，默课或上课时再依据设计展开板书，是一个"展开—浓缩—展开"的过程。

（3）提问式教案。提问式教案设计是指教师把一堂课的重点、难点按照自己的教学设想变成一个个问题写在教案上，简单、明了，重难点突出。如果对提问式教案用得适当，也能很好地完成教学任务。

此外，教师备课时，还可以把具体内容写在课本上，配合简案进行教学，是一种简便易行、行之有效的方式。

3. 微型教案编写技能

因微型教案内容常常写在卡片上，所以也称"卡片教案"。编写微型教案时尽量简化教学内容，只保留最基本的教学步骤和必要的板书，一般是每一课时一张卡片，与课本配合使用。对于师范生或新入职教师来说，微型教案只宜在特殊情况下使用，或与详案、简案配套编写，协同使用。师范生在面试试讲时也可以采用这种方式，不致临场慌乱，漏掉个别教学内容。

三、教案编写注意事项

（一）教案编写应遵循的原则

教学是一种创造性劳动。设计一份优秀的教案是设计者教育思想、智慧、动机、经验、个性和教学艺术性的综合体现。教师在编写教案时，应遵循以下原则。

1. 要坚持科学性原则

所谓符合科学性，就是指教师要认真贯彻课标精神，按教材内在规律，结合学生实际来确定教学目标、重点、难点，设计教学过程，避免出现知识性错误。一个好的教案首先要依标合本，具有科学性。

2. 要渗透"学生是教学主体"的设计理念

教师编写教案要做到"目中有书"，更应重视"心中有人"。设计教案要从以教师"教"的构思为主，转向以学生"学"的引导为主，从学生的视角去预设可能会有的思维活动，并设计相应对策，将"学生的学"置于教案编写活动中心位置。

3. 要重视整体思路，安排好大环节、小细节

教案编写最能体现一个教师的教学理念是否先进。注意不要将每个教学环节切割得太碎，本着大环节、小细节的思路设置学习任务，使学生的思维张弛有度。

4. 要注重教案的开放性、灵活性

设计教案，内容上不要过于详尽，形式上不要过于琐碎，结构上不要过于程式化和封闭化，要体现内容上的概要性，形式上的模糊性，结构上的不确定性，给课堂教学中各种不确定性因素留下足够空间，以便教师能够根据课堂即时生成教学情境，随机容纳新内容，确定新策略，为教学中师生互动共振、互生新知、互建新情留有余地。

5. 要体现教师的个人教学风格与特色

教案的设计要尽量因学生、因课、因教学内容的不同而不同，倡导个性化、创新性教案。教师要不断丰富自己的专业知识，把握专业和教学改革的发展方向，加强创新意识，勇于突破模式，编写出富有个性和特色的教案，开拓自己的教学研究

空间。

6. 要用艺术性来润色教案

所谓教案的艺术性，就是指教案构思巧妙，使学生在课堂上不仅能学到知识，而且能得到欣赏艺术的体验。教案应是一篇独具特色的"课堂教学散文"或者是课本剧。所以，开头、经过、结尾要层层递进、扣人心弦、诱人深入，达到立体教学效果。教师的说、谈、问、讲等课堂用语要字斟句酌、恰当安排、风趣幽默。

7. 要注意教案语言的表述

教案语言的一般要求是简洁、准确、明白晓畅，适于教学对象接受。语言是信息的载体，教师的课堂用语要在承载知识的基础上，尽量精炼、准确。在实际的教学过程中，教师的课堂教学语言失误表面上看是教师文字表述的问题，实则是教师思考不成熟的表现。

例如，一位实习教师在讲授小学课文《最佳路径》第一课时，初读环节设计了这样一项要求："默读课文，这篇课文主要讲了一件什么事？"我们看了可能都知道这位教师要表达什么意思，但这样布置就可能引起学生的误解，到底让我们干什么？是想一想，还是说一说，抑或是读一读，如果说是，有没有具体要求，等等。如此一来，就可能使教学环节不流畅，影响教学效率。究其原因，就是设计者在编写教案时没有想清楚，因此也就没有表述明白。这个要求如果修改为"默读课文，用自己的话说说这篇课文主要讲了一件什么事"，就清楚多了。另外，精讲的语言和过渡语应尽量写得详细，师范生或新入职教师在精讲时往往显得重复、啰唆，不得要点，过渡语也常显得机械、干瘪，如果先在教案上设计好、写具体，会有所改观。

总之，有活力的教案将催生有活力的课堂教学，能最大限度地释放师生双方教与学的积极性、主动性和创新热情。

（二）师范生编写教案的常见误区

在校期间，师范生技能训练中的教案编写是基于课上所学的理论知识进行的，目的不是教学，而是技能训练，因此可以说是"纸上谈兵"。即便是实习阶段的教案编写，仍存在其特殊性。例如，在实习阶段，可能出现对儿童心理、认知规律理解抽象，具体教学情境孤立，教材内容缺乏前后联系，细节处理缺乏经验等问题。以上现实使师范生在编写教案时常会出现以下几个方面的问题。

1. 常写成单纯的活动记录

教案只有活动的步骤，没有具体的内容随着步骤呈现出来。以一位师范生就低年级语文课文《家》编写的教案为例：

(1) 出示要求认识的字；
(2) 指名读；
(3) 再把难读的字同座位互读，互相纠正；
(4) 点名读，再齐读。

2. 常写成教师的语言记录

自己准备在课堂上怎么说就怎么记录下来，形成教案，例如：

"首先让我们来看几幅画。"（出示四幅画，与课文内容有关。）

"先看第一幅，谁能说说，你看到了什么？""嗯，这幅画里有白云、蓝天，一朵朵白云是不是总飘在蓝天上啊？""请同学们看老师手里的生字卡。"（出示"白云"和"蓝天"的生字卡，带着学生，先用拼音自己读，然后齐读，再指名读。）

3. 写成教学实录

把自己预想的答案以学生回答的方式呈现出来。例如：

要求学生用"课文向我们介绍了谁的家，他的家在哪里"的句式完整地回答老师提出的问题，老师根据学生的回答，逐一出示相应的语句。

生：课文介绍了白云的家，他的家在蓝天。

师出示：蓝天是白云的家。全班带感情朗读。

生：课文介绍了小鸟的家，他的家在森林。

师出示：树林是小鸟的家。全班带感情朗读。

……

任务演练

基于以上所学，请从小学课本中选取一课时教学内容进行教案设计。

编写提示及要求：

1. 教学目标

要求：说明本课所要完成的教学任务。

2. 教学重难点

要求：说明本课必须解决的关键性问题和学习时易产生困难和障碍的知识传授与能力培养点。

3. 教学过程设计

（1）导入新课。

要求：①温故而知新，提问复习上节内容。②设计新颖活泼，精当概括。③怎样进行？复习哪些内容？④提问哪些学生？需用多少时间等？

（2）讲授新课。

要求：①针对不同教学内容，选择不同的教学方法。②怎样提出问题？如何逐步启发、诱导？③教师怎么教？学生怎么学？详细步骤安排是什么？需用多少时间？

（3）巩固练习。

要求：①练习设计精巧，有层次、有坡度、有密度。②怎样进行？谁上黑板板演？③需要多少时间？

（4）归纳小结。

要求：①怎样进行？是教师还是学生归纳？②需用多少时间？

（5）作业布置。

要求：①布置哪些作业内容，要考虑到课本知识的巩固、积累和运用，兼顾知识的拓展性和学生运用语言能力的培养。②教师要注意：需不需要给学生以解题提示、点拨或必要的解释。

请扫描二维码，查阅"小学各学科教案赏析"。

第二节 "国考教资"试讲教案

引航

国考教师资格考试面试：小学语文《那片绿绿的爬山虎》备课纸

1. 题目：《那片绿绿的爬山虎》
2. 内容：

那片绿绿的爬山虎

1963年，我上初三，写了一篇作文叫《一张画像》，经我的语文老师推荐，在北京市少年儿童征文比赛中获了奖。

一天，语文老师拿着一个厚厚的大本子对我说："你的作文要印成书了，你知道是谁替你修改的吗？"我睁大了眼睛，有些莫名其妙。"是叶圣陶先生！"老师将那大本子递给我，又说："你看看叶老先生修改得多么仔细，你可以从中学到不少东西。"

我打开本子一看，里面有这次征文比赛获奖的20篇作文。翻到我的那篇作文，我一下子愣住了：映入眼帘的是红色的修改符号和改动后增添的小字，密密麻麻，几页纸上到处是红色的圈、钩或直线、曲线。

回到家，我仔细看了几遍叶老先生对我作文的修改。题目《一张画像》改成《一幅画像》，我立刻感到用字的准确性。类似这样的修改很多，长句断成短句的地方也不少。有一处，我记得十分清楚："怎么你把包几何课本的书皮去掉了呢？"叶老先生改成："怎么你把几何课本的包书纸去掉了呢？"删掉原句中"包"这个动词，使得句子干净了，也规范了。而且"书皮"改成"包书纸"更确切，因为书皮可以认为是书的封面。我虽然未见叶老先生的面,却从他的批改中感受到他的认真、平和以及温暖,如春风拂面。

叶老先生在我的作文后面写了一则简短的评语:"这一篇作文写的全是具体事实,从具体事实中透露出对王老师的敬爱。肖复兴同学如果没有在这几件有关画画的事上深受感动,就不能写得这样亲切自然。"这则短短的评语,树立了我写作的信心。

这一年暑假,语文老师找到我,说:"叶圣陶先生要请你到他家做客。"我感到意外:像叶圣陶先生那样的大作家,居然要见一个初中生!

那天下午,天气很好。我来到叶老先生住的四合院。刚进里院,一墙绿葱葱的爬山虎映入眼帘。夏日的燥热仿佛一下子减少了许多,阳光都变成绿色的,像温柔的小精灵一样在上面跳跃着,闪烁着迷离的光点。

叶老先生见了我,像会见大人一样同我握了握手,一下子让我觉得距离缩短不少。

我们的交谈很融洽,仿佛我不是小孩,而是大人,一个他的老朋友。他亲切之中蕴含的认真,质朴之中包含的期待,把我小小的心融化了,以至不知黄昏的到来。落日的余晖染红窗棂,院里那一墙的爬山虎,绿得沉郁,如同一片浓浓的湖水,映在客厅的玻璃窗上,不停地摇曳着,显得虎虎有生气。

我非常庆幸,自己第一次见到作家,竟是这样一位人品与作品都堪称楷模的大作家。他跟我的谈话,让我好像知道了或者模模糊糊懂得了:作家就是这样做的,作家的作品就是这么写的。我15岁时的那个夏天意义非凡。在我的眼前,那片爬山虎总是那么绿着。

3. 基本要求:
(1) 学习本课生字新词。
(2) 掌握修改作文的方法。

教学设计:

《那片绿绿的爬山虎》教学设计

一、教学目标

1. 学会本课生字新词,能正确读写"篇、荐、燥"等13个生字;正确、流利、有感情地朗读课文。

2. 通过小组合作讨论,学习叶老修改作文的方法,并学会运用。

3. 从叶老身上体会做人做事一丝不苟、认真的态度。

二、教学重难点

(一) 教学重点

学习叶老修改作文的方法,体会叶老做人做事一丝不苟、认真的态度。

(二) 教学难点

将学习到的修改作文的方法运用到写作实践中。

三、教学方法

朗读法、合作探究法、情境创设法。

四、教学过程

(一) 创设情境，导入新课

复习导入：回顾之前刚刚学过的叶圣陶先生的另外一篇课文《爬山虎的脚》，和本课建立联系。

导入语：同学们，我们这学期刚刚学过的《爬山虎的脚》是哪位作家写的？从叶圣陶先生身上我们学习到了什么？今天我们来学习一篇新的课文《那片绿绿的爬山虎》，通过阅读这篇课文，我们又能从叶圣陶先生身上学习到什么？（激发好奇心，引出课题。）

(二) 初读课文，整体感知

（默读课文，学习生字新词，疏通文义）

1. 读准字音，认识生字新词。
2. 检查生字新词掌握情况，并适时指导学生对易混淆的燥、躁等字进行区分。
3. 疏通文义：文中回忆了叶圣陶先生的几件事情？指几名同学简单概括。

（学生回答并总结）修改作文，拜访叶老。

(三) 抓住重点，体会情感

1. 请同学再次自由朗读课文，读的过程中圈点勾画出感触最深的事情，和同桌交流感受。
2. 在批改作文这件事中，请几名学生读作者看到叶老修改作文后感受的句子，并展示叶老批改作文的原稿，让学生直观感受"密密麻麻""到处"，体会叶老一丝不苟、认真的做人做事态度。
3. 接下来以同桌两人为一个小组，围绕以下几个问题进行5分钟的讨论。
   (1) 找一找叶老一共修改了作者作文的几个地方？
   (2) 每个地方都是如何修改的？
   (3) 修改之后好在哪里？
   (4) 从中你又学到了什么？
4. 最后再请同学齐声朗读叶老给作者写下的评语，感受评语中那份温暖和自信的力量。

(四) 拓展延伸，情感升华

学以致用，给每个学生发一份简短的作文初稿，用学习到的修改作文的方法对其进行修改，不理解的地方可以同桌交流或者询问老师，老师进行巡场指导。

(五) 总结全文，回顾知识

请同学上台当小老师，总结本节课上所学习的内容，可以从字词、情感等方面来谈。

(六) 课后作业

自学后半部分并明确提问：文章一共出现了几次爬山虎？每次都是在什么情况下出现的？作者当时又是怎样的心情？下节课来和大家分享学习成果。

五、板书设计

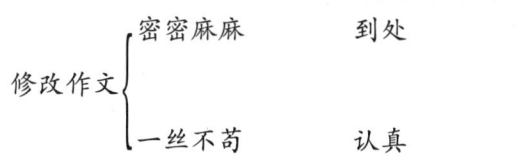

一、"国考教资"试讲概说

(一)"国考教资"试讲的含义

国家教师资格考试(简称"国考教资")面试采取结构化面试和情景模拟面试相结合的方法。其中,情景模拟面试以试讲为主,形式为考生按照相关规定随机抽取备课题目进行备课,时间为 20 分钟,随之接受面试,时间为 20 分钟,其中试讲占 10 分钟。

试讲是指根据指定的课题,在限定的时间内,根据自己的教学设计,通过口语、肢体语言和各种教学技能与组织形式的展示而进行教学的一种教学形式。通过试讲可以考察考生的综合教育教学能力。目前,在我国的教师资格面试中,试讲是测试考生实际教学技能的一种主要形式。

(二)"国考教资"试讲和常规课堂教学的不同

教师资格面试中的试讲和教师正常授课有许多不同,最大的不同点在于教师资格面试的试讲过程没有学生配课,故称为"模拟课堂教学"。在"无生教学"的过程中,考生不但要展现自己的教学基本功、学科的基本素养,同时也要做到语言规范、层次分明、用词准确、重点突出等。而且,不光要设计对学生进行提问的环节,针对学生的反应,考生还要设定相应的回答,这样就对考生始终保持思路的清晰、流畅形成了考验。

第二个不同点是面试考官需要从试讲中读出教学内容以外的更多的东西,试讲是对考生综合能力的考查,主要考查考生的语言表达、板书艺术、教学内容的设计、教学方法的选择以及组织教学等能力。考生要想通过试讲,顺利取得教师资格证,就必须了解、掌握模拟课堂教学的特点、技巧与形式。

(三)"国考教资"试讲的基本流程

1. 导入新课

导入是引导学生进入学习情境从而形成适宜的学习心理准备状态的教学行为方式。导入的恰当使用对一堂课有着导向和奠基作用。常用的导入方法有复习导入、演示导入、谈话导入、故事导入、提问导入、游戏导入、范例导入等。考生在设计课堂导入时,要尽量做到新颖活泼,精当概括,吸引学生。

2. 讲授新课

新知识的学习是课堂教学的中心环节,这一环节其实就是完成教学目标的过程。

教师在设计这部分内容的时候一定要紧紧围绕教学目标,针对不同的目标设计不同的课堂活动和相应的教学方法,激发学生的学习兴趣,以保证教学目标的实现。

课堂教学活动的设计要体现先学后教,突出学生的主体地位,使学生在教师的引导下,通过自主合作、探究的过程学会新知,而不是一味地灌输。

教师还必须考虑当学生遇到困难时,如何逐步启发学生理解和掌握新知,采用什么方法教会学生掌握重点、难点,以及把握好完成课程内容所需的时间和具体的安排。

3. 巩固练习

必要的练习有利于巩固学生对新知的掌握。练习的设计要紧扣教学目标,做到精巧、有层次、有坡度、有密度。要考虑练习的进行方式:是学生集体练习还是个别学生板演?这一环节应控制在多长时间内?等等。

4. 归纳小结

归纳小结即在授课将要结束时,由教师或学生对本课所学内容的要点进行回顾,以使学生对所学知识形成一个较完整的体系。教师在设计时可考虑实际需要,灵活把握课堂小结的内容,语言应简洁明了。

5. 作业布置

作业是教师为了促进学生掌握课堂中的教学内容,依据学生的年龄特征和现有知识水平有计划、有步骤地部署课外练习或任务的一种方式。作业是课堂教学的延续,是实现教学目标不可缺少的环节。作业设计的形式可以有很多种,如书面作业、探究讨论式作业、实践摸索式作业、情境表演式作业、阅读复习等。教师在设计作业时应紧扣教学内容,适当联系旧知,循序渐进。同时也要考虑学生的学习差异,对不同学习程度的学生设计不同难度的作业,力求使每个学生都能获得相应的学习成就感。

二、"国考教资"试讲教案设计

教师资格面试中考生的备课属于课时备课,但这里的课时备课和实际教学中的课时备课的内涵不一样。实际教学活动中的课时备课是根据单元明确的教学目标、任务、要求、重点、难点和相应的教学方法,进一步从每节课的实际出发,认真研究和解决单元备课各项计划的具体落实。而教师资格的课时备课是孤立的,考生无法看到整个单元的教学目标,也不可能根据单元目标来制订这节课的教学目标。考生只能通过认真解读教学要求,根据教学内容来制订课时目标。

(一)教学目标的设计

1. 教学目标的内容

课堂教学目标是指教学活动预期达到的结果,是教育目的、教学目标和课程目标的具体化,也是教师完成教学任务所要达到的要求和标准。学科教学目标应包括3个方面的内容。

(1)知识与技能。要让学生掌握每门学科的基本知识和基本技能。

（2）过程与方法。要让学生了解学科知识形成的过程，"亲历"探究知识的过程，学会发现问题、思考问题、解决问题，学会学习，形成创新精神和实践能力等。

（3）情感态度与价值观。要让学生形成积极的学习态度和健康向上的人生态度，具有科学精神和正确的世界观、人生观、价值观，成为有社会责任感和使命感的社会公民等。具体而言，情感不仅指学习兴趣、学习热情、学习动机，更是指内心体验和心灵世界的丰富。态度不仅指学习态度、学习责任，更是指乐观的生活态度、求实的科学态度和宽容的人生态度。价值观不仅强调个人价值，更强调个人价值与社会价值的统一；不仅强调科学价值，更强调科学价值与人文价值的统一；不仅强调人类价值，更强调人类价值与自然价值的统一。要使学生开展对真善美的价值追求，树立人与自然和谐、可持续发展的理念。

知识与技能维度的目标立足于让学生学会；过程与方法维度的目标立足于让学生会学；情感态度与价值观维度的目标立足于让学生乐学。

任何割裂知识与技能、过程与方法、情感态度与价值观三维目标的教学都不能促进学生的健康发展。

2. 教学目标的表述

教学目标的表述一般必须具备4个基本要素。

（1）行为主体。主体必须是学生而不是教师，判断教学有没有效益的直接依据是学生有没有获得具体的进步，而不是教师有没有完成教学任务。在写教学目标的时候，行为主体可以省略，但格式必须注意，如一般可以采取以下的表达："通过……学习，能说出……""通过……学习，能分析归纳……"，而不能是"使学生掌握……""教会学生……"等表述方式。

（2）行为条件。行为条件是指影响学生产生学习结果的特定的限制或范围，如"通过收集资料""通过观看影片……""通过本课学习……"。

（3）行为动词。行为动词必须是具体可测量、可评价的，如知道、归纳、列举、感受、参加等。

（4）表现程度。这是指学生学习之后产生的行为变化的最低表现水平，用以评价学习表现或学习结果达到的程度。例如：

英语课"This Is My Sister"的教学目标的表述方法有以下两种。

第一种表述：①通过单词游戏，能够记住新单词；②通过听说练习，能够运用基本句型进行流畅对话；③通过巩固训练，能够综合运用所学知识介绍他人；④通过观看关于"家人"的视频，增强亲情感。

第二种表述：①学会新单词，掌握关于人物提问和回答的基本句型；②能够综合运用所学知识介绍他人；③能够熟练背诵课文。

通过对这两种教学目标的对比，我们会发现第一种教学目标的表述方式要比第二种更精确。在第一种表述中，不仅体现了知识与技能、过程与方法、情感态度与价值观这三个维度，而且"记住新单词""能够运用基本句型进行流畅对话"要比"学会新单词""掌握关于人物提问和回答的基本句型"更具备可测量性和可评价性。

（二）课堂导入的作用、方法和原则

导入是教师在一项新的教学内容或教学活动开始前，引导学生做好心理准备和认知准备，并让学生明确学习目标、学习内容以及学习方式的一种教学行为。导入是课堂教学中的重要的一环，"良好的开端是成功的一半"。精彩的导入能抓住学生的心理，立疑激趣，使学生情绪高涨，有助于整堂课教学的成功。

1. 课堂导入的作用

（1）导入能激发学生的学习兴趣，迅速集中学生的注意力。学习兴趣是直接推动学生参与学习活动的心理动因，导入设计必须能够激发学生的学习兴趣。艺术的导入能激发学生的学习兴趣，使学生情绪高涨，脑细胞活动迅速，神经处于兴奋状态，此时，学生的注意力高度集中，感知力、理解力和创新力都处于最佳发挥状态。学生的学习热情高涨，就能主动参与到新课的学习中去，并获得良好的学习效果。

（2）导入起到桥梁作用，有效衔接新知与旧知。教师在开展课堂教学时，要利用各种教学媒体，使用各种艺术导入技能，利用新知识与旧知识之间的逻辑关系，巧妙地铺设桥梁，衔接新知识与旧知识，使学生既复习了旧知识，又为新知识的学习开了好头，正所谓"温故而知新"。

（3）导入能揭示课题，体现教学意图。教师选择何种艺术导入方法，最基本的目的就是通过导入揭示本课的课题是什么，体现教师的教学意图，使学生从上课伊始大致了解这堂课到底学些什么。

（4）导入能为课堂教学创造和谐融洽的空间。充满个性魅力和艺术情趣的激励性课堂导入创造的是和谐融洽的空间，激活的是学生无限的创新思维。导入以科学的教育理念、深厚的科学文化底蕴、扎实的日常教学功底为前提。

2. 课堂导入的方法

各种导入方法的存在并不是独立的，因此考生在试讲时可以将多种导入方法结合起来使用。

（1）开门见山，直接导入。直接导入就是教师直接将所学知识展示给学生。例如，Greetings 一课的导入：

老师走进教室热情地向同学们打招呼说"Hello!"或"Hi!"，与近处的同学握手，向远处的同学挥手。用"Very good, Well done"或"Clever boy/girl"表扬那些用英语向你打招呼的同学，紧接着展示本课的挂图，让同学们观察图片，说说图中的人物在学校门口干什么，回想一下老师怎样用英语同你打招呼。直接呈现课文的主旨，使同学们很快学会用英语打招呼。

在实际教学中，如果直接导入设计得当，可以促进学生头脑中知识结构的形成，为后续教学环节做铺垫。

（2）直观导入。小学生的思维以形象思维为主，逐步向抽象思维过渡。根据这一思维特点，利用教具演示这一辅助手段，形象直观地揭示教学规律，可以降低学生参与教学活动的坡度。上课伊始，当教师把实物或教具拿出来向学生展示时，学生就会

在好奇心的驱使下，聚精会神地注视教具或实物。

例如，"轴对称图形"一课的导入：

教师先拿出一张具有对称性的蝴蝶挂图，并提问：这个图案从图形的角度去考虑有什么特点？如果沿着它的头和尾的正中间连一条直线，沿着这条直线把它折叠，会产生什么结果？学生边观察边思考，学习热情高涨。

不过，展示实物或教具一定要适时，否则会分散学生的注意力。

（3）讲故事导入。故事是小学生比较喜欢听的，精彩有趣的故事内容能吸引学生的注意力，使学生产生浓厚的学习兴趣，激发学生的学习热情。在小学课堂教学中，运用讲故事的手段，组织课堂教学的导入，符合小学生的认知规律，能收到较好的教学效果，也为学生整节课的学习做好准备。

例如，"分数的基本性质"一课的导入：

同学们，老师来给大家讲一个"分饼"的故事。唐僧师徒4人去西天取经，途中遇到一位卖饼的老人，望着香喷喷的大饼，猪八戒馋得口水直流，唐僧同意买3块饼，老人先把第一块大饼平均分成4块，给师徒4人各1块。猪八戒吃后很不高兴地说："太少了，我要2块。"老人把第二块大饼平均分成8块，给了他2块，再把剩下的平分给了其他3位。猪八戒吃后以为自己吃多了便暗暗高兴，又说："我要3块。"老人拿出第三块大饼平均分成12块，又给了他3块，再把剩下的平分给了其他三位。猪八戒真的吃多了吗？（有的学生说同样多，有的学生说猪八戒吃得多。）这时，老师顺势引入新课："看来同学们对这个问题有争议，那么我们今天就来学习分数的基本性质，等学完新知识，你们就明白哪种说法是正确的了。"

有趣的故事导入，使学生在愉快的氛围中产生了学习知识的兴趣。

课堂上讲故事的目的在于引入教学，为教学目标的达成服务，而不是为讲故事而讲故事。故事导入宜短忌长，故事本身要能说明问题，有针对性，教师有时还需要启发引导，才不会使学生的注意力局限于故事本身。

（4）以生产、生活中的问题导入。这种导入尤其适合于数学课的导入。数学虽具有抽象的特点，但它来源于现实世界。从学生熟知的生产、生活中的问题导入，能使学生感知数学和现实生活的密切联系，从而激发学生的学习兴趣。因此，教师要结合学生的实际情况，灵活地处理、整合教材，把教材内容与学生的生活实际相联系，从学生的生活经验和已有知识背景出发，联系生活讲数学，结合实际学数学，把生活问题数学化，把数学问题生活化，使他们感受到数学的趣味和作用，体验到数学的魅力。

例如，"商的近似数"一课的导入：

五一班的班长用19.4元买了12个羽毛球，分给12个同学，每个同学应付给班长多少钱？你们能帮这12个同学算算吗？

对于发生在同龄人身上的事情，发生在身边的事情，学生很乐意去解决。

又如，在教学"分数应用题"时，为引导学生把所学的数学知识应用到现实生活中去，以体验数学在生活中的应用价值，教师创设了一个问题导入情境：

老师想去北京旅游，找了两个旅行社的"十一"促销价格，分别是这样的：青年旅行社的原价格是 1 800 元/人，优惠价是降价 1/5；中国国际旅行社的原价格是 2 000 元/人，优惠价是降价 1/4。请你帮老师选个便宜一点的。

鲜活的数学问题导入，使学生兴趣盎然。

（5）实验导入。实验导入是指教师通过演示生动有趣的实验，引导学生认真观察、积极思考实验中的各种现象，使学生进入学习情境的一种导入方法。实验导入能够有效地吸引学生的注意力，激发学生学习的兴趣和愿望，促进学生仔细观察、主动思考，培养学生科学研究的兴趣。通过实验法，可以使学生把一定的直接知识同书本知识联系起来，以获得比较完全的知识，又能够培养他们的独立探究能力、实验操作能力和科学研究兴趣。实验导入是提高自然科学有关学科教学质量不可缺少的条件。

（6）情境导入。情境导入是指教师通过音乐、图画、动画、录像或者满怀激情的语言创设新奇、生动、有趣的学习情境，使学生展开丰富的想象，产生如闻其声、如见其形的感受，从而唤起学生情感上的共鸣，使学生情不自禁地进入学习情境的一种导入方法。

例如，课文《秋天的怀念》的课堂导入：

我们在座的每个人都有一个健全的身体，有健康的双腿。你能用这双健康的双腿做什么呢？对，我们可以跑、可以跳，上帝把这美好的生命给了我们，但史铁生却没有那么幸运。史铁生是一位残疾人，也是一位作家。一场重病，导致他双腿瘫痪，他在知道自己的生活离不开轮椅的时候，常用文字抒发自己的感情，表达自己对生活的感悟、对母亲的怀念。今天我们就来学习他写的一篇回忆母亲的文章。（板书：秋天的怀念）

（7）温故导入。温故导入是指教师帮助学生复习与即将学习的新知识有关的旧知识，从中找到新旧知识的联结点，合乎逻辑、顺理成章地引出新知识的一种导入方法。它由已知导向未知，过渡流畅自然，适用于导入前后连贯性和逻辑性较强的知识内容。

例如，在学习钢琴曲《牧童短笛》的课堂导入环节中，教师运用视频资料引导学生将他们前不久学过的歌曲《我们的田野》进行了复习，同时配上田野里美丽景色的视频。快结束时，屏幕中出现了一个牧童骑在牛背上手拿短笛的画面，从而很自然地过渡到了新课内容《牧童短笛》上来了。

（8）悬念导入。悬念导入是指在教学中创设带有悬念性的问题，给学生造成一种神秘感，从而激起学生的好奇心和求知欲的一种导入方法。利用悬念激发人的好奇心，引发思考，启迪思维，往往能收到事半功倍的效果。悬念总是出乎人们意料，或展示矛盾，或使人困惑，常能造成学生心理上的渴望和兴奋，让学生想尽快知道究竟，而这种心态正是教学所需要的"愤""悱"状态。

例如，学习课文《小珊迪》的课堂导入：

这是一个真实的故事，一个在德国留学的中国留学生，在获得博士学位之后决定留在德国发展。他应聘了第一家公司，没被录取，应聘第二家，人家也拒绝了他……他找了 25 家大公司，都没找到工作。于是他去了一家小公司应聘。他想，凭我这样的学位和才能，在小公司里工作肯定是不成问题的。但是那家小公司也拒绝了他……同学们想一想，他为什么会被拒绝？学生纷纷猜测。教师继续追问："听了这个故事，你们有什么问题？"学生质疑。教师指点迷津：那么就让我们来看看今天的课文，去问问课文中的主人公,从他那里找找答案吧。

(9)设疑导入。古人云:"学贵有疑,小疑则小进,大疑则大进。"讲授新课时,老师先提出疑问,巧设悬念,利用学生的好奇心理,使学生在"心求通而未得,口欲言而不能"的状态下进入新课的学习。

例如,"当火灾发生时"一课的导入:

教师先提问:"当火灾发生时,大家都知道应该打119火警报警电话。但是,当消防指挥中心接到报警电话时,又有哪些部门参与救火?他们各自的任务是什么?"

因为学生只知道发生火灾是由消防队去救火,并不知道还有其他部门参与,这就产生了悬念,激发学生带着疑问专心听课。

(10)活动游戏导入。活动游戏导入是指教师通过组织学生做与教学内容密切相关的活动或游戏,激发学生的学习兴趣,活跃课堂气氛,使学生在既紧张又兴奋的状态下,不知不觉地进入学习情境的一种导入方法。

例如,在小学社会《人人有长处,合作力量大》的课堂导入环节中教师设计了一个"杯中取豆"的比赛,每次比赛分3个组,每组两人,每人拿1根筷子,要求两人合作,用筷子将放在玻璃杯里的黄豆夹起。在规定的时间内,看哪个组的同学夹出的黄豆最多。学生兴趣盎然,气氛活跃。比赛后,教师分别请参赛同学谈感受,学生很容易就悟出:要想在比赛中取胜,关键是两个人要密切合作、动作协调。这样就很自然地导入新课。

(11)经验导入。经验导入是指教师以学生已有的生活、学习经验作为切入点,通过激活与教学内容有关的学生的亲身经历,引导学生学习新知识的一种导入方法。任何知识都源于生活,又服务于生活,从生活实际出发,利用学生的成长经验导入新课,会使学生产生亲切感,更易激起学习兴趣。

例如,"面积和面积单位"一课的导入:

"同学们,我们每天都住在自己家的房子里面,哪位同学能说一说自己家的房子有多大?"(有的同学说他家有两室一厅,有的说自己家三室一厅等,教师紧接着又引导学生说出房子的平方米数。)"很多同学都知道自己家有多大,有65平方米的、有80平方米的、有110平方米的等。那么,你们知道65平方米、80平方米、110平方米指的是哪儿的大小吗?它们的含义又是什么?65平方米究竟有多大?1平方米有多大?为了弄清楚这些问题,今天我们就来学习最基础的知识。"(板书课题:面积和面积单位)

教师应该明确,学生在精彩的课堂生活之外,还有丰富的课余生活,他们把自己所有的生活经验也带进了课堂,融入了学习中。学生的经验是一笔巨大的教学资源,教师应该充分利用这笔资源。由于经验导入使用的材料都是一些发生在学生身边的事,所以学生听起来倍感亲切,能够有效地进入学习情境。同时,经验导入也有利于加强书本知识和实际生活的联系,能够提高学生运用所学知识解决实际生活问题的能力。

(12)观念冲突导入。观念冲突导入是指针对某一自然或社会现象,教师在一开始上课时就向学生呈现相互矛盾的观点,使学生产生激烈的思想冲突,萌发探究新事物的强烈愿望的一种导入方法。

例如，小学科学其中一课的导入：

上课前，教师点燃酒精灯，对烧杯里的液体进行加热，直至沸腾，冒泡。

教师："谁敢把手指放进这个烧杯？"

学生："怎么可能？"学生议论纷纷，谁也不敢试。

教师看没人来尝试，说："同学们都不敢啊？那老师来试试。"

老师把食指放进烧杯。

教师："看，老师可以做到，真的没有危险，现在有没有人想试一试？"

同学们跃跃欲试，课堂气氛活跃起来。

老师："刚才老师用的液体是醋和油的混合物，醋沉在油下面，醋的沸点比水和油都低很多。加热后醋很快就开始沸腾。不知道醋的沸点的人是不敢尝试的，其实醋的沸点只有60℃。"

教师利用学生以往的经验——沸腾的液体一定会烫伤人，亲自尝试后，使学生立即产生疑问，萌生探究的欲望。

(13) 板书导入。板书导入是指教师通过富有表现力的板书来使学生集中注意力，调动学生学习的兴趣，揭示教学内容的主题，引导学生进入学习情境的一种导入方法。

例如，学习课文《做一片美的叶子》的课堂导入：

上课伊始，教师请几位学生到黑板上画树叶，老师在一旁独白：一只只嫩生生的小手，在黑板上自由"舞蹈"，一片片"舞蹈造型"叶子布满黑板，这仅仅是一片片叶子在展现？不，这是一扇扇心门在洞开，这是一颗颗心灵在舒展，这是一朵朵心花在怒放！每一片叶子都很美！让我们"做一片美的叶子"吧！

在板书时，教师通过故意写错某个字以引起学生的关注。例如：魏书生在写《爱莲说》这一课的板书时，故意将作者周敦颐的"颐"写错，同学们便议论纷纷，有的学生甚至大声指出教师的错误，魏书生随即请学生起来纠正，纠正之后顺势对作者进行了介绍，很顺利地进入了新课的教学。

(14) 练习导入。练习导入是教师在课堂上给学生提供一定的练习题，让学生解答，通过练习找出问题，进入新课。

例如，"有余数的除法"一课的导入：

教师："大家先完成黑板上的几个题目，同学们要用竖式来计算。"（黑板上的题目：$56÷7$，$72÷9$，$48÷8$，$21÷3$，$14÷3$）

学生开始做，一段时间后，教师问同学们结果，大家一起回答，前4道题大家做得都很好，可是第5题大家都有问题，说不会做。此时，教师导出新课："今天，我们要来学习'有余数的除法'。"

练习导入选择的习题要有一定难度，并与新课内容紧密相关，这样才能激起学生的好奇心，产生强烈的学习欲望。

3. 课堂导入的原则

课堂导入是一种富有魅力的教学艺术。课堂导入既要符合学生的心理特点，又要遵循新奇、多样、热闹和参与的原则。

（1）追求针对性和目的性，忌漫无目标。教学导入要针对教材内容和学生实际，设计出具体、简捷、有趣，体现学生自主学习的导入方式。如果导入与教学内容脱节，盲目地为了导入而导入，甚至离题万里，则将违背教学目的和教学宗旨。

（2）体现直观性和启发性，忌导而不入。导入要尽量以生活、学习中具体的实物和事例为基础，引入新知识。同时要讲究启发性，要让学生从浅显易懂的事例中发现问题，进而从问题着手，引起学生认知冲突，激发其积极思考和产生解决问题的强烈愿望。

（3）强调参与性和全体性，忌演独角戏。导入设计的目标和内容都要面向全体学生。教师应根据学生的认知水平，确定导入的目标和内容，导入的形式要有利于全体学生的参与和实践，要让学生对接下来的新知学习充满信心。

（4）具备简洁性和灵活性，忌拖沓冗长。导语要短小精炼、简洁，尽量能在最短的时间内完成导入，最大限度地提高课堂教学效率。课堂导入要精心设计，要画龙点睛，巧妙地将学生的注意力吸引到课堂上，让学生在最短的时间内进入课堂学习的最佳状态，创造和谐、愉悦的课堂气氛。

（5）富有趣味性和艺术性，忌平淡无奇。教师在设计导入时应紧紧抓住学生好奇心强、爱听和爱看有趣故事的心理，从与教材有关的、学生感兴趣的内容导入新课，从而使学生对所学内容产生浓厚的兴趣。导入的语言既要朴实自然、通俗易懂，又要生动活泼。

（三）课堂教学活动的设计原则及示例

课堂上的教学活动除了要达到显性的传授知识和培训技能的目标之外，还应该注重隐性目标的达成，如让学生产生持久的学习积极性，养成良好的学习习惯，掌握学习的策略和方法，等等。基于此，生动有趣的课堂教学活动就应运而生了。课堂教学中的活动多种多样，如表演课本剧、法庭审判模拟、讲故事、课堂辩论、小组讨论、商场购物、教师讲解等。

教学过程中设计各种教学活动的目的是保证教学目标的有效落实，有的活动可以用来调节课堂气氛，有的活动可以帮助学生增强对知识的理解，有的活动可以帮助学生表达更加顺畅，而有的活动则可以帮助学生掌握一些相关的学习策略和方法等。除此之外，教师还要能明确地预见到活动前和活动后学生的区别在哪里，这样设计出来的教学活动目标指向明确，操作性强，教学效率也高。

1. 教学活动的设计原则

课堂教学活动是以教学目标的完成为中心设计的以学生活动为主的课堂组织形式。因此，在设计时要遵循以下原则。

（1）紧紧围绕教学目标设计教学活动。在设计课堂活动时，应从整体考虑，既要注意教育性，又要注意知识性，应结合学生已有的知识传递一些新知识、新信息。一般来说，如果一节课只有一个学习目标，那么我们可以围绕着这一个教学目标设计不同的教学活动，使学生在活动中牢牢掌握知识。如果一节课的教学目标较多，我们应该围绕教学的重点目标设计课堂教学活动。

（2）活动设计要有趣味性。托尔斯泰曾说过："成功的教学需要的不是强制，而是激发兴趣。"因此，课堂教学活动应以激发学生学习、钻研的兴趣为基点，要让学生体会到参加活动是快乐的，要让所有的学生都参与到活动中，让学生在有潜力的领域尽情发挥。所以，课堂教学活动的设计要着眼一个"活"字，贯穿一个"巧"字。

（3）活动设计要和学生的生活背景或生活经验相联系。教师备课不要忽视了"备学生"。每个学生的成长背景、生活环境都是不同的，他们的生活经验也存在差异，所以，教师在设计活动时，要注重从学生日常生活实际出发。这样，才能把教材上的知识内容通过不同的活动方式让不同层次的学生有效掌握，从而满足不同层次学生的学习需要，以真正做到当前教学提倡的"学中用，用中学，学以致用"的教学理念。

（4）活动设计的难易程度要在学生的"最近发展区"。学生的发展存在实际发展水平和潜在发展水平。实际发展水平是指学生独立完成任务、解决问题而表现出来的知识和技能，潜在发展水平是指学生在他人的帮助和自己的努力下完成任务、解决问题的能力。实际发展水平与潜在发展水平之间的差距叫作最近发展区域，这个区域是动态的，心理学上把这个区域称作"最近发展区"。

从心理学的角度看，学生的进步主要是在最近发展区域完成的。所以，教师在设计教学活动时，特别要考虑到活动的难易程度，而活动难易程度的考虑应该基于学生的认知特点和实际水平。如果教师设计的活动是在学生实际发展水平之内的，对于培养学生进一步的能力则没有多大帮助，而如果是超越学生的潜在发展水平的，学生没有能力去解决问题，同样也失去了活动的意义。因而，教师在设计教学活动时一定要使其难易程度处于最近发展区域，这样，学生在学习的过程中会通过思考和借助他人的帮助，以及运用已有的知识和技能来解决现在的问题，活动的价值才能实现。

（5）活动设计要考虑到有充足的时间保证其有效实施。有效地完成一个教学任务或实施一个教学活动，必须在活动前预计和考虑到完成这个活动所需要的时间。活动的内容不一样，活动的难度不一样，活动的形式不一样，活动所需的时间也会不一样。教师在设计教学活动时，切忌为了形式而活动，否则极易出现这样的场面：学生还未进入角色，老师已宣布活动结束，然后马上进入下一个教学活动。这样导致的结果是，班级中个别的强势学生或许会有表现的机会，但绝大多数的学生可能还处于茫然状态或处于观望状态，根本没有参与到小组活动中来。而小组活动最应注重的一点是让所有学生尽可能参与到活动中来，但事实上却流于形式了。

2. 课堂教学活动设计实例展示

（1）活动案例一。教学目标：学习单词 brown, purple, white, black。

为了完成这个教学目标，教师设计了一个讲故事的课堂活动。教师自编了一个故事"The Greedy Fish"，讲述了一条贪婪的小鱼和一条大鱼外出游玩，游玩途中看见各种颜色的东西而想要变色的故事。两条鱼之间的主要对话内容如下：

The greedy fish：What is it?

The old fish：It is a banana/an orange/…

The greedy fish：What colour is it?

The old fish: It is yellow/orange/…

The greedy fish: I like yellow/orange…/Please make me yellow/orange/…

该活动的设计目的非常明确，学习表示颜色的单词，通过课堂教学活动学会新知识。在此故事中，教师将学生已学过的颜色词和将要学习的颜色词巧妙地融合在一起，通过这条贪婪小鱼不停地想要变换颜色的情节发展非常自然地教授了新单词。

（2）活动案例二。《新型玻璃》是五年级语文第九册的一篇精读课文，是一篇说明文，知识性较强，介绍了4种奇特的玻璃。课堂上一个很重要的教学目标是了解各种玻璃的特点、功能。为了引起学生阅读的兴趣，教师设计了一个"新型玻璃展销会"的课堂活动，活动过程如下：

首先，教师进行课堂导入。

师：同学们，今天的语文课我们将举办新型玻璃展销会。你们看，我们的展销会吸引了这么多的客商。那么，你们就是展销会上的推销员，你们的任务就是将你们公司生产的新型玻璃推销给在场的每一位客商，大家有信心吗？

我非常相信你们，你们的推销一定会非常精彩、非常成功的。不过，要把你们公司的新型玻璃推销出去，你得首先学好课文，熟悉新型玻璃。你们都想学习了解有关新型玻璃的哪些知识？（板书：学什么？名称、特点、作用……）

怎样才能了解新型玻璃的这些知识呢？（板书：怎么学？读课文、想、勾画、圈一圈、收集资料……）

学生根据自己确定的学习内容及学习方法，采取自己喜欢的阅读方式自主阅读。

其次，小组合作准备，推选出本组最佳推销员，等待推销。

师：最近，老师家里要装修房子，今天，我抽空到新型玻璃展销会转转。不知哪位推销员可以推荐一下，我该用哪种玻璃？为什么？

推销员一：我建议您用"夹丝网防盗玻璃"，这是一种特殊的玻璃，里面有一层极细的金属丝网，金属丝网接通电源，跟自动报警器相连。

推销员二：我建议您还是用我们公司的"夹丝玻璃"吧，它非常坚硬，受到猛击仍安然无恙……高层建筑必须使用这种安全可靠的玻璃。

各小组争先恐后地"推销"着"自家"的新型玻璃。教师在学生"推销"时适当地做些补充。

这个活动设计初衷主要是调节课堂气氛，让学生在轻松愉快的氛围中掌握知识。说明文知识性较强，对形象思维能力强而抽象思维能力相对较弱的小学生缺乏吸引力，如果教师直接说"请同学们自己阅读课文，读完以后说说各种玻璃的特点和功能"的话，很难取得良好的教学效果。

（3）活动案例三。思想品德课"智慧的诚信"一课中出现了一种两难的情况：你的一个同学放学后去游戏厅玩，没有回家，他告诉你说："假如我的爸爸妈妈打电话问你我在哪里，你就说，我在学校值日。"假如他的爸爸妈妈真的打电话问你的话，你该怎么办？关于这个问题，学生有不同的观点，有的认为要讲诚信，实话实说；有的认为，不能出卖同学。在这种情况下，教师可以设计一个"课堂辩论赛"，让学生在辩

论的过程中明白本课中讲的道理。活动过程如下:

师:现在同学们中有两种看法,听起来好像都有道理,那么到底谁说得对呢?这样,同意不说实话,为朋友保密的为一组,坐到老师的左手边;同意实话实说,做一个诚信的人的为一组,坐到老师的右手边。

学生分组。

师:好,现在请各组同学讨论一下,你们做出这样选择的理由是什么?说实话和不说实话的结果会是什么?会产生怎样的影响?列一下提纲,一会我们两组来一个辩论赛,看看谁能获得最佳辩手奖。

学生小组讨论,写出发言提纲,展开辩论。老师充当主持人并及时点评。

理不辩不明,当学生对知识的理解有分歧的时候,不仅需要教师的指导,更需要他们自己的思考。在该案例中,学生不仅通过辩论明白了遇到这种情况怎么做最好,而且在辩论的过程中锻炼了多方面的能力。

(4)活动案例四。小学五年级数学上册中有一课"圆周长公式的应用",知识目标是:掌握圆的周长的概念,圆的半径、直径、周长之间的关系,熟记 $r=0.5d$, $d=2r$, $C=2\pi r$, $C=\pi d$ 等公式。对于小学生来说,概念的学习和理解是有难度的,如果只是将概念告诉学生,让学生背会,久而久之就会影响学生学习数学的兴趣,对于这样的知识的学习,可以设计一些探究活动,让学生在实际的探究中理解概念、牢记概念。活动过程如下:

师:看,这是一个圆,它有直径、半径、周长,那么它们之间会有什么关系呢?大家猜猜看。老师觉得大家说的都有一定的道理。但是到底谁说的对呢?我们动手来探究一下再下结论。老师课前让同学们都带了水杯、绳子、直尺,现在请同学们把它们拿出来。请同学们将绳子围绕水杯一周。再用直尺量出水杯的直径、半径和绳子的长度。

学生按照老师的要求操作。

师:好,同学们都量好了,现在请同学们用绳子的长度分别除以直径和半径。

学生计算。

师:现在请大家汇报一下自己计算的结果。

学生一:我量出来的水杯直径是7.63厘米,周长24厘米,周长除以直径的计算结果是3.145 478,除以半径的话是6.290 956。

学生二:我计算的结果是3.149 28,6.298 56。

学生三:我计算的是3.146 23,6.292 46。

…………

师:(板书学生的结果)大家观察一下我们的计算结果,有什么新发现吗?

学生很快就会发现,计算的结果取到小数点后两位的话,大部分都等于3.14。学生们也很快就清楚了圆的周长、半径、直径之间的关系:$r=d/2$, $d=2r$, $C=2\pi r$, $C=\pi d$。

一些比较抽象的知识的教学,需要教师结合实际情况引导学生参与教学活动,让学生通过丰富多彩的活动学到知识。在教学过程中,教师可以利用活动变抽象为形象,提高学生学习的兴趣、参与的兴趣,而且也便于学生理解和掌握知识。在学习圆周率时，该教师并没有直接将有关知识教给学生，而是设计了一个探究活动，先让学生自己动手测量、计算、分析，之后才将圆的周长、直径、半径之间的关系公式展示出来，有水到渠成之感。

(5) 小学英语教学活动设计比较评析。

【案例1】

这是李老师教授四年级的"Amy is taller than Lingling"一课，教学目标是要求学生会运用big, small, long, short, tall等形容词的比较级，将两个物体进行比较。教学bigger的用法时，李老师请两位学生上前画出自己手掌的形状，分别代表A和B，说明A is bigger than B。待学生明白后，出示一幅画，画中有一大一小的黄色皮球和蓝色皮球，引导学生用英语说出"The yellow ball is bigger than the blue one"。课堂上只有几位尖子生能在教师的示意下说出完整的句子。

【案例2】

黄老师在逐个教授完周一至周五的英文表述后，设计以下活动：

①小组PK：分小组进行比赛，先顺着念周一至周五，再倒着念，看哪组按要求最快完成任务。

②快速中英翻译：教师或学生用普通话说出某一天，看谁最快用英语说出来。

③记忆星期：屏幕上快速出现不同位置的星期名称，1秒钟后消失，看谁能用英语又快又准确地报出该星期。

④迅速反应：根据提示要求说星期，如教师说Tuesday，举左手，学生说出Wednesday，举右手，看看谁算得又快又准。

课堂气氛十分热烈，学生的学习热情十分高涨，个个跃跃欲试，兴趣盎然。学生对星期的英文表述的掌握程度使教师感到非常满意，教师随便说出某一天，同学们都会迅速地说出来。

在以上两个英语教学案例中，教师在教学过程中都设计了游戏，做游戏符合儿童的天性，可以满足儿童自我表现欲望强烈的需求。在游戏中激发他们的兴趣，这种学习方式也是他们最愿意接受的。案例1中，李老师很有智慧地让学生直接理解比较级，但她显得急于"教会"，让学生一次将这个重点学习的句子说完整，这样的要求对于一周只上两三节英语课的学生来说很难达到，这样势必会严重挫伤学生的积极性。案例2中，黄老师设计了4个游戏，进行多种形式的操练，课堂上学生的热情高涨，课堂气氛热烈。游戏是儿童普遍喜爱的活动，但教师要注意把握好游戏的操作时间，时间过长会使学生的学习兴趣下降；时间过短，一方面学生会扫兴，另一方面"运用语言"的目的也没有达到。

(四) 课堂巩固练习的设计

巩固练习是课堂教学的重要环节，巩固一般发生在主题探究之后。巩固的目的就是强化，但是强化不止发生在巩固阶段，强化往往与主题探究交替进行。做好巩固练习，应从以下几个方面着手。

1. 在理解的基础上强化巩固

理解知识是巩固知识的基础。要使学生比较牢固地掌握知识，在传授知识时就要使学生深刻理解，要引导学生把理解知识和巩固、记忆知识联系起来。

2. 重视组织各种练习

练习是巩固知识的主要手段，在教学过程中，应根据教学需要，有计划地组织好练习，要向学生提出任务。任务力求具体、明确；安排好练习的时间，及时进行；注意练习方法的多样化，运用提问、活动、实验等各种方法进行。

3. 积极地提倡巩固练习

在教学中可以采用变式教学来巩固练习，也可以引导学生通过学习新知识、加深原有知识的理解和积极运用已学知识来巩固练习，还可以变更学习的组织形式来巩固练习。

（五）课堂小结的设计及示例

结束语是指课堂教学在结尾阶段的教学语言。试讲中良好的结课可以产生画龙点睛的作用，它能使一堂课所讲的知识系统化，帮助学生更好地巩固和提升知识。课堂小结还可以起到承上启下的作用，激发学生学习新知识的欲望，从而达到"课虽终而意无穷"的效果。

1. 试讲教案课堂小结方法

（1）提示学生回顾内容法。课堂小结时，考生可以用语言提示让虚拟学生回顾。例如："请同学们想一想，这节课我们主要学习了哪些知识？请试着说一说？"这种提示是要求学生对所学知识进行回顾。又如："大家想一想，我们刚才是用什么方法分析、解决这些问题的？请试着整理一下我们做题的过程。"这是提示学生对本课学习方法进行回顾。再如："在这节课的学习中，你对自己的表现满意吗？你有哪些体会呢？"这是提示学生对本节课自己的学习态度进行回顾。

（2）教师归纳法。考生可直接对本课的教学内容进行概括，例如："这节课我们主要学习了烙饼的策略。回想我们解决问题的过程，从烙2张、3张、4张……10张，列出表格，观察特点，找出规律，这也是我们解决问题的一种方法。"

（3）悬念留疑法。叶圣陶说："结尾是文章完了的地方，但结尾最忌的却是真个完了。"悬念式结课，即结课时留下疑问，激发学生的求知欲，产生"欲知后事如何，且听下回分解"的悬念效应。好的悬念设置能激发学生的求知兴趣，能激起学生想象的浪花，能使学生产生急于知道下文的迫切心理。为此，教师要认真研究、仔细分析，设计富有启发性的问题，造成悬念，激发学生的求知欲望。

例如，一位教师对学习课文《少年闰土》一课的结课语：

"同学们，'我'和少年闰土结下了深厚情谊，离别时难舍难分。那么，30年后他们又见面了，会怎么样？（学生循着课文思路，纷纷发表见解。）大家说了很多，可惜都没说对。（学生困惑）30年后，真实的情况是，闰土一见'我'便喊了一声'老爷'。这是怎么回事呢？请大家课后阅读鲁迅的小说《故乡》就会明白了。"

这样的结课语，欲擒故纵，既强化了教学重点，又激发了学生的阅读兴趣。

（4）情感激励法。教师在结课时用充满激情且意味深长的话语寄厚望于学生，往往能打动学生的心，给学生留下难忘的印象，让学生将所学知识与现实和未来联系起来，激起学生对未来的憧憬和对理想的追求。

例如，一位教师的课堂结束语是这样的：

"这节课，同学们通过操作实验推导出了圆锥体的计算公式。其实呀，我们学的好多知识都是前人经过无数次实验总结出来的，老师希望你们也像科学家们那样，在今后的学习活动中不断探索、勇于创新、敢于实验，获取更多的知识，将来成为国家的栋梁，好不好？"

一位教师在讲完课文《将相和》后，用了如下语言来结课：

"俗话说，一根竹篙难渡汪洋海，众人划桨开大船，团结就是力量，相信大家在生活中都能像文中的廉颇和蔺相如一样，能够妥善地处理好自己和他人的关系，做一个团结友爱、知错就改的好孩子。"

（5）知识延伸法。教师讲完一节课，不是学生学习的结束，而是学生学习的新的开始。把课尾作为联系课内外的纽带，引导学生在课外拓展、充实学到的知识，真正培养学生的运用能力。

例如，一节小学科学课的结束语：

"人们从蝙蝠身上得到启示，发明了雷达。你还知道人们从什么地方得到启示，发明了什么？"……同学们一下子举出了十多个例子，教师延伸提出一个问题："你从什么得到启示，觉得可以发明什么？"这样就把学生在课中诱发出来的学习兴致扩展到课外去，丰富学生的想象力，有利于学生创造性思维的培养。

2. 优秀结束语示例

（1）小学语文教学优秀结束语。

①温迪一家是伟大无私的，她和外公虽然永远离开了人世，再也看不到这个美丽可爱的世界，但他们的眼角膜却给他人带去了光明，带走了黑暗，现在你明白课文为什么用《永生的眼睛》作题目了吗？——学习课文《永生的眼睛》

②美丽的秋叶，让我们组成了许多有趣的图画，今天我们又用秋叶画讲了许多故事，秋姑娘用秋叶给我们留下了许多美好的回忆。秋姑娘虽然已经走了，可是当我们看到秋叶时，就会想起她。现在冬爷爷已经来到了大地上，小朋友再仔细观察，冬爷爷给我们带来了哪些礼物？下次我们再用观察到的内容练习说一说，写一写。——学习课文《秋叶讲的故事》

③雕塑家罗丹曾经说过一句话："美是到处都有的，对我们的眼睛来说，缺少的不是美，而是发现。"比如月亮，"今人不见古时月，今月曾经照古人"，从古至今都是这一个月亮，那么多作家、诗人笔下的月亮虽然不一样，却都那么美。那么老师今天也给大家布置一个写月亮的作业：在有月亮的晚上，同学们观察一下月亮，再观察一下周围的景物，山、树、人、房屋都是什么样的？老师相信，只要你仔细观察，用心幻想，你的笔下一定会有一篇优美的文章诞生，老师期待着。——学习课文《望月》

④同学们，桂花是故乡的香，月亮是故乡的明，人是故乡的亲。这一朵朵小巧迷

人的桂花，这一场场沁人心脾的桂花雨，让我们收获的不仅仅是芬芳，是香甜，是快乐，是温馨，更是一种心灵的滋润，一种长长的相思，一段暖暖的牵挂。最后，老师向大家推荐几本散文集：《桂花雨》，鲁迅的《朝花夕拾》，林海音的《城南旧事》。愿我们在这浓浓的书香中也能找到一份童年的快乐。——学习课文《桂花雨》

（2）小学数学教学优秀结束语。

①同学们，为什么车轮都是圆的？车轴又都装在圆心上（学生回答）。今天，我们进一步认识了圆，而且学会了应用所学的知识去解决生活中的问题。数学在生产生活中的应用是非常广泛的，因此，希望大家养成积极动脑、勤于观察，善于发现问题、解决问题的好习惯，学好数学、用好数学，让我们的生活更美好。

②请同学们拿出圆形纸片，你能很快找出这个圆的圆心吗？你是怎样找到的？你为什么认为这样找出来的一定是这个圆的圆心呢？在找的过程中，你发现了什么？结合本节课的学习，大家来说一说你有什么收获？增长了哪些知识？

③本节课，我们把求平行四边形的面积转化成了求长方形的面积，这种方法叫转化法，它对你有什么启迪吗？对，利用转化法可把新知识变成旧知识。在今后的学习中，同学们可以充分利用这一方法，去解决更多的数学问题，相信大家一定会越来越棒的。

④同学们，这节课我们学习了"时间王国"里的"年""月""日"，现在老师请大家猜个谜语，想不想动脑筋？"最长又最短，最多又最少，最快又最慢，最便宜又最宝贵的是什么？"既然时间这样宝贵，那我们应该怎样对待时间呢？一节课在不知不觉中过去了，我们却学到了很多知识，这就告诉我们要——珍惜时间！

（六）作业设计

1. 作业设计原则

作业的内容应是丰富多彩的，形式应是多种多样的，表述应是准确无误的。作业设计得好能极大地调动学生的学习兴趣，引导学生关注生活，使学生在生活中应用知识，培养综合能力，为学生的终身发展奠定坚实的基础。作业的设计应遵循以下几个原则。

（1）准确性原则。

①所设计的训练内容紧扣课堂学习目标。

②所训练的知识点准确无误，无偏义、无歧义，不含糊其辞。

③题干表述简洁明了，既包含明确的题目要求，亦有做题方法的明晰提示。

（2）趣味性原则。

①作业形式灵活多样、生动有趣，不死板，不机械，不重复，不枯燥，不乏味，能激发学生的学习兴趣

②能使学生带着愉悦的情感完成作业，促进学生有效发展。

（3）自主性原则。

①有意识地设计多样化的作业类型，让学生结合自己的情况选择适合自己的作业。

②作业应有一定梯度，应使每个学生都有体验成功的机会，充分发挥学生的主观能动性，应有利于引导学生积极思考探索。

（4）实践性原则。

①要充分利用各种教育资源，开展综合性学习活动，拓展学生的学习空间，增加学生实践的机会。

②要创设可供学生实践的环境，引导学生与生活为伴、与自然为友、与社会对话，使学生在完成作业的过程中感悟生活、积累语言、培养能力、融入社会。

（5）创造性原则。

①要引导学生在能动的、创造性的作业活动中，获得生动、活泼、和谐的发展，不机械重复、单调乏味，不压抑学生的学习兴趣和积极性，不束缚学生思维与创造能力的发挥，不阻碍学生素质的发展。

②作业应是富于色彩、充满情趣的、多元的、辐射的复合体，不应是单一、枯燥的文本，要能使学生乐于做。

2. 作业设计案例评析

【案例3】语文课，学习课文《黄河是怎样变化的》《意想不到的灾难》后，设计了以下作业：

①采访小区居民，了解小区环境污染的状况（小组合作，写采访稿）。

②实地查看，访问环保部门（调查访问，小组汇报）。

③设计一条环保广告语（广告策划，上街展示）。

【评析】这3个作业的布置具有实践性和创造性，能够引起学生的兴趣。假如教师在结课后要求学生将黄河的变化记住、背会，将此作为这节课的作业的话，那无疑是失败的作业设计。

【案例4】语文课，学习课文《绝句》《狼和小羊》后，设计了以下作业：

①学习古诗《绝句》后，请同学们根据诗中所描绘的景色，把杜甫草堂前明媚秀丽的景色画出来。

②学习课文《狼和小羊》后，同学们想象一下故事后来会怎样发展？

【评析】这样的作业，紧扣所学内容，形式非常生动活泼，很受小学生的喜爱。假如在学完《绝句》后教师要求学生回去抄写古诗，学完《狼和小羊》后要求学生将本课的生字每个写5遍的话，就会没有任何新意和创造性，机械地抄写只会引起学生的反感。

【案例5】数学课，在学习了年、月、日的有关知识后，设计了以下作业：

请将本节课所学知识整理到笔记本上，并且背会。

【评析】这个作业枯燥无味。教师可以结合学生的生活实际，要求学生动手制作小年历。可以请学生选择他喜欢的一个年份，利用所学过的年、月、日的知识自己动手制作一幅精美小年历。这种形式活泼的作业是小学生喜闻乐见的。

【案例6】品德课，学习《关爱残疾人》一课后，设计了以下作业：

在爸爸妈妈的带领下，到离家最近的福利院做一些力所能及的事情。

【评析】思想品德课是以提高学生的道德情操为主的，而道德情操的熏陶和感染仅仅靠课堂上教师的讲授是无法完成的。教师充分利用教育资源，让学生将书本知识和生活实践紧密结合起来,用书本知识指导生活实践,用生活实践来检验所学知识。这样的作业设计是很不错的。

三、"国考教资"面试教案模板解析

(一)"国考教资"面试考场备课材料

"国考教资"面试,总分100分,教学设计分值为10分,其一部分体现在考场教案的编写上。从近几年面试的情况来看,考场中打印出来的备课纸上只印了考生信息的基本栏目及备课要求,并没有详细给出教学目标、教学内容之类的格子,后面都是空白,如图3-1所示。

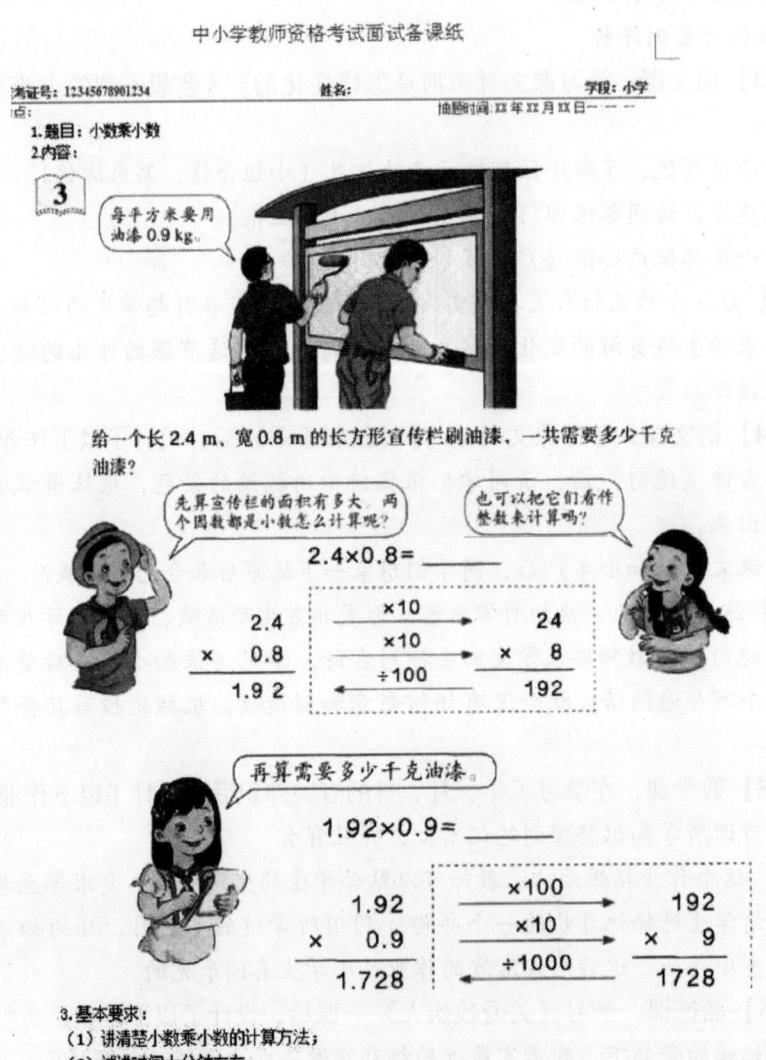

图3-1 中小学"国考教资"面试备课纸

(二)"国考教资"面试考场教案模板

受时间限制,面试教案只能写简案,教案的内容一般只需要写清楚教学目标、教学重难点、教学过程和板书。教师资格面试教案和我们平时所写教案的基本流程是一样的,但是教师资格面试教案属于"无生授课"教案,它和实际上课的教案还是有很大的区别的。

我们可以按照下面的模板来设计"国考教资"面试简案。

考场教案模板

一、课题

课题名称,即所授课的名称。

二、教学目标

考生需要认真研读教材,根据要求确定授课内容及教学目标。正常的教学目标应该写三维目标:知识与技能、过程与方法、情感态度与价值观。但是因为考场上备课时间太短(20分钟),所以考生在写考场教案的时候把主要知识目标写清楚即可,其他目标可以略写。

三、教学重点、难点

教学重点是在授课时必须着重讲解和分析的内容。教学重点一般是知识目标。教学难点是指学生理解起来有较大困难的内容。一节课可以没有教学难点,但是必须有教学重点。在编写教案时,教师一定要抓准教学重点,并考虑用合适的方法突出教学重点,突破教学难点。

写完教学重难点,应该写教具准备。考场没有教具,考生在试讲的过程中如果需要什么教具,直接说出来就表示有了。例如,讲一节课需要学生看视频,但是现场又没有媒体设备,考生只需要说"现在请大家看大屏幕"即可。因此,考场教案上这一点也可以省略。

四、教学方法

教学方法是指在授课过程中所采用的方法,如课堂提问、讨论、启发、自学、演示、演讲、辩论等。

五、教学过程

教学过程是教师为了实现教学目标而制订的具体的教学步骤和措施。教学过程是整个教案的核心,编写时要紧紧扣住教学目标,突出教学重点,做到内容充实,详略得当。

教学过程的各个环节要环环相扣,把整个教学过程连成一个整体,以保证教学目标的完成。具体来讲,教学过程包括以下几个环节。

1. 导入新知

导入是引导学生进入学习情境从而形成适宜的学习心理准备状态的教学行为方式。常用的导入方式有谈话导入、演示导入、提问导入等。

2. 学习新知

学习新知是编写教案的主要环节。考生在设计这一部分的时候,一定要紧紧围绕教学目标，设想如何提问，如何引导启发学生，如何鼓励学生，如何设计教学活动。例如，可以通过讲授、小组讨论、学生自学、课本剧表演、视频演示、小组辩论赛等落实教学目标，保证教学目标的完成。一节课如果有多个教学目标可以依次完成，如果只有一个教学目标可用多种方法完成。

3. 课堂练习

必要的练习有助于学生对新知识的掌握，练习题的设计依然要紧紧围绕教学目标设计。练习题的设计要精巧、有层次、有梯度、有密度，还要考虑练习的方式：是教师还是学生板演？如果是学生板演，考生要代替学生将板演的内容写到黑板上。

4. 课堂小结

课堂小结也叫"归纳小结"，在所授课程将要结束时，总结回顾本节课所学的知识。考生在设计时可以根据实际需要，采用合适的方法，力求做到简单明了。

5. 布置作业

作业的设计要适度、适量、新颖，同时要考虑学生的学习差异，对不同程度的学生设计不同难度的作业，尽量使每个学生都能获得相应的学习成就感。

六、板书设计

板书的内容是学科知识点、教学重点，是教师为了配合讲解，在黑板上运用文字、图画和表格等视觉符号传递知识的教学行为方式。考生在设计板书时要目的明确，布局合理，要与讲授的内容、进度密切结合，同时还要注意使板书的形式美观。

（三）"国考教资"面试考场教案模板运用注意事项

"无生授课"是教师一个人在演独角戏，因此面试教案要详尽说明教学过程中教师说的部分。要将导入新课和课堂小结的所有语言详细写出来；新授知识部分要写清楚教师活动和学生活动；要根据教学设计板书，留下"痕迹"。"国考教资"面试考场的"无生授课"一般都是在规定时间内备课，目前还没有实行电脑备课，也没有实行PPT授课，因此板书是上课后最好的总结与痕迹，板书要工整、规范，字迹清楚，结构合理，能体现纲要。

（四）"国考教资"面试考场教案编写的时间分配

（1）备课（建议3分钟左右）。在这3分钟的时间内，考生需要仔细阅读教学材料，迅速找到教材中的学科知识，确定教学目标、教学重难点，尽量在大脑中搜索相关的参考资料，同时提笔将课题、教学目标、教学重难点写出来。

（2）根据模板充实教学过程（建议10分钟左右）。

（3）模拟演练（建议7分钟左右）。备好课，写好教学简案之后，最重要的是要在考官面前完美演示出来。教学过程在教案上设计得再好，演绎的时候结结巴巴或者很生硬也是没用的。考生在进入面试考场前，要有意识地把设计好的教学过程提前演绎一遍，以查漏补缺。

四、"国考教资"教学设计案例精析

下面分别是一节语文课和一节数学课两堂常规课的教案,在"国考教资"面试试讲中,教学时长是 20 分钟,也就是还不到一课时,考生在学习、借鉴案例时,要灵活把握。

【教案 1】语文教学设计案例精析。

猫
老 舍

猫的性格实在有些古怪。说它老实吧,它有时候的确很乖。它会找个暖和的地方,成天睡大觉,无忧无虑,什么事也不过问。可是,它决定要出去玩玩,就会出走一天一夜,任凭谁怎么呼唤,它也不肯回来。说它贪玩吧,的确是呀,要不怎么会一天一夜不回家呢?可是,它听到老鼠的一点响动,又是多么尽职。它屏息凝视,一连就是几个钟头,非把老鼠等出来不可!

它要是高兴,能比谁都温柔可亲:用身子蹭你的腿,把脖儿伸出来让你给它抓痒,或是在你写作的时候,跳上桌来,在稿纸上踩印几朵小梅花。它还会丰富多腔地叫唤,长短不同,粗细各异,变化多端。在不叫的时候,它还会咕噜咕噜地给自己解闷,这可都凭它的高兴。它若是不高兴啊,无论谁说多少好话,它也一声不出。

它什么都怕,总想藏起来。可是它又那么勇猛,不要说见着小虫和老鼠,就是遇上蛇也敢斗一斗。

小猫满月的时候更可爱,腿脚还不稳,可是已经学会淘气。一根鸡毛,一个线团,都是它的好玩具,耍个没完没了。一玩起来,它不知要摔多少跟头,但是跌倒了马上起来,再跑再跌。它的头撞在门上、桌腿上,撞疼了也不哭。它们的胆子越来越大,逐渐开辟新的游戏场所。它到院子里来了,院中的花草可遭了殃。它在花盆里摔跤,抱着花枝打秋千,所到之处,枝折花落。你见了,绝不会责怪它。它是那么生气勃勃,天真可爱!

一、教学目标

1. 认识本课生字词,能读准多音字"屏""折",结合具体的语言环境理解"古怪""屏息凝视""任凭"等词语的意思。

2. 能正确、流利、有感情地朗读课文。

3. 理解课文内容,体会作者是如何把猫的特点写具体,并表达出自己对猫的喜爱之情的。

二、教学重点、难点

抓住重点语句,体会猫性格的古怪和作者对猫的喜爱之情。

三、教学过程

(一)谈话导入

1. 动物历来为我们喜爱。作者笔下的动物更是特色鲜明、栩栩如生。第 13 课中,丰子恺先生就通过严肃郑重的叫声、大模大样的步态、三眼一板的吃相为我们描绘了一只高傲的白鹅。今天我们再一起看看老舍笔下的猫，看看老舍先生是从哪些角度来描写自己的猫的。

2. 大家都喜欢动物，老师就先让大家来猜一种动物：它步调从容，颇像京剧里的净角出场；吃饭时向来三眼一板，一丝不苟，而且还得有一个人在旁侍候，像饭馆里的堂倌一样。（学生答）

丰子恺先生通过严肃郑重的叫声、从容的步态、三眼一板的吃相为我们描绘了一只高傲的白鹅，大作家老舍先生又是从什么角度来写自己的猫的呢？今天我们一起走近老舍笔下的猫。（板书课题，齐读）

【评析】设计者采用谈话的方式，联系上一节所学知识，自然而然地导入新课的学习中。这两种导入虽然都是谈话法，但第一种导入方法显得平淡，第二种导入方法更能引起学生学习的兴趣。

（二）初读课文，解决字词，整体感知

1. 请大家自由阅读课文，边读边把文中的生字词标出来，要读准字音。（学生自由读课文，读准字音）

2. 检查字词。

（1）出示"性格、贪玩、尽职、抓痒、稿纸、跌倒、撞疼、开辟"，指生认读。

（2）出示"屏息凝视、丰富多腔、变化多端、枝折花落、生气勃勃"，指生认读，重点指导"屏""折"的读音。

【评析】生字的学习方式多种多样，设计者在这里设计的活动只是要求学生读，而且读的方式单一，这个活动设计得不是太好。为了调动学生学习的积极性，可以设计学生赛读、开火车读等活动。同时，在教学生字的时候要对识字方法进行指导，在本设计中并没有体现这一点。

3. 整体感知，概括文章主要内容。

（1）丰子恺先生主要写了鹅的吃相，老舍先生主要写了猫的什么？你是从哪句话知道的？（指生读出相应句子）

（2）哪些段落写的是猫"性格古怪"？第4自然段写的又是什么？

【评析】在进行课文内容概括的时候，作者提出的两个问题清晰而明确，学生在读课文的基础上，通过对这两个问题的思考，可以对课文有一个整体的感知，能够很快抓住猫的特点。

（三）探究"古怪"

导语：课文4个自然段中，有3个段落写的是性格古怪，看来这个"古怪"我们需要着重研究一下。（板书：古怪）

1. 指生试着解释"古怪"的意思。

过渡：意思解释不好不要紧，我们先来读读这3段，读完后大家就明白"古怪"的意思了。

2. 指生读第1段，体会：这只猫给你留下了什么印象？

3. 交流：你觉得这只猫怎么样？引导学生说体会，并读出相应句子。（教师板书

"老实、贪玩、尽职",重点指导"贪玩、尽职")

(1) 贪玩。

①引导学生读出相应句子。

②课件出示"任凭谁怎么呼唤,它也不肯回来"。换词释义:"谁能把'任凭'换成它的近义词?"(学生答)

③创设情境,引发想象:"如果你是老舍先生,你会怎么呼唤?"(指生说)"自己不行,又有人来帮忙了。老舍会找谁帮忙呼唤?(家人、邻居、朋友)猫回来了吗?"(引导学生理解"任凭……也不"的意思,体会猫的贪玩)

(2) 尽职。

①引导学生读出相应句子。

②课件出示"它屏息凝视,一连就是几个钟头,非把老鼠等出来不可"。(指生解释"屏息凝视")

③动作模仿,体会"尽职"。

导语:"我们一起来'屏息凝视'。屏住呼吸,瞪大眼睛,半个小时过去了,老鼠没有出来,它……;一个小时过去了,老鼠没有出来,它……;一连好几个小时过去了,老鼠没有出来,它仍然……"(学生动作模仿,补充词语)

过渡:"多尽职的猫啊,真是不捉到老鼠誓不罢手。谁来读读这句话,把猫的决心、尽职劲儿读出来?"(指导学生有感情地朗读句子)

4. 加关联词语,初步体会"古怪"。

过渡:(看板书)一只猫给我们带来3种截然不同的感受,谁能在这3个词语之间加上关联词语,把它们连起来?

【评析】这部分的教学中,教师在引导学生用"有时……有时""既……又"等关联词语将"老实、贪玩、尽职"连接起来,初步体会猫的"古怪"之后,如果再设计一个分别用这三个关联词语造句的练习会更好,这样的话,教学过程中就将朗读和说话练习紧密地结合在一起了,体现了"听、说、读"的同步练习。

5. 猫的特点还不止这3个呢!自由读第2,3自然段,从中你又体会到了什么?(学生自由读后回答,教师板书:温柔可亲、一声不出、胆小勇猛)

6. 总结"古怪"。

(看板书)现在你对这只猫有什么评价?学生回答,教师总结:"既老实又贪玩,既贪玩又尽职;高兴时温柔可亲,不高兴时一声不出;既胆小又勇猛。这种矛盾的性格就叫古怪。"

【评析】这部分的词语教学,设计者注重"联系上下文"与"生活体验"相交融的词语理解方法,用动作模仿的方式体味作者用词的准确性,是很好的一种教学方法。

(四) 再读1~3自然段,体会"喜爱"

1. 过渡:这么古怪的猫,老舍喜不喜欢呢?请大家再来读读1~3自然段,标出能体现老舍喜欢的句子。

2. 学生读课文,标出相应语句。

3. 指生读出自己标出的语句，说出体会。

（1）出示"说它贪玩吧"一句指读。

（2）教师引导："这句话中一连用了3个语气词，我们把这3个语气词去掉，看看是什么感觉？"（出示去掉语气词的句子，指学生读，引导学生体会语气词中传递出的老舍对猫的喜爱之情以及老舍语言口语化的特点）

（3）情景对话，进一步体会"喜爱"。

出走一天一夜的猫终于回来了，老舍把它抱起来，抚摸着它光滑的毛。家人看见了："咱家的猫怎么刚回来？太贪玩了。"老舍说："……"邻居看见了："你家的猫回来了，太贪玩了。"老舍说："……"帮忙呼唤猫的朋友也来了，老舍说："……"

4. 出示"踩印几朵小梅花"一句，故意将"小梅花"错打成"脏脚印"，学生指出错误后引导说出两个词在感情色彩上的不同，并想象老舍的心理活动：老舍正在专心写作，小猫跳上来踩上了几个脚印，看着稿纸上的脚印，老舍想……

5. 指导学生有感情地朗读第2自然段。

（五）读第4自然段，进一步体会"喜爱"

过渡：性格古怪的大猫老舍都这样喜欢，猫小的时候老舍就更喜欢了。请大家自己读读第4自然段，读出喜爱之情。

【评析】语文基本功训练中关键的是培养语感，而语感的培养与朗读又密切相关，在学生理解课文的基础上，重点指导学生体会文本的情感。本部分的设计显得有点单薄，如果能够在学生自由读的基础上进行朗读指导，指导学生用不同的方法反复朗读，在朗读的过程中体会作者的情感，效果会更好。

（六）扩展阅读，学习从不同角度描写事物的方法

1. 总结过渡：老舍先生抓住了猫的性格特点，写出了对猫的喜爱之情，其他作家是从什么角度描写猫的呢？我们一起来读一读阅读链接中的片段，相信大家会有新的收获。

2. 指生读周而复的《猫》，引导学生总结出周而复是如何抓住外形和神态特点写猫的。

【评析】在语文教学中，采用比较阅读的教法是培养学习兴趣、提高记忆效果，以及提高理解能力、分析能力的一种行之有效的方法。

（七）作业

课前交流中，老师了解到大家都喜欢小动物，有些同学家中还养了小动物。课下大家也来写一写自己喜欢的小动物，可以是自己家的，也可以是邻居家的、朋友家的，可以写它的样子、神态，也可以写它的性格。下节课我们在班内交流，看谁笔下的小动物最可爱。

【评析】该环节的小练笔设计得不错。新课标指出，写作教学应贴近学生实际，让学生易于动笔。课后的小练笔能有效地打破阅读与作文的壁垒，通过激发兴趣，降低难度，化整为零，多角度、全方位地开展学生书面语表达能力训练，将书面语表达能力训练渗透到语文教学过程中，使学生在情趣相融的氛围下不知不觉地提高书面语表达能力。

【教案2】 数学教学设计案例精析。

分数的初步认识

一、教学目标

1. 结合具体情境初步认识分数，知道把一个物体或一个图形平均分成若干份，其中的一份可以用分数来表示，能用实际操作的结果表示相应的分数；能读、写简单的分数，知道分数各部分的名称。

2. 学会运用直观的方法比较分子都是1的两个分数的大小。

3. 体会分数在实际生活的运用，感受数学与生活的联系，进一步培养学生对数学的好奇心和兴趣。

二、教学重点

1. 认识几分之一。

2. 比较分子都是1的几个分数的大小。

三、教学难点

理解几分之一的含义。

四、教具、学具准备

多媒体课件、长方形纸、圆纸片、正方形纸、水彩笔。

五、教学过程

（一）创设情境，讨论揭题

在一次愉快的队日活动中，老师让同学们两人一组分食品，小强和小丽拿到的是4个苹果、2瓶矿泉水和1个蛋糕。（课件演示）你愿意帮他俩分一分吗？怎样分比较公平呢？（平均分）（板书：平均分）

师生交流："把4个苹果平均分给2个人，每人分得几个？请拍手表示！"学生拍手表示（教师板书"2"，课件演示分的结果）；"把2瓶矿泉水平均分给2个人，每人分得几瓶？"学生拍手表示（教师板书"1"，课件演示分的结果）；"把1个蛋糕平均分给2个人，每人分得几个？"（学生无法拍手表示半个）"你会用一个数来表示这半个吗？"（学生尝试，并说明理由，教师根据学生实际情况引入$\frac{1}{2}$）

（1）（学生中没有用$\frac{1}{2}$表示）谈话：你们都用自己喜欢的方式表示了这个蛋糕的一半，说明你们都很有办法，不过，我要向大家介绍一种更简便而且科学的表示方法。当把一个蛋糕平均分成两份，要表示其中的一份时，可以用$\frac{1}{2}$来表示。（课件演示）

（2）（学生中如果有用$\frac{1}{2}$表示）谈话："$\frac{1}{2}$是什么意思？"（充分发挥学生的作用，认识、强化平均分）"你在哪里见过$\frac{1}{2}$？"（学生回答后，教师给以肯定，并结合课件演示，介绍分数的产生和发展的过程）

揭示课题：今天，我们就一起来认识数家族的新朋友——分数。（板书课题：认识

分数）

【评析】在导入环节，情境创设有利于激发学生的问题意识，让学生以积极的情感投入到对新知的探索中。本节课让学生拍手表示物体平均分后的数量，这样一来，表示"半个"就不可能再用一个拍手来表示，而需要想其他的办法，这就极大地调动了学生参与课堂的积极性和主动性。教师再结合课件，向学生介绍了分数产生和发展的过程，极大地激发了学生探究数学、学好数学的热情。另外，设计者在提出"你会用一个数来表示这半个吗？"这个问题后，充分考虑学生的实际情况，设计了学生回答的两种情况，考虑得比较周全，这也是我们在实际教学中应该做到的。

（二）认识分数，操作深化

1. （课件演示）"把1个蛋糕平均分成2份，其中的1份就是这个蛋糕的$\frac{1}{2}$。"（同桌之间相互说一说）

谈话：这一半蛋糕是这个蛋糕的$\frac{1}{2}$，那么，另一半蛋糕又是这个蛋糕的几分之几呢？（指名，板书$\frac{1}{2}$）为什么也用$\frac{1}{2}$来表示？（学生表述）大家想的和他说的一样吗？（课件演示）

小结：把一个蛋糕平均分成2份，每份都是它的二分之一。

2. 谈话：想知道分数各部分的名称吗？（课件演示，学生读）

3. 谈话："分数该怎样写呢？"[如果是（2）所示情况，让学生讲，教师补充；如果是（1）情况，教师讲解并示范]"写这个数的时候，先画一条横线表示平均分。""这个蛋糕平均分成了几份？"（两份）"2就写在横线的下面，这半个蛋糕是其中的1份，就把1写在横线的上面，这就是分数$\frac{1}{2}$的写法。""你们想试一试吗？"

学生自己在练习本上写$\frac{1}{2}$，同桌互相说说是怎样写的，检查一下谁写得更标准、更漂亮。

4. 谈话：我们已经会读、会写了，想不想动手做一个$\frac{1}{2}$呢？

活动要求：拿出老师发的长方形纸，先折一折，再把它的$\frac{1}{2}$涂上颜色，然后在小组里说一说，你是怎样表示这张纸的$\frac{1}{2}$的？

全班交流：你是怎样表示这张纸的$\frac{1}{2}$的？（把一张纸平均分成2份，涂上其中的1份，就是$\frac{1}{2}$）把学生的作品贴在下面。

"还有谁与他的折法不一样？"

提问：他是这样把这张纸平均分成2份的，涂上其中的1份表示$\frac{1}{2}$可以吗？还有

不一样的吗？（选择不同表示形式的作品也贴在 $\frac{1}{2}$ 下面）

5. 练习，完成"想想做做"第1题、第2题。

（1）（课件出示第1题）学生读题目。

指导完成第1幅图。"这幅图是把这个圆平均分成了几份？其中的一份怎样表示？请在括号里表示出来。""你是怎样写的？为什么用 $\frac{1}{3}$ 来表示？"

其余几幅学生独立填写，完成后集体反馈。"怎样表示？为什么？"

（2）（课件出示第2题）学生读题目。

交流：你选第几幅图？为什么？其他三幅图有什么问题？

强调：只有把一个图形或者一个物体平均分成几份，每份才是它的几分之一。

【评析】课堂练习是小学数学教学的一个重要组成部分，学生将所学到的知识在实践中加以应用，检验自己对所学知识的理解程度，给教师反馈信息，以便教师进行纠错和指导。

（三）自主探究，比较大小

1. 教师板书：$\frac{1}{2}$，$\frac{1}{4}$，$\frac{1}{8}$。让学生读出各数。

谈话："看到这三个分数，你能说出它们谁大谁小吗？"（学生猜测，交流）"究竟谁说得有道理呢？需要大家动手来验证一下，请从老师为你们提供的学具里选择合适的学具，折一折，比一比，然后在小组里交流你的发现。"

组织学生汇报、交流，教师小结。

2. 练习，完成"想想做做"第3，4题。

（1）（课件出示第3题）谈话：三张纸条的长度怎样？（一样长）

第一张纸条全部涂色，该怎样表示？

第二张、第三张纸条的涂色部分会表示吗？（生答，师演示）

你能根据三张纸条涂色部分的大小，比较出这三个数的大小吗？

（2）（课件出示第4题）指名读题目，并说出题目的要求。

学生独力完成，集体反馈。

【评析】这部分在教学中注重数学思想和方法的渗透，使学生会"做数学"。在进行"比较几分之一的大小"时，先让学生根据自己的感受猜想 $\frac{1}{2}$，$\frac{1}{4}$，$\frac{1}{8}$ 哪个大，哪个小，然后为他们提供试验材料，鼓励他们来验证自己的猜想。该活动的设计非常好。学生在折、涂、比和交流中明确了对于同一个物体（或同样大小的几个物体），平均分的份数越多，表示每一份的数就越小，所以 $\frac{1}{2} > \frac{1}{4} > \frac{1}{8}$。这样一来，学生对分数的意义以及大小比较的理解会更深刻，对探究数学的兴趣会更大、更浓。

（四）延伸拓展，总结评价

（课件出示）"想想做做"第5题图。

谈话：这次的黑板报有哪些板块？《科学天地》大约占黑板报版面的几分之几？《艺术园地》大约占黑板报版面的几分之几？哪一部分大一些？

谈话：这就是我们生活中的分数，我们的生活中不光有整数，也有分数。

总结：这节课我们对分数有了初步认识，希望同学们回去以后多观察生活，看看我们生活中哪些地方用到了分数。

【评析】本课的课堂小结显得有些草率，课堂小结的作用是再次巩固本节课所学知识，加深学生的理解。

任务演练

选取小学语文、数学、英语教材中的一课，进行教案设计。

请扫描二维码，查阅"国考教资"各学段各学科面试备课纸。

请扫描二维码，查阅"幼儿园教师资格面试试讲真题及解析"。

请扫描二维码，赏析微课《夜莺的歌声》。

请扫描二维码，赏析微课《再见了，亲人》。

第三节 "国考教资"教育写作

引航

爱的教育

苏联著名教育家苏霍姆林斯基说过:"没有爱就没有教育。"爱是教育事业中不可或缺的组成部分。我国教育事业的发展需要一批有爱心的教师。教师要做好教育教学工作,不仅要具备一定的文化专业知识与技能,更重要的是要有纯洁的无私奉献的爱心。热爱学生是教师最基本的素质,是做好教学工作的首要条件,也是教师师德的灵魂所在。

爱是教学成功的关键。课堂教学的过程,是师生交流的过程,心与心碰撞的过程。要想使学生"亲其师,信其道",教师首先要热爱学生,用满腔的热情对待每个学生,以最大的耐心引导学生。而学生得到了教师的爱,自然而然地会激发出对教师的爱,形成爱的双向交流,即产生"动情效应"。这种效应会使学生更加尊重老师,信任老师,与老师建立融洽的师生关系。爱能使学生乐于学,教师乐于教,使教育教学过程进入良性循环。

爱是学生身心健康的精神需要。马斯洛需要层次论认为,归属与爱是人的正常需要。归属与爱的需要,对于学生来说也是如此。如果学生感受不到教师的温暖和爱,就会缺乏安全感,对身边的人和环境缺乏信赖。这种状况持续下去,就会对学生身心发育造成不良的影响。教师的任务就是将爱贯穿于教育教学的全过程,用师爱温暖学生的成长路,为学生的身心发展提供精神给养。

爱是教师与学生心灵沟通的桥梁。爱是维系教师与学生关系的情感纽带。教师真诚鼓励的目光,亲切的微笑,谆谆的教诲,都传递着信任和尊重,给学生以温暖、鼓励和力量。正是陶行知先生饱蘸慈爱滋味的四块糖,温暖了学生的心房,用智慧化解了学生的尴尬,使学生主动认识到自己的错误,实现了爱的教育。惟有教师对学生付出发自内心的爱,才能加深师生双方的情感沟通,促进教育的顺畅达成。

鲁迅先生说过:"教育是植根于爱的。"只有爱学生的教师,才可能教育好学生。但是,教师的爱不应是偏爱,应无选择地、公正地、无例外地爱每一个学生。教师要以爱的教育面对所有学生,一视同仁,不偏爱优秀学生,不少爱后进学生。每个教师都应认真领会师爱的内涵,用自己对教育事业、对学生的赤诚之爱托起明天的太阳!

评析

这是一篇标准的"国考教资"考场教育论文。开头用引言式提出论点:爱是教师最基本的素质，是做好教学工作的首要条件，也是教师师德的灵魂所在。接下来的三个并列关系的分论点，分别论述"师爱"的重要性。三个分论点的论述部分分别采用"为什么+怎么办+作用"的方式展开。例如，"爱是学生身心健康的精神需要"（分论点）。"马斯洛需要层次论认为……，就会对学生身心发育造成不良的影响"（为什么）。"教师的任务就是将爱贯穿于教育教学的全过程……，为学生身心发展提供精神营养"（作用）。结尾采用展望未来式，引用名言警句增加亮点，起到画龙点睛的作用。

一、"国考教资"教育写作概说

教师资格考试主要考查教师资格申请人是否具备教师职业道德、基本素养、教育教学能力和教师专业发展潜质。其中，科目一《综合素质》的考试内容包括5个模块：教师职业理念、教育法律法规、教师职业道德规范、文化素养、基本能力。基本能力模块主要考查考生的逻辑思维能力、信息处理能力、阅读理解能力和教育写作能力。在《综合素质》150分的试卷中，教育写作是分值最大的一项，占50分，也是考查考生能力等级最高的一项——应用与创新能力。因此，考生应足够重视，积极进行写作训练，认真备考。详情见表3-4。

表3-4 科目一《综合素质》题型、题量、分值具体分布情况

题 型	题 量	每题分值	总 分	合 计
单项选择题	29	2	58	
材料分析题	3	14	42	150
写作题	1	50	50	

（一）教育写作的含义

教育写作是一种应用文写作活动，专指源自教育生活或与教育生活相关的写作实践。招生简章、入学通知书、教学大纲、教学设计、教案、学生守则、实验报告书、奖惩规定、毕业论文、听课笔记、课题研究报告、教学论文等反映教育、教学、管理、教研等的应用文，都属于教学写作。本章的教育写作仅指"国考教资"涉及的教育论文的写作。

（二）"国考教资"教育写作和高考作文的异同

教育写作作为"国考教资"的必考项目，它与其他的考场作文有何不同呢？提到考场应试作文，同学们印象最深的就是高考作文。在此，我们将二者做个比较，旨在让大家明晰"国考教资"教育写作的考查目的和特点。

"国考教资"教育写作和高考作文都属考场应试作文，对写作者的语言文字功底，

写作中表现手法、表达方式的运用要求几乎一致。以往个别年份的"国考教资"题目就来源于高考题，如2013上半年全国教师资格考试真题：

总统当选后不久，记者采访他的母亲："有哈里这样的儿子，您一定感到十分自豪。"母亲赞同地说："是这样。不过，我还有一个儿子，也同样使我感到自豪，他现在正在地里挖土豆。"

要求：用规范的现代汉语写作，自定立意，自拟题目，观点明确，分析具体，条理清楚，语言流畅，写一篇议论文，不少于1 000字。

2004年高考作文（辽宁卷）：

记者采访一位名人的母亲时说："您有这样出色的儿子，一定会感到十分自豪。"母亲赞同地说："是这样。不过，我还有一个儿子，也同样使我感到自豪，他正在地里挖土豆。"这位母亲的话令人深思。功成名就，确实让人骄傲；但平凡充实，也足以令人自豪。请结合自己的经历和感受，就"平凡与自豪"这个话题写一篇文章。

这里，虽然"国考教资"的作文题目借鉴了高考的作文题目，但是，二者还是有区别的。最大的不同有两点：一是二者的题材不一样。高考考查的侧重点是学生的"三观"（世界观、人生观、价值观）问题和逻辑思维及创新能力；而"国考教资"考的是有关"教育"或"教师"的问题，主要考查考生的教育理念、教育职业道德以及是否具备教师职业所需要的专业素质和能力。二是写作者的身份不一样。高考的考生是高中毕业生，而参加"国考教资"的考生是"准教师"。因此，参加"国考教资"的考生在拟题、立意、选材时，一定要注意换位思考，自觉以一位人民教师的身份去分析、理解题目要求，写出符合考试要求的教育论文。

（三）"国考教资"教育写作整体感知

从出题内容上看，"国考教资"的教育写作题一般涉及教育理论和教育实践，要求考生具备扎实的教育理论基础，对教育学、心理学、教育心理学、新课改、教师职业道德、教育法规等内容烂熟于心，融会贯通。考生还需结合已有的实际经验，使文章内容深入透彻，不流于表面。写作时要根据需要按照选定的文体写作，依据文章中心组织、剪裁材料，合理布局谋篇。考场作文的结构模式要"简"，列提纲要"快"，立意要"深"，感情要"真"，语言要"美"。

（四）"国考教资"教育写作的命题规律

1. 命题方式以材料作文为主

纵观历年"国考教资"中的教育写作试题不难发现，无论是针对幼儿园、小学，还是针对中学，教育写作的命题方式基本上是以材料作文为主，只有个别年份出现了话题作文和命题作文。作文题型强化材料，就使得试题更具开放性，更能考查出考生的发现能力、分析判断能力和选择能力。

材料作文常见的出题形式主要有两种。

一是只提供材料，让考生进行写作。例如，"国考教资"2013年上半年小学考场作文题：

阅读下面的材料，根据要求写一篇文章。

"学高为师，身正为范"是著名教育家陶行知对教师的期望，也是他师范教育实践的指导思想。有人说："教师要教给学生知识，培养学生能力，所以'学高'太重要了。"也有人说："教师以育人为天职，是人类灵魂的工程师，所以'身正'最重要。"……那么，你的看法呢？请联系实际，写一篇议论文。

类似这样的材料作文，考生可以自选角度进行分析和写作，往往范围比较广，灵活度也大些。但是教师资格考试，还是应该围绕教师、教育的主题进行写作。虽然材料中提示"学高"和"身正"两方面可以择其一，但是建议考生还是选择两者兼顾，因为新型的教师不仅要能教书，还要达到较好的育人效果。

二是材料加上一定的话题或限定一定的范围。例如，"国考教资"2011年下半年中学考场作文题：

阅读下面材料，根据要求写一篇文章。

材料1　亚米契斯《爱的教育》：倡导谅解与友爱。

材料2　陶行知："爱满天下。"

材料3　丰子恺在谈到他的老师时说，李叔同先生是"爸爸的教育"，夏丏尊先生是"妈妈的教育"。

材料4　冰心："有爱就有教育。"

请联系现实和自己的生活体验，围绕"爱与教育"，写一篇不少于1 000字的论说文。

像这样的作文，给出了一些材料，目的是帮助考生理解"爱与教育"的深层关系，所以考生可以在主题明确的情况下，使用相关材料论证"爱与教育"的关系，并且能够提出自己独到的观点，做到有理有据。

2. 考查内容为职业导向

"国考教资"的教育写作除了考查考生分析材料的能力、谋篇布局的能力、语言表达能力等常规写作技能外，更重要的是考查考生是否具有正确的教师职业理念、高尚的教师职业道德、专业的反思能力等。从这几年的考试内容来看，出题的材料内容也有着一定的规律。大致可分为以下几大类。

（1）教育教学类。例如，2012年幼儿园教师资格考试的作文材料：

美国华盛顿儿童博物馆墙上有句格言："我听见了就忘记了，我看见了就记住了，我做过了就理解了。"从教育角度立意，写一篇不少于800字的文章。

像这样的考题，其实就是考查考生对幼儿教育知识的理解和掌握能力，以及如何将理论运用到教学实践中。应对此类考题，既要有一定的教育理念支持，也要有自己的明确观点。

（2）教师话题类。例如，2013年关于"学高"好还是"身正"好的材料作文（材料前面已给出），是想考查考生对教师这一形象的正确认识。像此类考题，考生在行文时一定要结合优秀教师的素质进行写作，这样才符合新型教师的标准，也能契合出题者的考查意图。

（3）教育现象类。例如，2012年下半年小学教师资格考试的作文材料：

一位母亲非常重视儿子的前途，每天苦口婆心地教育儿子要努力读书，要有礼貌，要讲信用，要忠于国家……而父亲白天忙于工作，晚上回来又常常看书。爱子心切的母亲终于忍不住说："你别只顾你的公事和看书，你也该好好地管教管教你的儿子啊！"父亲意味深长地说："我时时刻刻都在教育儿子啊！"

这样的材料作文很明显是将教育现象转化成一则材料，引发考生辩证思考。考生要能够透过这种现象分析产生此现象的原因，以及提出一些建设性的意见。但最好是由家长教育孩子引申到作为教师应该怎样去教育学生，这样就能将材料和考试内容有机结合起来。

（4）观点探究类。例如，2018上半年幼儿园教师资格考试的作文材料：

近日，某市地铁运营公司发布检修数据，发现95%的自动扶梯右侧梯级链磨损严重。这再次引发公众对于自动扶梯"右立左行"规则的反思。有人认为：安全重于效率，为了安全应该改变"右立左行"的规则。有人认为：在效率至上的时代，高效就是一切，磨损严重就要加强检修，别把问题甩给大众。有人认为：没有哪一项法律允许在高速路拥挤时，废除应急车道来提高效率，规则的存在是有道理的。

像这类考题，貌似与教育无关，但更要认真审题，结合教师资格考试的大背景确定文章立意角度和写作思路。毕竟这是教师资格考试，有其自身的专业特点，考生要善于揣摩考官的意图，准确理解题意，紧扣教育视角，写出有个性、有思想的考场作文。

3. 与实事"并肩而行"

近几年的教师资格考试作文题联系实事、联系社会热点的倾向越来越明显。例如，"共享单车"是2016年9月开始出现在大众视野中的，2017年就进入了下半年的中学教师资格证考试作文题。2017年上半年中学教师资格考试的作文题材料来自2015年年末关于演员陈道明的一则网络新闻。2016年下半年中学教师资格考试作文题材料"邮政为在校大学生提供脏衣服寄洗业务"，也是来自新闻。可见，教师资格考试作文题目也在与时俱进，与实事"并肩而行"。

二、"国考教资"教育写作常用文体

教师资格考试中写作题目的文体要求大致有两种：一种是文体不限，另一种是明确规定文体，如记叙文、议论文。从近几年的出题规律看，基本以议论文为主。

在学习如何撰写符合要求的"国考教资"考场作文之前，我们先来巩固一下议论文的文体知识。

（一）议论文的含义

议论文是一种以论述性的语言，通过逻辑推理和事实来阐发观点、表明思想的文体形式。议论文的内容具有理论性，结构具有逻辑性，语言具有概括性。

(二) 议论文的三要素

1. 论点

（1）论点的概念。论点是作者在文章中提出的对某一个问题或某一类事件的看法、观点和主张，是解决"要阐明什么"的问题。

（2）论点的要求。

①正确。如果是根据命题或材料确定论点，那么论点就不能偏离题目或所给材料的主旨。例如，根据《水壶》这首小诗提炼中心论点：

别看水壶小，能够装大海。

队伍急行军，喉咙起火灾。

你说能饮尽长江水，他说能一口吞东海。

班长拿来一壶水，传了一圈又回来，人人都说喝饱了。

摇一摇，哗哗响，半壶清水依然在。

嗨，小小水壶装大海。

如果这样提炼中心论点，即"当仁不让，不喝白不喝""要在竞争中，你骗我我骗你"，体现出作者的思想素养偏离普世价值观，那就违背了材料的主旨。

②鲜明。论点要有明确的褒贬立场，肯定什么，否定什么，赞扬什么，反对什么，必须旗帜鲜明，不能含糊不清。

③新颖。确立主观上有见地的论点，尽力做到"言他人所未言，发他人所未发"。

④唯一。一篇议论文只有一个中心论点，起统帅全篇的作用。但可以有几个分论点，为阐明中心论点服务。例如：

《让学生成为幸福之人》的中心论点：让学生成为幸福之人是教师努力的目标。

三个分论点：分论点一是培养幸福之人要让学生学会感恩。分论点二是培养幸福之人要让学生树立集体意识。分论点三是培养幸福之人要让学生学会乐于助人。

（3）论点出现的位置。

①出现在标题：如《有志者事竟成》《赏识教育》《敬业与乐业》，题目就是文章的中心论点。

②出现在开头：开门见山，开宗明义，直接提出中心论点，再组织论据予以论证。如吴晗的《谈骨气》，论点即开篇第一句话："我们中国人是有骨气的。"

③出现在文中：可以在开头先引入一定的事例或现象，对这些事例或现象进行分析阐述之后才提出中心论点，然后再展开论证。好处在于前面有铺垫，中心论点的出现显得自然不突兀。例如：

（材料）一位母亲问5岁的女儿："如果妈妈和你一起出去玩，我们渴了，没带水，又没带钱，只带了两个苹果，你会怎样做呢？"女儿歪着头想了想："我会把两个苹果都咬一口。"可想而知，此时那位母亲多么失望。她本想对孩子训斥一番，然后再教孩子怎样做，可就在话将出口的那一刻，她忽然改变了主意。母亲摸着孩子的小脸，温柔地问:"能告诉妈妈,你为什么要这样做吗?"女儿眨眨眼睛,一脸的童真:"因为我想把最甜的一个给妈妈。"霎时,母亲的眼里闪动着泪花。

(作文)母亲的宽容和信任,使她感受到了女儿的爱。孩子能流露出纯真而善良的情感,前提是母亲给了她把话说完的机会。即便孩子做错了事,家长也要耐心地听他说出原因,然后再教孩子怎样做。我想,面对学生,作为教师,我们是不是也要有一颗宽容和仁爱之心?是不是也要控制好自己的情绪呢?……

④出现在结尾:前文列举大量论据,然后进行论证,最后得出结论,这个结论就是中心论点。好处在于总结全文之后再点明文章中心,瓜熟蒂落,水到渠成。例如:

…………

责任是高尚的,需要崇敬;责任是美好的,需要赞美;责任更是神圣的,需要去履行。每一名教师都应自觉承担起自己应尽的责任。

2. 论据

(1)论据的概念。论据是作者用来阐明论点的理由和根据,解决"用什么来阐明"的问题。

论点和论据之间有着内在的逻辑关系、辩证关系,是互相依存、互相促进的关系。论点统帅论据,论据证明论点。论点能否成立,取决于论据是否确凿、典型、充分、有力。

(2)论据的类型。论据有事实论据和理论论据两种。

①事实论据。事实论据是对客观事物的真实的描述和概括,具有直接现实性的特点,因此是证明论点的最有说服力的论据。所谓"事实胜于雄辩"就是这个道理。事实论据包括古往今来世上的真人真事、各种客观现象、各种科学数据等。例如:

著名教育家张伯苓,1919年之后相继创办南开大学、南开女中、南开小学。他十分注意对学生进行文明礼貌教育,并且身体力行,为人师表。一次,他发现有个学生手指被烟熏黄了,便严肃地劝告那个学生说:"烟对身体有害,要戒掉它。"没想到那个学生有点不服气,俏皮地说:"那您吸烟就对身体没有害处吗?"张伯苓对于学生的责难,歉意地笑了笑,立即唤工友将自己所有的吕宋烟全部取来,当众销毁,还折断了自己用了多年的心爱的烟袋杆,诚恳地说:"从此以后,我与诸同学共同戒烟。"果然,打那以后,他再也不吸烟了。张伯苓用实际行动诠释了什么叫以身垂范。

②理论论据。作为论据的理论应是读者比较熟悉的,或者是社会普遍承认的,它们是对大量事实抽象、概括的结果。理论论据包括真理、公理、科学原理、法律条文、名言警句、格言、谚语、成语等。例如:

业精于勤而毁于随。——韩愈

捧着一颗心来,不带半根草去。——陶行知

所有能使孩子得到美的享受、美的快乐和美的满足的东西,都具有一种奇特的教育力量。——苏霍姆林斯基

要想学生好学,必须先生好学。惟有学而不厌的先生才能教出学而不厌的学生。——陶行知

热爱孩子是教师生活中最主要的东西。——苏霍姆林斯基

事实论据与论点之间是个别（特殊）与一般（普遍）的关系，即论点概括了事物的共同性、普遍性，用来证明它的论据则是个别事例；理论论据与论点之间是一般（普遍）与个别（特殊）的关系，即论点概括的是小道理，用来证明它的论据则是具有普遍性的大道理。有鉴于此，我们要根据论点的特点来选择论据。在行文中，事实论据与理论论据常常交错使用，互为补充。只有事实，文章就会缺乏深度；只有理论，文章又会流于空洞。二者密切结合，文章才有血有肉，有说服力。

（3）论据的要求。

①正确。论据的选用要紧扣中心论点，为证明中心论点服务。有些论据本身虽然不错，但若与文章要证明的中心论点不相符，也是不能用的。

②真实。列举的事实、数据等要真实可靠，要经得起考验，符合实际，符合生活逻辑。如果论据不真实，出现语焉不详、张冠李戴的现象，那么论点就成了空中楼阁，文章也就毫无价值。即使是细枝末节有出入，对于全部论证不发生直接影响，也会使人对全部论据的真实性产生怀疑，以致削弱了论证的说服力量。

③典型。典型就是指论据要能揭示事物的本质和规律，有代表性和普遍意义。要做到选材典型，在运用事实论据和理论论据时，最好"慕名而选"，即选用名人名家的名言和事例，或广为社会认可的热点事件。

④新颖。论据的新颖包括两方面的内容：一是所引用的材料是新的，如新事例、新人物、新思想、新理论、新观念等。如果选用的事实论据都是些老生常谈，游离于日新月异的生活，落伍于前进的时代，缺乏新鲜感和说服力，就难免使人生厌。二是旧材料的新做法。有时我们找不到新的材料，可力求用旧材料写出新意，让人感觉到这样的处理、运用也是不同凡响的。

⑤精炼。在运用论据时，论据在精不在多，在于能说明问题。议论文重在议论，而不是叙述。事实论据的叙述要简明扼要，注意取舍，把与论点有关的事件关键点说清楚即可，不要详细叙述事例，尤其不能有细节描写，以免写成记叙文。

（4）如何使用论据。

①不要把论据简单地罗列在论点后面，而是要对论据进行分析，把它和观点契合起来。例如：

a. 香港大亨李嘉诚，出生于广东潮州市一个贫穷的家庭。通过自身的努力打拼，他终于成为中国企业家的偶像，对中国经济发展做出了巨大的贡献。他本可以享受奢华的生活，却依旧简朴度日；他本可以逍遥自在，却心系祖国建设大业；他本可以为子孙留下巨额遗产，却毅然捐巨款建立"李嘉诚基金会"，致力于公益事业……虽然身价百亿，但他富而无骄，富而好礼，更是精神的富翁。

b. 2012年5月的一天，在佳木斯市第四中学门前，一辆客车在等待师生上车时，因驾驶员误碰操纵杆致使车辆失控撞向学生，危急之下，教师张丽莉将学生推向一旁自己却被碾到车下，造成双腿截肢。张老师面对危险毫无退缩选择了舍己救人，以博大的爱和一颗无私的心，感动了世人。为人师表无处不在，她不愧为人类

灵魂的工程师。

②在叙述论据时，有的人往往不注意有的论据材料有多层内涵，可以说明不同的论点，所以会犯论据叙述的侧重点不当的错误，即论据偏颇。例如：

《史记》是司马迁用一生的精力、艰苦的劳动，并忍受了肉体上和精神上的巨大痛苦，拿整个生命写成的一部永远闪耀着光辉的伟大著作。鲁迅先生评价史记是"史家之绝唱，无韵之《离骚》"。也就是说，作为一部规模宏大、体制完备的中国通史的《史记》，同时也是一部非常优秀的文学作品。司马迁为朋友不惜搭上自己的身家性命的高尚情操值得我们学习。

很明显，例文中，材料的叙述角度偏离了作者想要表达的观点——"司马迁对朋友肝胆相照"。如果想要表达"坚强""意志""忍辱""战胜挫折""逆境出人才""雕刻心中的天使"等方面的观点，那么文中所引材料是适合的。我们在使用论据时，一定要根据需要进行表述，选好角度和侧重点。

3. 论证

（1）论证的概念。论证就是组织和安排论据来阐明论点的方法和过程，解决的是"怎样来阐明"的问题。论证过程贯穿于议论文的始终，它是使全篇观点与材料统一起来的桥梁。

（2）论证的要求。

①严密性。严密性，即论证过程中要注意观点和材料的高度统一。

②条理性。条理性，即论证过程中要做到思路明晰，层次清楚。

③逻辑性。论证过程中，各分论点紧承中心论点，纵横展开，内容的表达要持之有故，言之有理。段落与段落之间要有非常清楚的逻辑关系，一方面要依靠语句表达出逻辑性，另一方面要借助过渡性语句突出逻辑关系。一个语段的内部也需要有严密的逻辑关系，严密的逻辑关系能反映出作者的行文思路。

（三）议论文的结构

议论文的结构，实际就是作者运用论据论证论点的思路。议论文的结构依据是逻辑顺序，这与我们认识、评析事物时发现问题、分析问题、解决问题的过程是一致的。选择、安排恰当的议论文的结构，对读者更好地认识、理解和接受作者的观点具有重要的意义。

议论文的基本结构由引论、本论和结论组成。

1. 引论

引论又称"绪论"，是提出问题的部分，把所要议论的话题摆到读者面前。好的"引论"应简明、新颖。例如：

创新是一个民族进步的灵魂，是一个国家兴旺发达的不竭动力。随着科技革命和知识经济的迅速崛起，创新及创新教育已成为时代关注的焦点。越来越多的人已充分认识到创新教育对国家发展和人类文明进步的重要意义。如何实施和推进创新教育，培养创新型人才，已成为每个教育工作者亟待解决的问题。

2. 本论

本论又称"正论",是分析问题、运用论据来证明论点的部分。

议论文的本论部分是全文的主体部分,决定着文章的优劣成败。它摆事实,讲道理,篇幅长,容量大,一般由若干说理单元组成,根据它们之间的关系,可以分为以下几种形式。

(1) 说理单元呈并列关系。作者在提出中心论点之后,为了充分论证,从不同的侧面或角度提出几个分论点分别加以论证,最后总结。这些分论点之间是并列关系。例如:

中心论点:阅读对教师意义重大。

分论点一:教师阅读对增加知识有益。

分论点二:教师阅读对塑造师德有益。

分论点三:教师阅读对陶冶性情有益。

设置分论点进行论述时要注意几个问题:一是分论点必须紧扣中心论点,它既是从中心论点引发出来的,又反过来论证中心论点,所以不可离题;二是在篇幅短小的议论文中,分论点不宜太多,否则论述必然肤浅;三是分论点之间应有一种内在联系,而不是几个互不相干的问题的简单叠加。

(2) 说理单元呈递进关系。在中心论点提出之后,设立若干分论点,后面一个分论点的论证是在前面分论点论证的基础上进行的,前后之间是逐层推进、逐步深入的关系。几个分论点常呈现出"是什么—为什么—怎么样"的线索。例如:

中心论点:教师要培养学生珍惜时间的习惯。

分论点一:珍惜时间是珍惜生命的表现。(是什么)

分论点二:珍惜时间是学有所成的保证。(为什么)

分论点三:珍惜时间要切实行动。(怎么样)

(3) 说理单元呈混合关系。将以上两种形式结合起来使用,或者在并列式基础上有递进,或者在递进式基础上有并列。例如:

中心论点:教师要加强对学生的挫折教育。

分论点一:挫折是成功的垫脚石。

分论点二:挫折是精彩人生的调剂品。

分论点三:教师要引导学生全面发展,做好挫折教育。

(4) 说理单元呈对照关系。从论题的正反两个方面入手,进行正反对比论证得出结论。最简单的对照式是在提出观点后,一段从正面论证观点,一段从反面论证观点,最后得出结论。还有一种对照式结构是在正面进行论述或者摆出论据后,紧接着用转折或者假设的方式从反面展开论述。例如:

分论点一:多阅读会有助于教师专业成长。

分论点二:不阅读会阻碍教师专业成长。

3. 结论

结论是解决问题的部分,是文章内容发展的自然结果,通常放在文章的最后,与引论相呼应。结论部分应做到干脆利落、简洁有力、发人深思。例如：

总之，良好的师德，是一种强有力的教育因素，是教书育人的一种动力。它是教师从事教育劳动时必须遵循的各种道德规范的总和。每个教师都要努力把自己培养成为具有良好师德的人，才能完成"传道授业解惑"这一光荣而伟大的任务。

（四）论证的类型与方法

议论的目的是讲道理，明是非，因而作者必须表明自己对议论对象的肯定或否定态度。鉴于角度不同，我们常把论证类型分为立论和驳论两种。

在议论文中，运用真实准确的事实和充分有力的道理证明自己观点正确的论证方法叫"立论"，也叫"证明"。而使用正确的观点和论据批驳对方错误的论点和论据，进而确立自己正确的论点的论证方法叫"驳论"。立论文以立为主，驳论文则以破为主，兼要立论。

在"国考教资"教育写作中，论证形式基本以立论为主。下面介绍几种常用的证明方法。

1. 例证法

例证法就是列出观点之后举出具体实例证明观点的论证方法。例证法在议论文写作中用得最多最广，也是颇有成效的一种推理方法。因为任何观点都不能孤立存在，而事实胜于雄辩，最具说服力，所以例证法是一般议论文都会用到的。运用例证法要注意不能只把例子摆在论点后就完事了，为了密切所举例子和观点的关系，突出事例所蕴涵的意义，叙述完事例后，一定要加以充分的分析、说理，才能把观点阐述清楚，否则，文章就会变得简单化，缺乏内在的逻辑力量。例如：

法国化学博士别涅迪克抓住了烧瓶落地裂而不碎的机遇，发明了不会划伤人的挡风玻璃；意大利天文学家伽利略在教堂里观察到，悬挂着的吊灯来回摆动的时间相同，经过仔细研究制作出了人们广泛使用的摆钟；德国气象学家魏格纳观看世界地图时提出了大陆漂移学说……（概括性叙述）这些发明创造都是与他们用心观察、努力探索分不开的。（评析）

如何用好例证法？首先，要长期积累。事实论据的获取要靠长期的积累，要有善于发掘、思考的头脑，有了长期积累的铺垫，才能在关键时刻做到"下笔如有神"。其次，要精心选择。论据是为论点服务的，论点确立以后，必须进行精心选择，从大脑的储存库中挑选出合适的事例。最后，要运用得体。要恰当运用事例，需注意几点：①组织事例要有序；②表述事例重浓缩；③处理事例有详略；④分析事例求精当；⑤连接事例巧过渡。

2. 引证法

引证法就是引用已知的公认的道理、原理、名人名言、古诗名句、格言警句、俗话谚语、权威数据等作为论据来论证中心论点的方法。由于引用的这些论据大多已被事实证明是正确的，且能深刻地反映事物的本质，因此，除了很有说服力以外，还常常能起到画龙点睛的作用。

要注意直接引用和间接引用的区别。直接引用是指直接摘录原文原材料中的有关词句，务求文字甚至标点均准确无误，引用时用引号表示；间接引用是指摘引或概述原材料中有关词句的大意，不必用引号，但要注意人称的转换。无论是直接引用还是间接引用，都必须与所论述的中心论点一致。对于引用的词句，一定要根据文章的观点加以分析，其方法可以是先引后议，也可以先议后引，还可以边引边议。例如：

雨果曾经这样感叹："世界上最广阔的是海洋，比海洋更广阔的是天空，比天空更广阔的是人的胸怀。"古老的东方，人们也世代传承着一句浅显易懂的俗语——宰相肚里能撑船。法国人的浪漫和中国人的实在碰撞在一起。人们发现：包容超越了国家、语言、民族和文明的界限；包容是这个美丽星球的子民所共同拥有和赞美的品德。

用引证法说理需要注意：①引言要准确，即所引言论、事理要注意内容的科学性、理解的正确性、运用的针对性。引用概括性强或含蓄的言论作为论据，有时候需要进行一些分析解释，才能更好地发挥其论据作用。②引证的内容应该少而精，不可连篇累牍、堆砌言论事理，而缺乏生动实例和具体分析。要明白引言是为论述服务的，不是为了引用而引用，更不是为了炫耀而引用，应根据论述需要引用。

如何用好引证法？首先，引言的针对性要强。每句引言都产生于特定的背景，都应用于特定的交际目的。要仔细分析每个论据的特有功能，将它引到最恰当的语言环境中。其次，要简洁，不宜过多。引用他人的话，目的是让读者更加信服自己的话，自己的话应是议论的主体，引用的话不能太多，能起到增加说服力的效果即可。最后，要正确使用直接引用和间接引用。

3. 对比法

运用对比法，就是要把正反两方面的论点和论据加以剖析对照，达到否定错误观点，树立正确论点的目的。用正面的或正确的观点同反面的材料或观点进行对比，作者肯定什么，否定什么，就能一目了然，具有很强的论证力量。例如：

有一份调查报告显示，现在80%的孩子不会洗衣、做饭、做家务。在我国18岁以下的青少年中，大约有17%受到各种情绪障碍和行为问题的困扰，突出表现为人际关系、情绪稳定性和学习适应方面的问题。不少孩子难以应对逆境，在受到打击或者不如意时，有的竟然选择自杀。

我认识一位父亲，他给5岁的女儿一个小布包，里面装有一张写有电话号码的纸片、一部手机、20块钱，然后让她自己去幼儿园。最初一段时间，他每天跟在女儿后面。后来，这女孩就自己上幼儿园了。很多人都在背后说："天下哪有这样不负责任的父亲？"但很少有人看到，这是一种与众不同的教育。

对比有两种情况，一种是"横比"，一种是"纵比"。"横比"是把同一时期的两种性质截然不同的事物进行比较，揭示需要论证的论点的本质；"纵比"是把同一事物（现象）在不同时间的不同情况进行比较。例如，在论述"对苦难的认识要结合一定的时代背景"这一观点时，往往会谈到不同时代的人们对苦难的理解不同，用的就是纵向对比。

运用对比论证要注意几个问题：①作者要有正确而鲜明的观点，只有这样才能对事物（现象）进行正确的剖析与判断，否则就可能陷入以误为正、以非为是的泥潭，或者在论述时蒙上似是而非、模棱两可的迷雾。②论述中引用的材料除了要与论点有内在的联系，还须具有鲜明的对比性，以加强论证效果，避免产生歧义。③引文中应有意识地加强正与反、是与非的对比，达到令人一目了然的效果。

4. 喻证法

喻证法就是比喻论证法，是用生动、形象、贴切的比喻来阐明道理的方法。运用比喻说理，能够把比较抽象深奥的道理形象化、浅显化，从而使读者更易领悟理解，乐于接受。例如：

教师的人格魅力首先体现在渊博的知识、灵动的智慧上。知识是水，魅力是舟，魅力需要知识的承载方能显出迷人的风采。当今世界，知识更新日新月异，教师作为知识的重要传播者和创造者，只有不断学习，才能掌握最新学术动态，更新、优化自身的知识系统，使自己在教学和科学活动中更具主动性和优势，才能为学生的发展提供最优的精神食粮。

运用喻证法要注意几点：①以小见大，就近取譬。精选生活中那些细小的、人们熟悉的事物作为设喻的喻体。②喻体不求形似，求神似。作为喻证的喻体与作为比喻的喻体不同。选择比喻的喻体，是为了强调特征，描绘事物，侧重形似，以形比形；而选择喻证的喻体，是为了阐发观点，以正视听，力求神似，以义取形。因此，一定要对自己所要论证的对象和用来设喻的事物之间的对应关系进行细致入微的体会与揣摩，找准比喻和道理的契合点。③多方面挖掘喻体含义，恰如其分地加以利用。如"指南针"，有人将它比喻成为"理论"，指导实践，而在别的文章中，有人将它比喻为"理想"，指引着人生的道路。④可连用多个比喻来说理。可以将几个比喻连用，再进行深入浅出的阐述。⑤精剖喻体，丝丝入扣。运用比喻论证时，同样需要加以详细的剖析。例如，一篇题为《机遇》的作文这样写：

有些成功的得来，往往看似一蹴而就，带有一定的"机遇"，实际上并非一朝一夕之功。它宛如一粒种子，深深埋在土壤之中，不断地吸收养料和水分，苦熬过严寒和干旱，日益具备了破土而出的条件，而这时，"机遇"便宛如适时的春雨，使种子得以顺利地发芽、开花。我认为成功与机遇的关系就是如此。

5. 假设分析法

假设分析法，即假设材料中能达到某种结果的条件不存在，将会出现什么样的结果的方法。可以同时与原条件下的结果进行比较，通过比较来论证论点的成立。常用关联词为："如果/假如（没有）……就……"。例如：

苏联伟大的无产阶级文学奠基人高尔基青年时代一度希望成为一名歌唱家。他曾去报考著名的合唱团，竟被录取了。可是，他经过再三考虑，最终放弃了歌唱事业，拿起了战斗的笔，成为一代文学大师。可见，正确的选择使他的青春无悔，人生无悔。

叙述完事例之后，就得出了"可见，正确的选择使他的青春无悔，人生无悔"的结论，使得事例和结论之间衔接不紧凑，结论也显得太突兀。如果在得出结论之前进行假设性分析：

苏联伟大的无产阶级文学奠基人高尔基青年时代一度希望成为一名歌唱家。他曾去报考著名的合唱团，竟被录取了。可是，他经过再三考虑，最终放弃了歌唱事业，拿起了战斗的笔，成为一代文学大师。如果高尔基没有做出这样的选择，也许几十年后，世界上只会增加一名平庸的歌唱家而失去一位文学巨匠了。可见，正确的选择使他的青春无憾，人生无悔。

进行假设性分析后，结论就显得自然妥当，有说服力。

再如：

他受了腐刑之后，没有去死，是完成《史记》的信念支撑着他，使他有了继续活下去的勇气和决心，让他最终完成了《史记》。如果司马迁没有一定要完成《史记》的信念，那就绝没有那么顽强的意志支撑他活下去，那司马迁其人也不会广为后人所知，今天还会有这么完整而珍贵的被誉为"史家之绝唱，无韵之《离骚》"的历史资料《史记》吗？正是信念支撑着司马迁，使之成为一位伟大的文学家、史学家。

进行假设性分析，有一个最基本的要求：如果所举的例子是正面的，那么就从反面来假设分析；如果所举的例子是反面的，那么就从正面来进行假设。

6. 辩证说理法

辩证思维是用联系的、发展的、一分为二的观点去认识事物、认识世界、认识社会的一种思维方式。运用辩证说理，就能对事物做出合乎事实的评价，达到以理服人的目的。清代彭端淑在《为学》中写道："天下事有难易乎？为之，则难者亦易矣；不为，则易者亦难矣。人之为学有难易乎？学之，则难者亦易矣；不学，则易者亦难矣。"这段话告诉我们：世界上没有绝对"难"和绝对"易"的事，"难"与"易"是可以相互转化的，转化的条件就是"为"与"不为"。在这里，作者正是运用了辩证说理的方法，才把道理说得如此清楚、透彻。为了在议论文写作中深刻地阐明观点，就要学会如何用辩证分析的方法进行说理。

（1）用联系的观点分析问题。用联系的观点分析问题就是分析问题时要看到该事物与其他事物之间的联系。例如：

可见，苦难有它的时代性。这个时代是苦难的东西，下个时代或许成了游戏；上个时代的苦难，放在今天不一定是不幸；下个时代的幸福，放在上个时代也不一定就意味着好运。每个时代的人都在体验着各自的苦难，完全没有必要用自己时代的苦难去磨砺别人。因为他们都有各自的苦楚。

这篇文章论述的是"苦难教育的误区"，将苦难的含义与时代联系起来进行阐述，使得论述客观、全面、有说服力。

（2）用发展的观点分析问题。用发展的观点分析问题就是要从不同时间或事物发展的不同阶段去看待问题。

世界一天一个样

近日，一位心烦的母亲上门，"诉苦"说自己的孩子已初三了，成绩依旧在四五十分之间徘徊。谈话中，她用得最多的就是："他还有什么前途？"

说实在的，第一次听到这句话，我感到同情，为她伤心；第二次听到这句话，我感到难过，为她的孩子竟连母亲的信任都得不到而感到遗憾；而当第三次听到这句话时，我产生的已是一种反感情绪了。

明天就一定和今天一样吗？

有一则关于巴尔扎克的故事，说他看了一个小学生的作文本后，根据这小学生书写迟钝、笨拙的特点，做出了这孩子将来出息不大的结论，但有趣的是这正是他自己小时候的作文。

从这一点上，这位母亲和巴尔扎克的错误是一样的——静止的、一成不变的狭隘观点。

世界上的一切事物都处在永不停息的运动、变化、发展过程中，科学发展史表明，地球有一个产生、发展的过程，太古代、远古代、古生代、中生代、新生代……社会发展史表明，社会有一个产生、发展的过程，原始社会经过了多少万年的发展才进入奴隶社会，此后是封建社会、资本主义社会和社会主义社会乃至共产主义社会。发展和变化是永无止境的。人不也是如此吗？身体的发育，思维的形成，世界观、人生观的更改，知识体系的深化，在这之中谁能保证自己一定会变得怎么样？

昨日种种，那不过是今天的起点；明日种种，还要看今日的汗水几何。

狭隘的、一成不变的观点是一种腐蚀剂，消磨了意志，消磨了自信，也就消磨了前进的动力。连动力都丧失了，你的明天就真的销毁了。从这点看，我很庆幸巴尔扎克小时候没有静止的一成不变的狭隘观点，否则就不会有《人间喜剧》了。

年年岁岁花相似，岁岁年年人不同。这位伤心的母亲，也请你想一想爱因斯坦、爱迪生、华罗庚，他们小时候读书并不聪明，兴许也和您的孩子一样，可为什么他们成了世界闻名的科学家、发明家、数学家？因为自信、坚持和发展。别再叹息了，您的孩子需要的是鼓励。请相信，一切都会改变，未来同属于大地。

这篇文章以《世界一天一个样》为题，题目就包含着发展的观点。文章从一位母亲的"诉苦"谈起，指出其"诉苦"的错误所在，即静止地、一成不变地看待问题，从而看不到自己孩子的希望和前途。在行文之中，作者列举了巴尔扎克、爱因斯坦、爱迪生、华罗庚等典型事例，有力地证明静止地、一成不变地看问题的错误所在。全文辩证分析，说理有力。

（3）运用一分为二的观点分析问题。什么是一分为二的观点？它是指想问题、办事情要全面分析，既要看到它的这一面，又要看到它的另一面；既要看到它的正面，也要注意它的反面，防止孤立片面地看问题。事物都是一分为二的，既有正面，又有反面；既有主流，又有支流；既有成绩，又有问题；既有长处，又有短处。分析问题时，不可抓住一点，不及其余，不可只见树木，不见森林。只有这样，才能避免片面，避免走向极端。例如：

我们看待问题要全面客观，切不可以己之长攻人之短。有这样一个故事，一位哲学家乘渔夫的船过河，他嘲笑渔夫不懂数学失去了1/3的生命，不懂哲学又失去了一半的生命。风浪来了，船将沉没，渔夫说，你不会游泳，将会失去全部的生命。在这个故事中，哲学家确实知识渊博，他懂数学又精通哲学，这是他的长处。而渔夫这类人知识贫乏，这是他的短处。但哲学家虽有长处，也有短处，而他的短处恰恰是渔夫的长处。哲学家没有全面地看问题，不懂得"尺有所短，寸有所长"的道理，片面地用自己的长处去攻击他人的短处，其结果自然是被渔夫反唇相讥。

行文中一分为二地分析问题，使得观点既有说服力也有意蕴。

使用一分为二法最忌"平分秋色""各打五十大板"。我们在辩证思维的过程中，要看到事物的两面性，但在写作过程中，就"一面"谈深谈透，文章同样具有思辨性，只要言之有理，持之有据就行了。例如：

位置之于价值也是一把双刃剑。高的位置固然可以让我们"会当凌绝顶，一览众山小"，却也会让我们"高处不胜寒""浮云遮望眼"。一方面，高位能使我们如鱼得水，才华尽展。春秋管仲之所以能助齐桓公成就千秋霸业，源于鲍叔牙荐其为相；汉时韩信之所以能领兵百万击溃西楚霸王，赢得良将美名，得益于刘邦授予的大将之位。另一方面，高位也能让人心存自满，不思进取。英国科学家牛顿是近代物理学的奠基人，他创立了3大定律和微积分，就在他的成就如日中天之时，财政大臣的位置让他的后半生庸庸碌碌，一事无成。有人惋惜：假如牛顿当初放弃了官位，近代科学史上可能会再多一些惊天动地的发现。同样，假如李煜不是出身于帝王之家，他可能会成为一个完美的词人。由此可见，一个人位置的高低，并不能代表价值的轻重，关键在于能否用好位置，创造价值。

此处论点是"位置之于价值也是一把双刃剑"。位置有高有低，作者仅从高位入手，论述高位既可使人才华尽展，又能令人心存自满，不思进取，最后得出结论"位置的高低，不能代表价值的轻重"。思路清晰，有理有据，令人信服。

三、"国考教资"教育写作审题立意

（一）"国考教资"教育写作审题立意的含义

审题就是深入思考和反复推敲作文题目（材料），以求理解其含义，弄清写作的具体要求，把握命题的意图，确定下笔的角度，明确写作方式和方法的过程。立意，就是确立写作中心，即确立论点。

鲜明的论点是议论文的灵魂。审读材料时稍有偏误，就会导致文章偏题、跑题，所以审题立意是写好作文的第一要务。在"国考教资"中，作文的文采并不是获取高分的决定性因素，文采的作用不过是锦上添花，绝大多数考生都只有普通的写作水平，但是只要观点到位，即立意准、立意高，仍可取得理想的成绩。

在"国考教资"中，无论是材料作文、话题作文还是命题作文，都应该从教育的角度、教师的视角出发，找准材料的意图，抓住材料表达的核心观点，明确立意。例如，2017年上半年幼儿园教师资格考试作文材料：

一个小女孩的玩具车刮倒了一位老人，老人坐在地上与家长理论，有人录下现场视频传至网上，不少人认为是碰瓷，老人被检查后，确诊是桡骨骨折。事实是，老人并非碰瓷,还婉拒了女孩家人更多的赔偿和照顾。

这个材料说的是人们对老人有误解,引申到教育工作,就是幼儿园老师要理解幼儿的思想和行为,不要先入为主,要信任幼儿、倾听幼儿的心声。(或者:诚信立人,教育应培养学生的诚信品质。)

2017年上半年小学教师资格考试作文材料:

德瑞克·朱伯特、贝弗利·朱伯特夫妇是著名的野生动物纪录片的制作者,在长达30年野外动物生活的拍摄生涯中,拍摄了25部震撼人心的纪录片,8次获得艾美奖。

有人曾这样问朱伯特夫妇:当肉食动物在捕杀弱小动物时,你们也眼睁睁地看着,不去帮忙吗?

朱伯特夫妇回答:是,我们能做的,只能是"无动于衷"。

材料的主题是尊重大自然弱肉强食的客观规律,引申到教育工作,就是在教育中尊重教育规则,遵循学生身心发展规律,不揠苗助长。

2017年上半年中学教师资格考试作文材料:

一位著名演员在一次表演课上,对即将成为职业演员的学员们说:"上山的人永远不要瞧不起下山的人,因为他们曾经风光过;山上的人不要瞧不起山下的人,因为他们不定什么时候就能爬上来。"

在教育中要用发展的眼光看待学生,建立多元评价标准。

2013年上半年小学教师资格考试作文材料的主题是"人生挫折",幼儿园教师资格考试作文材料的主题是"成长",类似这种对人生观的考查也可以往教育、教师的角度引申,例如,"人生挫折"主题可以写成为一名教师路上的挫折,也可以写针对学生的挫折教育;"成长"主题可以写新教师的专业化成长。

由以上考场作文真题的参考立意可见,综合素质写作与教育理论密不可分,我们要学会灵活地运用教育观、教师观、学生观来准确把握作文的立意。

(二)"国考教资"教育写作立意原则

1. 立意要准确

对考场作文而言,"符合题意"并不难,但切合题意却是颇有难度的。例如,2016年下半年中学教师资格考试作文材料:

在一次网络访谈中,国家邮政局市场监管司某领导谈到,快递业务的便捷,形成了邮政的一种新业务:为高校学生服务,可把积攒的脏衣服寄洗,再通过快递寄回。这一现象引发社会热议。

有的考生把目光盯在邮政开拓的新业务上,立意为"与时俱进";有的考生选择了脏衣服寄洗会给父母带来负担这一角度;还有的考生甚至赞同脏衣服寄洗业务,认为这样可以为在校大学生节约更多的时间。这些立意,都没有很好地理解材料,有的角度不对,没有考虑出题人的意图,有的局限于材料表面,有的甚至不符合正确的人生观、价值观。最佳的立意应该从教育视角出发,即"培养学生独立意识是教育的关键"。

要想立意最佳,一是角度要恰当,二是见解要允当。"国考教资"的教育写作不仅要考查考生基本的写作能力,还要考察考生能否站在专业的角度去分析材料,用自己掌握的教育理论知识去审视材料,以一名教育工作者的身份去反思材料所反映的社会问题或现象,进而体现自己的教师职业素养。因此,"国考教资"作文的立意不仅要符合基本的世界观、人生观和价值观,还要考虑教育观、教师观和学生观。

2. 立意要深刻

作文水平的高低,并不完全取决于语言表达水平的高低,同时也取决于思维水平的高低。浅尝辄止、隔靴搔痒的议论分析是多数文章难以取胜的根源,故要注重理性,提升内涵,见解深刻。见解深刻是高分作文的一个重要特征。例如,2016年上半年幼儿园教师资格考试作文试题:

常言道:"上山容易,下山难。"这句话是说,上山虽然费力,但不容易发生危险;下山虽然省力,但却容易失足跌下山。其实,这简单的话语蕴含着丰富的人生哲理。

如果大谈上山下山的艰难,显然角度不对。"上山、下山"是一个比喻,喻指一个过程——人生之路、求学之路、职场之路等。如果跟教师资格考试背景联系起来,则立意可从教师的职业生涯谈起,如"教师应勇于攀登,敢于面对挑战"。但这只能算是较佳立意,为什么呢?因为没有跟"不容易发生危险""容易失足跌下山"这些关键的信息点紧密联系起来。最佳的立意是把两者结合起来,即教师的从教之路并不会一帆风顺,会遇到顺境,也会遇到逆境,那么教师应该以什么样的心态来面对教师职业生涯呢?联系社会现实,随着"互联网+"的推进,教育改革势在必行,基于此,可以从教师要"居安思危""常备不懈""防患于未然",做好教育工作的角度立意。这样的立意具有时代感,可谓既准确又深刻。

须知,深刻的文章只可能出自思想深刻的作者。为了写出思想深刻的文章,考生需要扎实学习有关教育、教学及教师专业成长的相关知识,多读陶行知、杜威、苏霍姆林斯基等教育家的作品,并注意观察社会生活中的热点新闻、教育现象,积极思考教育问题,例如:教育的本质是什么?学生的身心发展规律是什么?教师的困惑是什么?在对知识的借鉴、吸收与反思中,不断提高自己的思想认识水平。

3. 立意要新颖

新颖的立意,不是无端的标新立异,它源自对现实的新发现、新认识、新体验,源自对人们熟视无睹的事物的新解读、新感悟,源自对人生富有个性的新思考、新表达。

例如,有这样一个经典的教育小故事:

帕夫雷什中学校园的花房里开出来一朵很大的玫瑰花,每天都有很多同学来欣赏。这天早晨,苏霍姆林斯基在校园里散步,看到一位小女孩摘下了那朵玫瑰花,拿在手中。苏霍姆林斯基很想知道她为什么要摘花,弯下腰,亲切地问:"你摘这朵花是送给谁的?能告诉我吗?"小女孩害羞地说:"奶奶病得很重,我告诉她学校里有这样一朵玫瑰花,奶奶有点不信,我现在摘下来送给她看,看过后我就把花送回来。"听了孩子天真的回答，苏霍姆林斯基的心颤动了。他牵着小女孩，从花房里又摘下两朵玫瑰花，对孩子说："这一朵是奖给你的，你是一个懂得爱的孩子，这一朵是送给你妈妈的，感谢她养育了你这样的好孩子。"

试看这三种立意：第一种，宽容成就美丽；第二种，爱的花园；第三种，倾听花开的声音、苏霍姆林斯基的"折腰"。

这些立意都契合材料，也不乏深刻，但如果求新颖的话，很明显，还是第三种。因为第三种不仅体现了教育者的包容、怜爱之情，更体现了人性之美、人情之美，而且从语言表达上看，意蕴含蓄，因而相比来讲是最新颖的。

在考场审题立意时，考生千万不要让自己的思维囿于材料，要把试题材料当作一个平台，结合社会现实与教师职业特点，以及自己的人生体验，充分联想，尽力做到"言他人所未言，发他人所未发"，思路拓开了，准确、深刻、新颖的立意自然就出来了，写作也就有个人特色了。

注意，在追求立意准确、深刻、新颖的同时，还要注意从自己熟悉的能够驾驭的范围内立论，不要过大、过深，否则论证起来会力不从心，弄巧成拙。

（三）"国考教资"教育写作立意方法

1. 关键词解析法

关键词解析法一般适合分析观点哲理类材料。

（1）关键词解析法立意步骤。

第一步：找关键词。

第二步：找逻辑关系。

第三步：解析关键词含义。

第四步：教育角度立意。

（2）案例解析。

【案例7】 2015年上半年幼儿园教师资格考试作文题。

当下，流行着这样一种观点：能力很重要，但有一样东西比能力更重要，那就是人品。人品，是一个人真正的最高"学历"。

要求：请用规范的现代汉语写作。自定立意，自拟题目，自选文体。不少于800字。

【解析】 第一步：找关键词。这则材料中的关键词有：能力、人品、学历。

第二步：找逻辑关系。一定要找准逻辑关系，逻辑关系清楚了，就能够理解材料的核心是什么。从材料中"但……""比……更……"可以得出，三者之间的逻辑关系是人品重于能力，人品是一个人的最高学历。

第三步：解析关键词含义。解析关键词含义就是分析关键词的引申含义是什么，主要用来回答关键词是什么、为什么、怎么办的问题，有了这个之后更容易进行作文结构的布局。这篇文章的核心关键词是人品。什么是"人品"？可以理解为人的品质、人的品格，也就是品德。人品重于能力，强调的是对于一个人的评价，不应该只关注能力、知识等方面，更重要的是看一个人的品行如何。能力是成长的基石，但人品是成功的重要保证。一个人不但要具备一定的能力，更要有优秀的品行，这样才能立身处世。

第四步：教育角度立意。注意：在最后进行教育角度立意时，千万不要抛开关键词之间的逻辑关系。例如，上面材料"不仅要具有能力，更要具备人品"，主要的逻辑关系是递进关系。思考一下，这里的"更"，如果换成了同样表示递进关系的"还"字，可不可以呢？"不仅要具有能力，还要具备人品"，这样就体现不出"人品重于能力"的意义了。"更""还"一字之别，含义是不一样的。因此，立意时一定要揣摩准关键词之间的逻辑关系及含义，细微之处把握不准，就有可能导致立意偏颇。

对于教师来说，过硬的人品就是高尚的师德，就是要爱岗敬业，为人师表，关爱学生，终身学习等，也就是中小学教师职业道德规范里面的"三爱两人一终身"，这都是教师良好品行的体现。由此，我们可以从这个角度立意：教师不仅要具备扎实的专业知识，更要具备高尚的品行。好的老师，德学双馨。

教育角度立意还可以从学生方面着手。品行的培养对学生的成长具有重要意义，优秀的品行是学生宝贵的人生财富，是学生立身的基石，是学生成功的保证，好的人品是学生的最高学历。那么，从这个角度立意就是：学生不仅要掌握扎实的科学知识，锻炼自己的能力，更要培养良好的品行。

此外，还可以从教师培养学生的角度着手。教师应重视对学生的品行教育。教师应该怎样培养学生的品行？例如，教师自己要做到以身垂范，对待学生要严慈相济、因材施教、因势利导，将德育浸润于教学活动中等，这都是对学生进行品行培养的良策。从这个角度立意就是：教师不仅要成为学生知识的传播者，更要做学生品德培养的引路人。

通过对上面的关键词含义的分析，我们确定了几个立意，一个是教师要重视自己品行的培养，一个是学生品行培养对学生具有重要意义，还有一个是教师要重视学生的品德教育。

根据自身情况，也就是根据自身相关方面的写作素材积累情况，从以上三个立意中确定一个立意进行写作即可。

【案例8】2017年上半年中学教师资格考试作文题。

一位著名演员在一次表演课上，对即将成为职业演员的学员们说："上山的人永远不要瞧不起下山的人，因为他们曾经风光过；山上的人不要瞧不起山下的人，因为他们不定什么时候就能爬上来。"

根据材料所引发的思考和感悟，写一篇不少于1 000字的论述文。要求：用规范的现代汉语写作。角度自选，立意自定，标题自拟。

【解析】第一步：找关键词。关键词有："山""人""上山的人""下山的人""山上的人""山下的人"。

第二步：找逻辑关系。分析"上山的人永远不要瞧不起下山的人，因为他们曾经风光过；山上的人不要瞧不起山下的人，因为他们不定什么时候就能爬上来"可以得出,"上山""下山""山上""山下"这四种状态不是一成不变的,可以相互转换。

第三步:解析关键词含义。材料中的关键词均含有比喻义。

文中的"山"——人类社会生活中要"攀登的山峰",它可以指各种事业、学业、生活等意义上的高峰。

文中的"人"——可以是个人,也可以是一个企业、一个团队乃至一个国家,抑或是一类人。

"上山的人"——处在人生上升势头的人。

"下山的人"——虽然有下滑的趋势但曾经风光过的人。

"山上的人"——正处在人生巅峰时期的人。

"山下的人"——此时虽处在低谷但有可能很快就会赶上来的人。

从材料的逻辑关系出发理清材料含义:身处顺境时(上山的人)对那些目前衰落但曾经风光过的人(下山的人)不要轻视,因为他们也曾经辉煌过;处于人生巅峰的人(山上的人)对刚刚起步的人(山下的人)要尊重,因为后来者有无限潜力、无限可能性,通过努力,很快就会赶上来。一个人,首先应做好自己;其次,不应戴有色眼镜去看待他人。每个人都有自己的位置,都有无限发展的潜能。

第四步:教育角度立意

教师要做好自己的本职工作,不断提升自己的专业素养,做一名合格的人民教师;对待学生要用发展的眼光,把学生看作是发展中的人,不断成长、进步中的人,尊重不同学生的成长过程,对学生要多元评价,有所期望。

2. 主体分析法

主体分析法一般适合分析有人物叙述、有情节描写的作文材料。

(1) 主体分析法立意步骤。

第一步:找主体人物。

第二步:对应材料看人物的做法是什么。

第三步:分析其这么做的结果、目的。

第四步:得出引申含义,确定教育角度立意。

(2) 案例解析。

【案例9】2012年下半年小学教师资格考试作文题。

阅读下面材料,根据要求写一篇论说文。

一位母亲非常重视儿子的前途,每天苦口婆心地教育儿子要努力读书,要有礼貌,要讲信用,要忠于国家……而父亲白天忙于工作,晚上回来又常常看书。爱子心切的母亲终于忍不住说:"你别只顾你的公事和看书,你也该好好地管教管教你的儿子啊!"父亲意味深长地说:"我时时刻刻都在教育儿子啊!"

要求:用规范的现代汉语写作,立意自定,题目自拟,观点明确,分析具体,条理清楚,语言流畅。不少于800字。

【解析】第一步:找主体人物,即父母、儿子。

第二步：对应材料看人物的做法是什么。

母亲——苦口婆心教育儿子。

父亲——白天忙于工作，晚上看书。

第三步：分析父母这么做有什么目的，即都是为了教育儿子。

第四步：得出引申含义，确定教育角度立意。家庭里父母身教重于言传。在学校，作为一名教育工作者同样身教重于言传。教育角度立意应是"教师对待学生应注重言传身教，以身垂范"。

3. 由物及人法

作文材料有时候会出现对"物"的描写，这时就需要采用"由物及人"的横向联想法进行立意，即由材料中的物联想到人，进而联想到与材料内容相类似的人生哲理、社会现象、教育现象等，从而提炼出作文的立意。

【案例10】2015年下半年中学教师资格考试作文题。

许多植物自身都有对自然界灵敏的反映，并且不断调整自身的生存状态，如干旱可让植物的根根植于泥土中，风力大的地区的植物长得更牢固，肥沃的土地上生长的植物往往材质松软，贫瘠的土地上生长得慢的植物常常材质坚硬，植物如此，人也一样。

写作要求：角度自选，立意自定，标题自拟，不少于1 000字。

【解析】分析类似的材料时，要把握这样一个原则——把非人的东西往人、教师、学生身上联想。

上述材料中的主要叙述对象是不同地区的植物，立意时可以把植物想象成人，如青少年、幼儿，把植物的生长环境想象成青少年、幼儿的成长环境，并由不同自然环境下植物的生长状态不同，越是贫瘠的土地上植物的材质往往坚硬联想到如今的青少年、幼儿受不同家庭、社会环境的影响形成不同的成长状态，越是艰苦的生活环境，人的生存能力就越强。只有放手让孩子在生活的风雨中经受磨炼，才能锻炼他们的意志。那么，从教育角度立意，就可以围绕"教师应培养学生吃苦耐劳、勇于战胜困难的品格"这个角度进行。

如果把材料中出现的物也归到人物一类，那么类似这样有对物的描写的材料，都可以用主体分析法进行立意。

第一步：找主体。不同地区的植物。

第二步：找人物的行为。不同生长环境的植物不断调整自身的生存状态。

第三步：行为的结果。越是恶劣的生长环境，植物的生命力越顽强。

第四步：得出引申含义，确定教育角度立意。引申含义，很明显就是"越是艰苦的环境越能锻炼人"。从教师、教育的角度出发，就得出"教师应加强对学生的挫折教育"立意。

注意：如果根据植物不断调整自身的生存状态，得出"我们要善于调节自己"立意，或根据植物生长的环境不同导致生长状态不同，得出"我们要善于选择合适的生长环境"这样的立意，那就是抓小放大，没有看到主要矛盾。

材料主要表达的是植物在艰苦的环境中，能够生长得更加出色。艰苦的环境代表什么呢？是挫折，是困难，是逆境。因此，作文的最佳立意是，"教师要加强对学生的挫折教育"。

四、"国考教资"教育写作谋篇布局

谋篇布局是指对一篇文章的整体结构所做出的安排。文章结构指的是文章中组织材料和编排内容的具体形式。它就好比是一篇文章的骨架，没有它，各种材料就犹如一团乱麻，不能形成一篇完整的文章，主旨也无从揭示。文章的结构主要包括标题、开头、主体和结尾。

（一）标题要"抢眼"

"题好文一半。"好的标题，或概括全文的内容，或体现全文的思路，或蕴涵全文的主旨，或表明全文的特色，总能给人清新脱俗的感觉，具有激发读者阅读兴趣的作用，因此，决不可等闲视之。

1. 议论文的拟题原则

（1）在准确的基础上力求醒目。题目如果出现错别字或语病，会让阅卷老师兴趣索然，因此题目一定要准确。阅卷受时间的限制，考生所拟的题目不能浪费阅卷老师太多的时间去思考它的含义，更不能让阅卷老师百思不得其解。新颖、简洁、有创意的题目，总会令阅卷老师眼前一亮，发出"亏他想得出"的赞叹。

（2）题目要符合文体特征。议论文的题目要符合文体特征，观点鲜明，使人见其题而知其旨。观点鲜明的文章题目最受阅卷者的欢迎，因为它具有清澈感和透明感，能够传达出文章内容之大概，便于阅卷者准确而快速地把握整篇文章的基本内容。

2. 拟写标题的基本方法

（1）点论点。点论点是作文题目拟定最常用、最推崇的一种拟题方法。用中心论点作标题，可以鲜明地告诉读者作者的见解和观点，作者赞成什么，反对什么都可以一目了然。此种标题多用判断句或陈述句形式表达。如《以爱之名》《愿作红烛，为汝之光》《师者仁心谱华章》《能独，才能立》。

（2）点论题。论题往往是从作文所用材料中提炼概括出的共同主题。点论题也就是标题告诉读者该文的论述范围，如《谈我的教师观》《教育的阿喀琉斯之踵》《三更有梦书作枕》《牵着蜗牛慢慢走》《受之流离，方为狮王》。

3. 标题的基本形式

标题是"面子"，是作文的第一个亮点，具有"提示论点，揭示论题"的作用。构思一个好的标题是一项耗费智力和技术的活儿，考生写作前必须掌握标题写作的基本方法。从形式上看，常见的作文标题主要有以下几种类型。

（1）并列短语，如《言与行》《读书·理解·运用》《忘记与铭记》。

（2）偏正短语，如《崇高的价值》《我的教师梦》《乐之人生》。

(3) 动宾短语，如《说"细节"》《做一个有梦想的人》。

(4) 疑问句式，如《是谁雕刻了孩子的"玻璃心"？》《你是巨人吗？》。

(5) 单、复句式，如《勤能补拙》《成就皆从辛勤来》《最可贵的是好奇心》《非学无以广才，非志无以成才》《其身正，不令而行》《诚以养德，信以修身》《不忘初心，守护精神家园》《莫以"望子成龙"的名义绑架了孩子》。

4. 优化标题的方法

(1) 妙用修辞求文采。修辞能够增强语言的说服力和感染力，能够生动鲜明地把意思表达出来。运用修辞手法拟出的标题，既别出心裁，吸引眼球，又巧妙地揭示了文章的写作核心。

①引用。引用法是指在拟定标题时，由于其论述的主题或范围与某些名言警句、成语典故、古诗文句、影视片名、歌曲名等意思相吻合，直接把他们引过来作标题的一种拟题方法。例如：引用名言警句——《学高为师，身正为范》；引用成语典故、谚语——《赠人玫瑰，手有余香》；引用古诗文——《言必信，行必果》；引用影视片名——《阳光总在风雨后》。

②比喻。比喻是用相似的事物打比方去描绘事物或说明道理的一种辞格。比喻的作用有：一是使深奥的道理浅显化，帮人加深体会；二是使抽象的事物具体化，让人便于接受；三是使概括的东西形象化，给人鲜明的印象。用比喻辞格拟题，可以使标题生动、形象、新颖。例如：《创新，教育事业发展的基石》《最后的烛泪》《微笑是一把神奇的钥匙》《诚信，现代社会的精神梁柱》。

③借代。借代指不直说某人或某事物的名称，借同它密切相关的名称去代替。如用"红领巾"代替少先队员。借代与比喻不同，借代重在事物的相关性，也就是利用客观事物之间的种种关系巧妙地形成一种语言上的艺术换名，而比喻重在事物之间的相似性。采用借代辞格拟题，可以使题目形象突出、特点鲜明。如：《"范跑跑"跑掉了良心》《腹有诗书气自华》。

④双关。双关是利用语音或语义条件，有意使语句兼顾表面和内里两种意思，言在此而意在彼的一种辞格。恰当地运用双关，一方面可使题目幽默、风趣；另一方面能适应某种特殊语境的需要，使表达含蓄曲折、生动活泼，以增强题目的表现力。例如：《填鸭添压》《因材施教还是因"财"施教》《教育部门合作有"形"更要有"行"》。

《生命"诚"可贵》，标题这句话本是裴多菲的名句，但原来的"诚"是副词，有"诚然、确实"之意，作者运用双关修辞格将"诚"用引号标出，巧妙地赋予其"诚信"之意，可谓别出心裁。

⑤对偶。结构相同、字数相等、意义上密切相连的两个短语或句子，对称地排列，这种辞格叫对偶。对偶，从形式上看，音节整齐匀称，节律感强；从内容上看，凝练集中，概括力强。例如：《严中有爱，爱中要严》《营造温情氛围，呵护学生自尊》《夯实知识基础，培养实践能力》《"抢"人才不易，"聚"人才更难》。

⑥作文题目有时也可用反问、反语、呼告等辞格来拟定。例如：

反问:《近朱者必赤?》。
反语:《教语文要学会"偷懒"》。
呼告:《隐形翅膀助我飞——做教师,我准备好了》。
注意:表达反问语气,句末标点不可省;使用反语辞格,最好加上引号特殊强调,否则容易引起读者误解。

(2) 逆向思维求新意。对事物的认识,我们常采用辩证的方法。对作文中的话题,我们同样也可以从正反两面去思考,摒弃惯用的思维定式,对已成定论的事理反过来想一想,然后构思题目。例如,《失败是种难言的美丽》《近朱者未必赤,近墨者未必黑》《小题何妨大作》《读书未"破",岂能有神》。

(3) 点化翻新求个性。将现成的名言警句、成语、广告词等稍加改动后赋予其全新的寓意,或者反其意而用之,这样的标题鲜活别致,新人眼目,颇具吸引力。例如:

《为师者,当日三省吾身》《师者慎独》《要留奉献满乾坤》《爱是这样炼成的》《人生自古谁无"挫"》是古诗文、名句等的套改。

《教育不是小买卖——做一位专家型教师》《将奉献进行到底》是歌词、影视剧名等的搬借。

《爱要说出来——春风化雨也有声》《诚信所至,金石为开》《没有"异想",哪来"天开"》《近水楼台"贤"得月》《岂能因"财"施教》是俗语、成语等的挪用。

拟出精彩的题目只是作文成功的第一步,要想作文出色,获得佳绩,还需要在选材、构思、语言等方面下功夫。只有这样,才能题文相称,浑然一体,否则就有可能出现华而不实、虎头蛇尾等弊病。

(二) 开头要精彩

1. 议论文开头的要求

议论文的开端起笔,要为全文铺展文路。"国考教资"作文,限于字数要求,开头要讲究"短、快、靓"。

(1) 开头要短。短,即要简捷,最好三五个短句成段,引入本论。开头短,可避免头重脚轻,而且短句成段,可以在空间上突出内容的重要性。

(2) 开头要快。快,即入题要快,最好三言两语就点明文章的基本观点或议论的话题。开篇确定中心有利于作者展开论述,不至于出现主旨不清、中途转换论题等作文大忌。

(3) 开头要靓。靓,即要精彩。这也是传统议论文中所说的"凤头"。精彩的开头,最突出的效果是吸引读者,给读者留下好的印象。

2. 议论文开头的方法

(1) 设问式。在文章开头设置悬念,以疑问的方式引起读者的兴趣,引发思考。例如:

教育是什么?如哲人所言,教育即生长,教育是发展人的好奇心和理性思考的能力,而不是灌输知识;教育是要鼓励一个人崇高的理想要求,而不是灌输规范;教育是要培育丰富的灵魂，而不是灌输技艺。

（2）排比式。借助一系列与观点一致的语句、事例构成排比，进而引出中心论点。如此，开篇即可让阅卷人感到一股迎面而来的不可遏止的气势。例如：

宽容，犹如黑夜里的一盏明灯，点亮征程；宽容，犹如严冬里的一缕阳光，温暖人心；宽容，犹如迷途中的一处路标，指引方向……教育正是因为有了宽容才变得更加贴心和有效。

运用结构相同、字数大致相等的语句排比，使文章的开头既文采斐然又观点突出，既增强了文章的气势，又给人一种先声夺人的感觉，具有吸引力。

（3）引言式。在阐述观点之前，选用一句与主题有密切相关的名人名言、诗词歌赋、俗语谚语等作为开头，可以为文章主题的出现营造一种哲理氛围，使文章中心突出，耐人寻味，发人深思，同时也体现了作者的理论功底、文学素养。例如：

自古以来，多少仁义之士以"天下兴亡，匹夫有责"为己任，为天下之危而忧，乃至洒热血以扶大厦。岳飞，从小把"精忠报国"四字刻在背上，以用来时刻警醒自己；文天祥，面对敌国的侮辱和虐待誓死不屈，留下"人生自古谁无死，留取丹心照汗青"的光辉；杨靖宇，不屈服于日寇的淫威，死时肚里只有棉絮和草根。作为新时期的人民教师，我们不需要抛头颅，洒热血，但分内的职责应牢记心间，并身体力行。

（4）结合材料开头。开头简单概括所给材料的主旨，再提出自己的观点，将材料与论点自然衔接，既体现出作者的概括能力，又显得论点有所指向。

【案例11】材料：一块冰在撒哈拉沙漠被太阳融化得只剩小小一块。冰感叹道："沙漠是冰的地狱，北极才是冰的天堂。"沙对冰说："冰在沙漠里才最珍贵，冰在北极是最不值钱的东西。"你从上面的文字中获得了怎样的感悟，请在正确理解材料含义的基础上，选择合适的角度，自拟标题，写一篇不少于800字的议论文。

【解析】开头：沙漠里的冰是不幸的，它需要忍受阳光灼烤的煎熬，以及慢慢被吞噬的恐惧；可它又是幸福的，它如同茫茫黑夜中流光四溢的钻石，那么珍贵。正如司汤达为自己写下的墓志铭——"活过，爱过，写过"。作为一名教育工作者，不求与别人雷同，彰显自己本色，挥洒生命之极，便能不负造物者的期望，此生无悔。

【案例12】材料：一次，陶行知看到学生王友用泥块砸同学，当即制止，并让他放学后到校长室。陶行知来到校长室，王友已等在门口准备挨训了。没想到陶行知却给了他一颗糖，并说："这是奖给你的。因为你很准时，我却迟到了。"王友惊疑地瞪大了眼睛。陶行知又掏出第二颗糖对王友说："这第二颗糖也是奖给你的，因为我不让你再打人时，你立即就停止了。"接着，陶行知又掏出了第三颗糖："我调查过了，你砸那些男生，是因为他们不遵守游戏规则，欺负女生，你砸他们，说明你很正直善良，且有跟坏人做斗争的勇气，应该奖励你啊！"王友感动极了，哭着说："陶校长，你打我两下吧！我错了，我砸的不是坏人，是自己的同学……"陶行知这时笑了，马上掏出第四颗糖："为你正确地认识错误，我再奖给你一颗糖……"

要求：阅读完上面的短文后，自拟题目，写一篇800字左右的议论文。

【解析】开头：著名教育学家陶行知用四块糖果解决了争端，并使学生主动认识到自己的错误。可见，爱是最好的教育方式。作为一名教师，应用爱心浇灌祖国的花朵。

结合材料开头，切忌生搬硬套，直接摘抄。所引述的材料要高度浓缩、概括，作为引子简单交代即可，应尽快进入正题。

另外，我们常用的还有"对比式开头""故事式开头""题记式开头"等多种形式。无论使用哪种方式开头，一定要引出教育这个话题，站在准教师的角度阐明中心论点。

（三）主体要结构严谨，条理清晰，有理有据

文章结构是否严谨，条理是否清楚，论证是否严密，论据是否典型，关键在主体部分，也就是中间段的写作。

1. 设计好分论点

（1）用教育理论充实分论点。分论点可以从所给材料当中分析得出，也可以自己思考得出。最好的办法就是运用学过的教育理论拆分出作文的分论点。

例如，若讨论教师的专业化成长，可结合教育理论中关于教师专业发展的方法来提取分论点。教师专业发展方法有终身学习、教育反思、教育研究。可以直接把这三点作为三个分论点。又如，在讨论"什么样的教师才是理想的教师"时，可以分析教师职业角色，主要包括：①传道者的角色；②授业解惑者的角色；③示范者的角色；④管理者的角色；⑤父母、朋友的角色；⑥研究者的角色。可以从中任选三四个角色作为分论点。

在设计论点时要善于将自己熟记的教育理论灵活运用。切忌大段抄写，不要把作文写成主观问答题。确定分论点时，既要能紧扣中心论点，又要确保自己所选定的分论点都有相应的理论论据、事实论据作支撑，以免出现论点鲜亮、内容空泛的情况。

（2）分论点的形式要整饬。文章主体部分建议采用三段或四段模式，将每一自然段的开头第一句话设计成分论点。分论点的拟定一定要艺术，具体来说，有短句式、有破折号式、有转折复句式、因果复句式、比喻式等。几个分论点在形式上尽量设计得整饬，如句式一样、字数差不多。

（3）分论点的层次要井然。设计论证层次的关键在于寻找和排列分论点。这有赖于写作者认识水平、思维品质、分析能力的提高，非经过一段时间的学习、揣摩、实践、锤炼不可。但是，分论点之间的逻辑关系还是有处理技巧可言的。

分论点的设计可以从提出问题（是什么）、分析问题（为什么）、解决问题（怎么做）这三个角度出发。既可以从任意某一个角度出发产生几个并列式分论点，也可以从三个角度各分析出一个，最后形成递进式的分论点。一般来说从怎么做角度确定分论点，论据会更多一些。

①分论点并列法。分论点并列，其实是一种化整为零式。注意各分论点之间一定是并列关系，而不应该是交叉关系或包含关系。例如，论述中心论点为"读书——教师人生的底色"，设计的分论点为：

分论点一：读书能开阔教师视野；

分论点二：读书能陶冶教师品格；

分论点三：读书能提升教师专业素养。

从为什么要读书这个角度切入，设计三个并列关系的分论点，从三方面论述读书的重要意义。

②分论点层递法。层递法又称"递进式"。后面的论证是在前面论证的基础上进行的，前后是逐层深入的关系，前后顺序不能随意改动。如论述中心论点"教师应培养学生创新精神"的分论点为：

分论点一：创新能力是独立自主地创造新事物的本领和才干。（是什么）

分论点二：创新是民族进步的灵魂，是国家兴旺发达的不竭动力。（为什么）

分论点三：教师应将学生创新精神的培养贯穿于教育教学活动中。（怎么样）

从"是什么""为什么""怎么做"三个角度切入，设计三个递进关系的分论点。

2. 中间段常用的论述模式

中间段常用的论述模式为：

①分论点＋②引语（解说）＋③事实论据/理论论据（分析说理）＋④小结。

即：①首句概括性提出分论点，作为领起句；②针对分论点进行扣题性的解说；③围绕分论点，运用恰当的事实、理论论据，结合教育现象分析说理；④回扣分论点，结合论述内容写一两句小结语。

具体到段落中的句子该怎样写呢？我们可以按照图 3-2 所示的段落着笔，任选教师或学生的角度来写句成段。

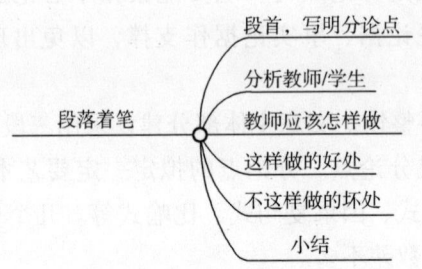

图 3-2 段落着笔示例

例如，我们来拆解分析下面的两个段落。

段落一：

（第 1 句，提出分论点）作为教师，我们要用真爱去关心学生。

（第 2 句，分析教师）诚然，教师也有七情六欲、喜怒哀乐，但不应拿学生作为负面情绪的发泄对象。

（第 3 句，怎样做）学生之间的确存在所谓的"好"与"差"的差异，教师应因材施教，对"好学生"关爱备至，而对"后进生"更应加倍地关爱与呵护，因为每个孩子都有优点，只是我们没有发现、重视。

（第4句，这样做的好处）如果我们能经常表扬他们的优点，肯定他们的进步，他们一定会非常高兴，进而建立自信。

（第5句，不这样做的坏处）反之，他会因沮丧而越来越自卑，甚至自暴自弃。

（第6句小结，引名言）老师要用爱心，用师德的魅力，缩小师生间心灵上的距离，使学生产生"向师性"，"亲其师，信其道"。

段落二：

（第1句，提出分论点）其次是要给予学生信心。

（第2句，分析学生）有过错行为的学生由于常常受到教师的批评、指责，同学们的取笑、歧视，总是比较心虚、敏感的，对教师和周围的同学也存有戒心。

（第3句，怎样做）要消除这些有过错行为的学生的恐惧心理和敌对情绪，应设法给予他们自信，谅解他们的过错，相信他们能改正过来，从根本上改变同他们的关系。

（第4句，不做的后果）如果师生关系不融洽，学生对老师不抱有信任感，那么无论你怎么做，也难以收到预期的效果。

（第5句，做的好处）这项细水长流的工作具有长期性、复杂性、反复性的特点，但终究教师会收获学生的信任。

（第6句，小结）教师认识到这一点，就能敞开心胸，满怀热情，培养和陶冶学生的道德情感，稳定和强化学生良好的行为习惯。

3. 内容要充实

内容要充实，就是要求作文不能只枯燥地说理，或者像记叙文那样只讲教育实践，而是应当把教育理论和教学实践结合起来，做到有理有事有据。作文中常用的教育理论有教育观、教师观、学生观等，可以将其灵活、恰当地用于教育写作中。教学实践，即教学过程中怎样开展课堂教学，怎样了解学生、引导教育学生等。如果考生没有实际的教学经验，可以在网上搜索教学案例，也可以多看一些范文，从中寻找可供借鉴的实践经验。还要善于引经据典，可以引用一些古今中外的教育家，如孔子、陶行知、苏霍姆林斯基等的教育名言。

4. 思想要深刻

所谓思想深刻，就是行文中不能只是谈个人的感受、喜好等狭隘、个人化的见解。文章的格局应放大，除了谈个人感受，还可从学生、家庭、社会、国家等更高、更广的层面谈一谈自己的理性思考。

（四）结尾有力，照应开头

结尾是全文内容发展的必然结果，是文章的重要组成部分。好的结尾应响亮有力，令人警醒，催人奋进。其实，文章的结尾有时比开头还重要。李渔曾说："篇际之终当以媚语摄魂，使之执卷遵别。"结尾有如此效果，整篇文章将增色不少。

议论文的结尾，要能归纳总结全篇内容，照应开头，再次点明主旨，使文章结构完整；同时也要注意表达技巧，讲究文采，给读者留下回味的空间。

教师资格考试考场作文的结尾可以采用"总结全文+升华"的方式。

1. 总结全文

结尾对分论点进行总结概括，做到首尾呼应，但不可简单重复开头提出的论点。可以在结尾加上"总之""总而言之""因此"等表示结束性的词语，也可不加。

2. 升华（表决心+展望未来）

升华指用形象或哲理性的语言阐述自己的见解，发表评议，警戒世人，这样不仅使文章文采斐然，而且给人以启迪，引人深思。

例如，文章《因材施教》的结尾：

因材施教，发挥学生最大的优势，最大限度挖掘学生潜能，需要教师善于发现学生的长处并将其放在合适的位置上，平等地对待每位学生，灵活设计教学方法。只有因材施教，才能使学生更好地发展自我，快乐地长大成人，最终实现人生价值。

例如，文章《宽以待生》的结尾：

教师的胸怀应该是最博大的，因为心中承载着满满的爱。因为爱，所以宽容；因为宽容，所以博爱。宽容是一种教育的智慧，是化解矛盾的钥匙，但宽容也要讲究原则。让我们少一分责备，多一分宽容，用宽容的阳光照亮孩子幼小的心灵，成就他非凡的人生！

例如，文章《因材施教才能充分发挥孩子的特长》的结尾：

贫瘠的土地适合坚强的胡杨，富饶的田野有麦子飘香，柔弱的蝴蝶徜徉在美丽的花海，矫健的雄鹰振翅于苍穹之上。人人都各有所长，只有因材施教，才能让孩子的特长得以发挥，才能不荒废国家的栋梁。

五、"国考教资"教育写作备考建议

（一）"国考教资"教育写作能力提升方法

1. 积累素材

在备考过程中，应有意识地去积累与教育相关的素材，这样在议论文写作的过程中，才能够做到论证充分。在素材积累过程中，要注意积累本学科的一些教育名家的事迹，积累一些名言警句，丰富写作内容，增强文章的说服力。

2. 锻炼素材分析能力

积累素材之后不能简单地用素材堆砌成一篇议论文，而要分析素材，思考根据素材的内容可以引申出哪些观点，或者素材能够使用在哪些话题上。这样就能够达到举一反三的效果，锻炼自己分析素材的能力。可以将自己整理的素材按照类别进行归纳，或者针对某一话题进行相关素材的整合。

3. 练习设计行文思路

在有了一定素材积累的基础上，针对特定的论题练习设计行文思路，整体架构起文章的框架，在头脑中捕捉相关的素材，在短时间内进行针对性的写作训练。

4. 锤炼语言

议论文要以理服人，要运用通俗畅达的语言表述抽象深刻的道理，使读者懂得这个"理",接受这个"理",做到言近旨远,辞浅意深。

可以运用比喻、排比、对偶等修辞手法,使文章的语言生动;不要总是使用陈述句,应适当运用疑问句、感叹句、假设句、反问句等,这样可以增强语言的感染力。

5. 多做审题立意练习

审题立意的重要性,前面已有所强调。审题立意一旦"失手",作文必然偏题或跑题。从理论上学习审题立意的方法是不够的,必须要进行"实战"。平时要多关注实事,尤其是关注关于教育的话题,试着针对社会热点进行立意练习。唯有经过一定量的实训,才能将知识内化为能力。

6. 积极练笔

前面的积累和铺垫,都是为动笔做准备的。很多学生不喜欢动笔写作文,只停留在"看"或"构思"这一步,这是绝对不行的。笔头表达能力并不是"想"出来的,一定要多加练习。再好的文章,也都是作者反复练习的结果。

总之,教育写作在教师资格考试中的重要性显而易见。要提高教育写作能力,就要"读万卷书",即多阅读教育学、心理学著作,阅读相关的报纸和杂志,尤其是要多读优秀的教育范文,要让自己平时的阅读有高度、精度、厚度;还要"行万里路",即脚踏实地地长期练笔,注重写作实践。

(二)明确评分标准

1. 作文立意是否准确、得当、新颖

相对来说,只要符合材料本身的大意,从教育、教师、学生角度着手进行撰写,同时观点新颖,能够从不同角度产生不同的观点与立场,就是较好的立意。

2. 作文结构是否完整、合理

作文的结构布局是否清晰、完整,总论点与分论点之间、分论点与分论点之间、论点与论据之间是否贯通、和谐,都需要考生仔细斟酌。

3. 作文的语言表达是否流畅、规范

要使用规范的语言表达形式,注意不使用过于新潮的、古板的词语,同时要保证语句通顺,没有语病。

4. 作文卷面是否整洁、干净

一篇整洁、干净的作文能带给人享受,使人产生美好的第一印象,因此,要保证卷面的整洁,尽量不粘、不涂、不勾、不画等。

(三)明确作文要求

1. 用规范的现代汉语写作

应避免出现古汉语、现代网络流行语、地方语言以及半英文半中文等。

2. 自定立意

自定立意并不是说想怎样写就怎样写。这一要求看似简单，实则复杂，要紧扣材料并结合教师资格考试的性质确定立意。

3. 自拟题目

自拟题目相对而言比较简单，可以有创新，也可以循规蹈矩，但要突出主旨。

4. 自选文体

最好写议论文，因为议论文明晰的结构、理性的思考等特点，最适合展现职业素养，而且议论文写作能力可以在短时间内通过训练得到提升。

5. 字数不少于 800 字（中学 1 000 字）

字数不能少于 800 字（1 000 字），但若超过规定字数太多，会显得过于拖沓。

（四）卷面注意事项

1. 书写

能写出一手漂亮的字固然很好，如没有这项能力，就尽量把字写端正、清楚、规范、正确。繁体字、不规范的简化字、连笔字不要写。书写也代表着你的教师专业素质。

2. 标点

应正确使用标点，做到各司其职，各归其位，各用其形。应摒弃那种随手一点，句读不分的做法。

3. 行款

作文格式要正确，分段要合理，注意各段的匀称协调，避免使用臃肿的"大肚子"段落或过于灵碎的"鸡脖子"段落。

4. 修改

能做到一气呵成最好，做不到的话，也要讲究改法。在错字上画一斜线，旁边写上正确的字即可。

5. 字体

文字大小应适中，在方格内占用空间约 2/3。笔画应到位，不能因为书写速度快而使字体变形。

6. 行文字数安排

段落字数安排应适宜，以五段三分式为例：

第一段：提出中心论点（小学 100 字左右/中学 150 字左右）。

第二段：分论点①（小学 200 字左右/中学 250 字左右）。

第三段：分论点②（小学 200 字左右/中学 250 字左右）。

第四段：分论点③（小学 200 字左右/中学 250 字左右）。

第五段：总结（小学 100 字左右/中学 150 字左右）。

 **任务演练**

一、请分析下面作文材料的立意,从一般考场作文角度和"国考教资"角度,谈谈你的看法。

1. 成长是美丽的,它一路走着,一路撒着缤纷的花朵;成长是神奇的,它引领着我们去创造一个又一个生命的奇迹;成长是忧郁的,它意味着一次次告别的仪式,和亲人,和自己……

立意一:不畏失败,努力成长。

立意二:努力成长,绽放梦想。

立意三:充分发挥自身潜能,尽情成长。

立意四:帮助学生不断成长。

立意五:在教师的岗位上不断成长。

2. 一位裁缝在吸烟时不小心将一条高档裙子烧了一个窟窿口,致使其成了废品。这位裁缝为了挽回损失,凭借其高超的技艺,在裙子四周剪了许多窟窿,并精心饰以金边,然后,将其取名为"金边凤尾裙",结果不但卖了好价钱,还一传十,十传百,吸引不少女士上门求购,生意十分红火。

立意一:勇于变通。

立意二:在危机中寻找转机。

立意三:不拘一格发现人才。

立意四:教师需勇敢面对困难,变危机为转机。

立意五:教育需不断变通。

3. 犹太人有句名言:"没有卖不出去的豆子。"卖豆子的人如果卖不掉豆子,就把豆子拿回来,加入水让它发芽。几天以后再卖豆芽。如果豆芽也卖不出去,就干脆让它长大,卖豆苗。如果豆苗还卖不出,就再让它长大,移植到花盆里,当作盆景来卖。如果盆景还是卖不出去,那就索性将其移植到地里。几个月后它就会结出许多新豆子。一颗豆子变成成千上万颗豆子,这不是更大的收获吗?

立意一:犹太人是世界上最聪明的民族,他们的智慧让人叹服。

立意二:善用头脑,做出正确的选择,可以将危机变为转机。

立意三:做人做事不能死板,要学会变通。

立意四:面对困难时,只有心里永不放弃,才有可能走出新路。

立意五:教师应因材施教,用发展的眼光、多元的眼光看待学生的成长成才,永不放弃任何一个学生。

二、阅读下面材料,根据要求审题立意并作文。

三只老鼠一同去偷油。可是油瓶太高了,喝不到,怎么办呢?一只小老鼠提议,大家叠罗汉,轮流喝。好主意!当一只老鼠刚爬到另外两只老鼠的肩膀上,"胜利"在望之时,不知什么原因,油瓶突然倒了,引来了人的注意,它们只得落荒而逃。

回到鼠窝,它们开了一个会,讨论失败的原因。那个爬到最上面的老鼠指着它下面的老鼠说:"因为你抖了一下,所以我碰倒了油瓶。"它下面的那只老鼠指着自己下面的老鼠说:"我感觉到你抽搐了一下,于是我就抖了一下。"而最下面的老鼠说:"我好像听见猫的叫声,所以抽搐了一下。"原来如此——大家谁都没有责任。

根据上述材料给你的启示,从教育角度立意,联系实际,写一篇论说文。

要求:用规范的现代汉语写作,题目自拟,立意自定,观点明确,分析具体,条理清晰,语言流畅,字数在 1 000 字左右。

扫描二维码,查看任务演练—参考解析。

第四章
求职期间应用文

 学习目标

1. 了解求职期间个人简历、求职信、申论的含义及特点
2. 掌握求职期间常用应用文书的写作结构及写作要求
3. 能够熟练地进行求职期间常用应用文书的写作

第一节 个人简历

 引航

例文	评析
个人简历（表格式）	
<table><tr><td>姓名</td><td></td><td>性别</td><td></td><td rowspan="5">照片</td></tr><tr><td>政治面貌</td><td></td><td>出生年月</td><td></td></tr><tr><td>学历</td><td></td><td>专业</td><td></td></tr><tr><td>学校</td><td></td><td>毕业时间</td><td></td></tr><tr><td>电话</td><td></td><td>邮箱</td><td></td></tr></table>	基本信息简明扼要。
求职意向：机械工程类	明确求职意向。
教育背景：××××.9—××××.6　××大学机械工程学院机械工程专业	
专业课程：机械绘图及画法几何、材料力学、微机原理及应用、机械设计基础、机械制造基础、机械优化设计、机械电气电子控制技术、PLC原理及其应用、控制工程基础、工程材料及机制基础、光电测试基础、C语言编程技术、电子技术、计算机软件技术基础、控制原理应用实践、市场营销学	列出主修课程。
获奖情况： ××××.9　获××大学实习优秀奖 ××××.5　获××大学"五四优秀青年"称号 ××××.9　获上海市"智力助残优秀志愿者"称号 ××××.9　获××大学"学习优秀奖" ××××.12　获××大学第二届产品三维设计比赛二等奖	列出获得的荣誉，较为全面，品学兼优。

技能等级	英语：通过全国大学英语六级考试（526分）；获得上海市英语中级口译证书，具有较强的听、说、读、写能力，口语较流利 计算机：通过全国计算机二级考试，并能熟练运用计算机软件设计相关产品	突出英语和计算机水平。
社会实践	××××.7—××××.8　参加上海麦当劳公司（松江）勤工俭学 ××××.3—××××.12　参加松江区春晖敬老院志愿者服务队 ××××.4—××××.6　××大学机械学院工程训练中心机械实习 ××××.7—××××.8　上海机床厂有限公司实习（机电设备维修）	具体列出社会实践内容。
自我评价	兴趣广泛，对计算机及机械方面特别感兴趣；自学能力强，有组织协调能力；责任心强，积极上进；心理抗压能力与适应性较好，具备较强的逻辑思维和判断能力	自我评价。

一、个人简历的含义及类型

（一）个人简历的含义

简历是求职材料的重要组成部分之一，是求职者向用人单位推介自己时，为了清晰、有效地介绍自己的基本情况、教育背景、优势特长和任职资格而使用的一种应用文书，也是用人单位比较、分析、筛选和录用应聘者的主要依据。简历常常作为求职信的附件一同投给用人单位。

（二）个人简历的类型

1. 内容上分类

从内容上，简历可分为时序型、功能型和复合型三种类型。

（1）时序型简历。时序型简历是指按照时间顺序列出教育背景、工作经历等信息，一般是从最近的时间开始列起。这种简历清晰、简洁，便于用人单位阅读，是最普通、最直接的个人简历类型（表4-1）。这种简历适用于几类求职者：①申请职位与教育背景和工作经历高度符合的求职者；②工作经历能很好地反映出工作技能不断提高趋势的求职者；③最近所担任的职务足以体现其求职优势的求职者。

表4-1 时序型简历例文

个人简历		
姓名：××		性别：男
专业：金融学		地址：××省××市
手机：××××		E-mail：××××
求职意向	证券分析师助理	
教育背景	2006.9—2009.7	合肥财经学院　专科
实习经历	2008.10—2009.6	IBM（中国）销售分析员
		负责全球大客户部每日销售报表的统计与分析
		提高了数据分析能力和市场判断能力
	2008.6—2008.9	Sigma有限公司市场营销部业务代表
		培养了独特的新闻视角
	2007.7—2007.8	香港麦氏顾问投资有限公司顾问助理
		负责项目策划、实施和媒体跟踪
		提高了沟通能力和信息收集与分析能力
校园经历	2008.12	合肥财经学院辩论赛最佳辩手
		（50名参赛选手中唯一获得此荣誉者）
	2008.3—2009.5	合肥财经学院就业指导中心学生助理
		分析当年就业形式，指导毕业生成功就业
	2007.9—2008.6	合肥财经学院金融学院学生会主席
		成功组织多次大型晚会、社会实践、各类交流、竞赛等活动
	2007.4	第24届亚洲经济国际研讨会新闻组组长
		获得组织荣誉奖
英语水平	2008.12	通过国家六级考试，成绩优秀
	2007.6	通过国家四级考试，成绩优秀
获奖情况	2008.3	合肥财经学院"洽洽杯"主持人大赛第一名
	2008.1	优秀学生奖学金二等奖
	2007.5	合肥财经学院科研成果二等奖
		（仅有的两名一年级获奖者之一）

（2）功能型简历。功能型简历一般包括求职意向、成绩、能力、工作经历和学历等几个部分，其中工作经历与专长是功能型简历的核心内容（表4-2）。它强调求职者的资历与能力，并对其专长和优势加以一定的分析说明。功能型简历一般适用于几种求职者：①部分工作经历及技能与求职意向无关的求职者；②想突出那些与应聘职位相关内容的求职者；③工作经历有过中断，或存在特殊问题的求职者。

表4-2 功能型简历例文

个人简历	
姓名：×× 性别：男 手机：××× E-mail：×××	
毕业学校	××职业技术学院新闻学院 专科 北京 2003.9—2006.7
性格特点	开朗坚毅，富有合作进取精神
专业技能	将近4年新闻访谈、稿件编辑、人物采访和节目策划等相关领域的工作经验
求职意向	新闻记者
专业知识	广播电视概论、广播电视技术基础、广播电视新闻采访与写作、广播电视编辑与节目制作、电视专题与电视栏目、电视摄像、广播电视史、广播电视法规与职业道德、播音主持艺术等
工作经历	××电视台（北京）2006.7—2010.4 所在部门：新闻采访部 工作描述：这是一档民生类的栏目，主要是报道党和国家的最新政策，向百姓提供最新的社会信息，帮助人们解决生活中遇到的困难。工作主要是跟随记者外出采访，编写新闻稿，进行新闻编辑工作。曾自己独立完成新闻采访任务，独立采写新闻稿
工作技能	在近4年的工作实践中，我的新闻采访技能、新闻编写技能、新闻制作技能、新闻摄影技能、新闻广播技能、口头及书面表达能力等进一步提升

时序型简历与功能型简历各有千秋。一般而言，没有工作经验的大学应届毕业生比较适合采用时序型简历；而对于已经有过工作经验和实习经验的求职者，功能型简历更能突出优势，更能吸引用人单位的眼球。

（3）复合型简历。复合型简历是对时序型简历和功能型简历的综合运用（表4-3）。求职者可以按照时间顺序列举个人信息，同时刻意突出成绩与优势。复合型简历一般包括求职意向、概况、成绩、经历和学历等部分。复合型简历能最直接地体现求职者的求职目的。它一般适用于：①应届毕业生、转岗人员；②曾有过事业巅峰的求职者；③既想突出成就与能力，又想突出个人经历的求职者。

表4-3 复合型简历例文

个人简历			
姓名：××		性别：女	
院校：××科技职业学院		专业：经济与贸易	
手机：×××		E-mail：×××	

求职意向：销售部主管
个人简介
非常热爱市场营销工作，有着十分饱满的工作热情。
工作经历

2007.5—2010.3 ××瓷器公司的市场部业务员
  主要负责与经销商签订合同，办理产品的包装、运输、保险、货款结算、售后产品跟踪、市场反馈，以及开拓新的销售渠道等。此外，还负责公司新业务员的培训，在实际工作中具体指导和协调业务员的销售工作，多次受到公司的表扬
  2006.7—2007.5 ××公司市场调查员
  以电话形式向客户收集对产品的意见，并填写相应的表单转报给公司

教育经历
2004.9—2007.7 就读于××科技职业学院经济与贸易专业。在校期间一直担任学生干部，工作认真负责，学习成绩优秀，多次被学院评为优秀学生干部、优秀团干部、个人标兵等
培训经历
2006.9—2006.11 通过报关员考试   2005.7—2005.9 通过外销员考试
外语水平
可用英语与外商进行日常沟通，能够阅读业务范围内的常用术语
电脑操作
能熟练运用办公软件

2. 形式上分类

  从形式上，个人简历常用的有表格式、条文式、表格条文兼用式等几种。

  表格式简历将有关内容放在表格中列出。其长处在于可以综合多种资料，条理清楚，易于阅读。不足之处是受表格限制，需要多加说明的内容无法展开。表格可以根据情况自己绘制，应清楚易懂、美观大方、突出重点。

条文式简历分条列项地将有关内容加以说明。其优点是内容更加丰富，求职者自由发挥的空间比较大。缺点是不如表格清楚，一目了然。

表格条文兼用式简历将上述两种格式结合起来，在不同的地方使用不同的格式，兼有二者之优点，避开二者之缺点，使用比较广泛。

需要注意的是，关于简历的形式和设计方案，仁者见仁，智者见智。制作简历时，不要一味追求形式创新，要时刻谨记"适合自己的，才是最好的"。

二、个人简历的格式及写法

个人简历的写作格式一般由标题和正文组成。

（一）标题

标题可以直接由文种名构成，也可以由姓名加上文种构成。如"个人简历""求职简历"，或"×××个人简历"。

（二）正文

正文主要包括以下几个方面内容。

1. 个人基本情况

个人基本情况包括姓名、性别、出生年月、联系方式、政治面貌、学历、学位、院校、专业、毕业时间、正面免冠照片等。这些信息一般放在简历最前面，便于用人单位快速浏览。

2. 教育背景

教育背景主要体现求职者的受教育程度。可以描述求职者所学的专业课程及考试成绩、辅修的专业、第二学位的专业、进修的课程等。用人单位往往通过教育背景了解求职者的智力水平和专业水平。如果毕业生在学术科研上有所造诣，也可以将获奖的科研成果写进去。

3. 工作实践经历

对于应届毕业生来说，工作实践经历主要是指在校期间参与的勤工俭学、兼职、实习、假期社会实践等。要注意将工作实践过程中所取得的成绩、成效写出来，突出自己的经验和能力。

4. 技能

技能部分主要展示个人的专业技能水平和其他必备的能力，如语言能力、计算机能力等技能。说明技能主要是为了增强胜任岗位的可能性。

5. 获奖情况

将个人获奖情况进行罗列。一般性的个人简历通常会不分类别地将所有获奖内容列出来。有针对性的个人简历则将获奖情况分门别类地列出，这样更能吸引用人单位的注意力。

6. 兴趣爱好

个人兴趣爱好也可与岗位进行匹配。有的岗位要求求职者既具备专业能力，又具有相关的兴趣爱好。例如，有的公司通常希望行政岗位人员能有一定的文体特长，能开展文化体育活动。

7. 求职意向

求职意向说明求职者对岗位的兴趣和意向。用人单位能根据求职意向快速地获取求职者的目标岗位，进行后续的沟通。

8. 自我评价

可简明扼要地说明自己良好的个性品质，如学习能力、沟通能力、解决问题能力、适应能力、团队合作精神、积极进取的工作态度、责任心、敬业精神等。

三、个人简历的写作要求

（一）简短明了

简历不要太长，一般情况下应届毕业生的个人简历有一页 A4 纸即可。简历中不要出现大段文字。据调查，用人单位花在每份简历上的平均时间不到 1.5 分钟，因此对于与求职目标有关的情况要重点突出，对其他无关紧要的情况可一带而过。

（二）求职意向明确

个人简历"一份走天下"的求职成功率是较低的，应当根据求职岗位进行局部调整，研究清楚招聘条件后，针对求职意向，突出个人在这方面的优势，拟定一份适合该岗位的简历。

（三）整洁清晰

简历应一目了然，确保阅读者一眼就能看到他们需要的信息。要使用简明、清晰、易懂的话语，不要使用晦涩难懂的语言，缩略语和流行语尽量避免。打印时选择合适的字体和字号。

（四）用事实说话

在阐明自己的教育背景和工作经历时，避免只写上"表现优秀""成绩突出"这样空洞的字眼，应用事实说服别人，如采用具体的数据、证书等信息。

（五）自信但不自夸

充分准确地表达自己的才能即可，既不可夸大其词，也不能消极地评价自己（过分谦虚），更不能随意编造。简历一定要量体裁衣，切忌抄袭他人、张冠李戴。

个人简历结构模板如表 4-4 所示。

表4-4　个人简历结构模板

基本信息				
姓名		性别		照片
出生年月		政治面貌		
学历		专业		
毕业学校		毕业时间		
联系电话		电子邮箱		
教育背景				
年　月—　年　月		最终学历		
年　月—　年　月		培训深造		
工作实习经历				
时间		企业		职位
年　月—　年　月				
年　月—　年　月				
年　月—　年　月				
技能等级				
获奖情况				
自我评价				
求职意向				

任务演练

一、请指出下面表4-5的个人简历存在的问题及不足，并加以修改。

表4-5　个人简历

个人简历
姓　　名：×××
联系地址：××市××路××号
联系电话：××××××
求职目标：经营部、营销部、广告部、管理部
资格能力：2008年毕业于××商学院管理系，获商业管理学士学位。主修课程有：商业管理、商业经济、市场营销、商业传播、公共关系、广告学等。选修课程有：零售企业管理、计算机原理与应用、消费者行为等。在校期间学习成绩优秀，多次获奖。撰写的毕业论文曾获得奖项，并在全国多家报刊上发表
工作经历：2008年9月至今在××市××商业集团负责市场营销及有关管理工作
社会活动：在校期间曾担任××协会主席，曾在××市营销管理论坛上代表集团发表演讲，并当选为该论坛年度"明日之星"
其他情况：1985年出生，未婚。能熟练运用各种现代办公软件，英语会话能力强，书写能力略逊。爱好旅游、打网球、摄影

二、根据你所学专业和求职意向，设计一份个人简历。

请扫描二维码,查阅毕业生撰写求职简历小技巧。

第二节 求职信

 引航 1

例文	评析
自荐信 尊敬的领导: 　　您好! 　　非常感谢您在百忙之中抽出时间看我的求职材料。我今年22岁,男,现在是××大学通信工程学院电子系仪器仪表专业的一名学生,希望借毕业自主择业的机会,选择一个满意的单位。 　　在大学四年的学习生活中,我学习刻苦努力,成绩优异,先后五次获得一等奖学金(详情请见附件各科成绩表和获奖证书复印件)。此外,我对计算机进行了较为系统的学习,必修课包括计算机文化基础、计算机软件基础、计算机硬件基础、计算机接口技术、计算机控制技术,并自学了C语言、Office办公软件,通过了计算机国家三级考试。英语是当代青年必须掌握的技能,我在大学期间已经通过大学英语六级考试。 　　我深深地懂得,学好专业很重要,但更重要的是学以致用。因此,在学习理论知识之余,我也非常注重实践能力的培养。大一时,我参加了校电子科技协会。自大二起,我就在实验室帮助老师准备各种实验,经常参与实验室仪器的维护,动手能力和实验能力得到了锻炼,能开发单片机系统,熟悉DSP硬件、软件应用。另外,在大学期间,我先后担任班长、学生会主席等职务,因此具有一定的社会活动能力和独立工作能力,我本人也被评为"优秀学生干部"。	确定志向是职业规划的关键。 针对招聘信息突出专业技能和英语、计算机水平。 有针对性地突出实践能力和社会工作能力。

例文	评析

尊敬的领导，机遇对一个年轻人来说是多么重要，我真诚企盼您能给我一个学习、锻炼的机会。或许我不是最令您满意的，但我相信，依靠努力，我将成为最合适的！
  此致
敬礼！
            自荐人：××
            ×年×月×日
  地址：××××××
  电话：××××××
  E－mail：××××××
  附件（略）
	再次恳切地表明求职愿望。
	
	联系方式必不可少。

 引航2

例文	评析

应聘信
××公司经理：
  您好！
  从贵公司的招聘网站上，我看到贵公司急需几名信息工程方面的人员，非常高兴，真心希望能成为贵公司的一员，为贵公司的发展尽自己的绵薄之力。
  我叫×××，今年22岁，是××邮电学院电信工程系20××届毕业生。我学习的专业是"通信工程"，与贵公司所招人员专业对口。附件里面有我所学的课程及成绩，希望贵公司满意。
  为了拓宽自身的知识面，弥补专业的局限性，我自学了临近专业和相关学科的一些课程，主要有数字信号处理、随机过程、数值分析（一）（二）、移动通信、数字图像处理技术、纠错码等课程，并广泛涉猎了锁相同步理论、编码调制理论、综合业务网、卫星通信、统计无线电技术等多方面的知识，以使自己能够适应现代技术的发展，为从事不同方面的工作打下良好的基础。
  在技术实践方面，除了圆满完成学校所规定的实习和课程设计外，我还参加了学校科技协会。作为科技协会的会员和负责人，我组织并参加了协会的各项科技活动，如电子小
	标题。
	称呼。
	
	正文开头说明求职的缘由。
	
	主体分为四部分：第一部分介绍自己的学业基本情况；第二部分重点介绍自己的自学能力；第三部分介绍自己的实践及取得的成绩；第四部分介绍自己的业余爱好。

制作竞赛、校外无线电义务维修等。我曾亲自设计和制作过数字报时钟、抢答器、电子门锁、无线对讲机等多种电路，在实践中积累了较多的经验。在"全国第一届电子设计大赛"中，我获得了"××省赛区三等奖"。

我的业余爱好比较广泛，尤其喜爱体育运动及书法艺术。踢足球和打篮球是我的特长。自上高中起我便多次获得校、市书法大赛的一等奖和特等奖，作品曾在市里展出。大学期间曾任电信系报纸《电信绿鸽》的责任编辑，该报在校内受到广大师生的好评。

希望以上资料能引起贵单位的兴趣并得到回复。如有机会面谈，我将十分感谢。

谨祝

顺达

×××
××××年×月×日

地址：××××××

电话：××××××

E-mail：××××××

附件（略）

> 全文情辞恳切，谦恭得体，语言简洁，针对性强。
>
> 结尾再次恳切地表明求职愿望。提出希望，表示感谢，增加成功概率。

一、求职信的含义及类型

（一）求职信的含义

求职信是求职者为了谋求岗位向用人单位或领导介绍自己的基本情况、能力特长，表达求职意向的一种专业文书。求职信包括自我介绍、自我推销、行动建议等内容，多采用描述式语言，并有所侧重地介绍自己与用人单位相匹配的能力和特长。

求职信是求职者所有求职材料中支柱性材料之一，其写作质量直接关系到求职者求职的成功与否。一份完整的求职材料一般包括求职信、个人简历和附件3个部分。求职信主要是用来表达个人的愿望与要求；个人简历用来简要而有重点地说明自己的基本情况，让对方进一步了解自己；附件包括毕业生推荐表、毕业证、学位证、相关能证明自己能力的证书复印件、在社会工作方面的证明和有关部门的推荐材料等资料。

(二)求职信的类型

求职信可分为自荐信和应聘信两种类型。

1. 自荐信

自荐信是指在不知道用人单位是否聘用人的情况下写的询问性求职信,如大学生临毕业时写的"投石问路"的求职信件。这种求职信属于非应聘式求职信,可以投送一个单位,也可以同时投送若干个单位。求职者会向自己感兴趣的单位投送求职信,主要内容是介绍自己的专业、能力、特长和求职意向。在撰写此类求职信时,要考虑自己的专业特长是否在用人单位有用武之地。

2. 应聘信

应聘信是指在用人单位公开招聘的情况下写的求职信。应聘信求职的针对性较强,一般要针对应聘岗位所限定的求职者的年龄、工作经历、工作经验、专业去撰写。不考虑这些限定条件,一味地在求职信中畅谈自己的优势,那么求职信写得再好也无济于事。

二、求职信的格式及写法

(一)求职信的格式

求职信的基本格式与一般书信无异,主要包括标题、称呼、正文、祝颂语、落款和附件等方面的内容。求职信通常写在一页 A4 纸上为最佳。

1. 标题

求职信一般以"自荐信"或"求职信"三字为标题,位于首页首行正中。

2. 称呼

在标题下一行书写称呼。求职信如果是写给单位的,则直接写明单位全称即可。如果是写给单位具体负责人的,一般称呼其职务,如"××经理"。如果没有特指,直接称呼"尊敬的领导"即可。不同于一般的私人书信,切不可用"亲爱的""我最尊敬的"等字眼。

称呼顶格书写,以示尊敬和礼貌。称呼之后用冒号,然后另起一行,空两格,写上问候语"您好!"。

3. 正文

正文由开头、主体、结尾三部分组成。

(1)开头。开头写求职、应聘的缘由。可以开宗明义,直截了当地说明求职意图,如:"我叫×××,是××大学即将毕业的学生,渴望在贵公司找一份工作。"也可以说明自己看到用人单位的招聘信息,意欲应聘的想法,如:"我是在网上看到贵单位的招聘信息的,对××一职很感兴趣,特此应聘。"开头部分的表述要简明而富有吸引力,从而吸引对方看完求职材料。

（2）主体。主体是求职信的重点部分，写作内容通常包括：①个人的基本情况（年龄、学历、专业等）。②学习情况、工作能力及思想素质等，包括学习的课程及成绩、工作能力、社会实践情况、专业操作技能、个人兴趣爱好、性格特点等。如果是在职转岗求职者，则应重点突出自己的工作经历和工作成绩等。这一部分是求职信的重要内容，求职者要针对用人单位在征招信息中提到的用人要求具体介绍自己，全面展示自己的亮点，使用人单位意识到你是他们需要的最佳人选。③被聘后的打算。这部分应重点突出，言简意赅，语气自然。

（3）结尾。在结尾，以诚恳的态度进一步强调自己求职的愿望，希望早日得到明确的回复。这一部分要注意用语得体、恰当，掌握好分寸。

4. 祝颂语

在正文后，要写上一两句祝颂的话或敬语。

5. 落款

在正文的右下方写上求职者的姓名和成文日期。另外，为方便对方回复、联系，最好写上自己的准确联系方式，如通信地址、邮编、移动电话、电子信箱等。

6. 附件

附件部分是附在信末用以证明或介绍自己具体情况的书面材料的复印件。它可以包括学历证书、学位证书、获奖证书、各科成绩登记表、职业资格证书、发表的文章、专家或单位提供的推荐信或证明材料。证明材料应有证明单位或者负责人的签名和盖章。

三、求职信的写作要求

（一）言简意赅

求职信的内容应精简，条理要清晰。篇幅不宜太长，最好控制在 1 页以内。

（二）不卑不亢

求职者应按照求职信的基本要求和格式，做适度的自我推销，这也是求职信的基本要求。要有针对性地、恰如其分地突出自己的关键性经历、最好的成绩、最重要的特长以及自己的愿望、心情和信心等。在自我推销时要做到稳妥适当、不卑不亢，表现出热情、自信而又积极的态度。

（三）实事求是

诚信是用人单位对员工的基本要求。因此，要保证所提供的所有求职材料真实准确，要对自己的能力进行客观的评估，用事实代替华而不实的修饰语，以谦恭、恳切、大方、自信的态度表达"求"的信息，恰当地表现被动位置上的主动意识。真实性是求职材料的灵魂。在求职过程中，你不仅代表自己，更代表你所在的毕业院校。真实的求职信不仅是对自己负责,更是对学校、用人单位甚至是对社会负责。

(四) 文理通顺

招聘方希望通过求职信来了解求职者的文字表达能力、态度,以及与岗位相符的基本素质。因此,求职信中出现错别字、病句,出现文理不通的问题,都会给招聘方留下缺少诚意和缺乏职业素养的不良印象。

求职信结构模板如表4-6所示。

表4-6 求职信结构模板

标题		求职信
称谓		尊敬的××(或职务):
正文	开头	个人简介以及求职意向
	主体	重点介绍与招聘岗位对口或者相关的专业背景和工作简历
		适当展示自己的职业素质和特长
	结尾	表示胜任工作的决心,恳请对方给予机会
祝颂语		此致 敬礼
落款		求职者姓名 ××××年××月××日

任务演练

根据个人的专业学习、在校表现及参加社会实践活动的能力等情况,写一封求职信。

请扫描二维码,查看"网申"小技巧。

请扫描二维码,查看"面试'薪资'应对方法"。

第三节　申论

 引航

申论是国家和地方公务员考试必考科目之一。申论自 2000 年第一次进入国家公务员考试以来，无论是中央国家机关公务员考试还是地方公务员考试，一直沿用至今。根据历年考试得分情况来看，申论的得分率很低，平均分在 38 分左右（满分 100 分）。因此，及时了解申论考试的相关信息，掌握申论的写作规律和技巧，是提高申论考试成绩，顺利通过公务员考试的重要保证。

一、申论的含义、特点及试卷的内容

（一）申论的含义

申论是指根据给定材料或特定话题而引申开来、展开议论的一种文体，是随着公务员考试而出现、推行的一种应试文体。

"申论"一词，出自孔子所说的"申而论之"。从字面来理解，"申"，为引申、申述，"论"，为议论、论证。所谓申论，就是对材料、事件、问题有所说明、阐述观点、论述理由，并发表见解、提出方案、进行论证。

《中央机关及其直属机构 2015 年度考试录用公务员公共科目考试大纲》规定，"申论是测查从事机关工作应当具备的基本能力的考试科目。申论试卷由注意事项、给定资料和作答要求三部分组成。申论考试按照省级以上（含副省级）综合管理类、市（地）以下综合管理类和行政执法类职位的不同要求，设置两类试卷。省级以上（含副省级）综合管理类职位申论考试主要测查报考者的阅读理解能力、综合分析能力、提出和解决问题能力、文字表达能力……市（地）以下综合管理类和行政执法类职位申论考试主要测查报考者的阅读理解能力、贯彻执行能力、解决问题能力和文字表达能力"，"申论为主观性试题，考试时限 180 分钟，满分 100 分"。

（二）申论的特点

从历史渊源来看，申论借鉴了我国古代科举考试制度中"策论"的一些做法。刘勰在《文心雕龙·议对》中总结了"对策"的写作特点和要求，"使事深于政术，理密于时务，酌三五以熔世，而非迂缓之高谈；驭权变以拯俗，而非刻薄之伪论；风恢恢而能远，流洋洋而不溢，王庭之美对也"，意思是说策论应该上有所依，下有所系，对策方略具有现实针对性和实践操作性，语言表达要富有表现力，力求做到"志足文远"。有鉴于此，结合当今时代特点，可将申论的特点概括为以下几点。

1. *行文角色虚拟*

申论考试旨在为国家党政机关选拔能够真正胜任公务员工作的优秀人才，其写作实质上是公务员处理公务的一次预演。因此，行文中考生应以公务员的身份，站在公务员的角度来进行审题、思考和写作。由于公务员的角色定位是领导与群众，政策与实践的中介，因此，考生必须具备政策意识、管理意识、民本意识和服务意识。

2. *考试形式灵活*

申论试题大体包括"一概括二对策三论证"三个模块。申论试题的灵活性，主要指写作文体的多样性。概括部分可能属于记叙文（概括叙述）、说明文、议论文的某种写作形式。对策部分多用应用文写作。论证部分则是论说文体。因此，从这个意义上讲，申论既考查了考生的基础写作能力，又测试了其公务员职业写作水平，体现了试题形式的灵活性。

3. *试题材料广泛*

申论考试是一种综合素质考查，而非某种专业测试，要求考生具有丰富的常识。因此，试题给定材料体现出明显的社会化特征，一般不会特别向某种专业知识倾斜，试题材料涉及的范围极其广泛，政治、经济、法律、教育、文化等社会诸多现象均可涉及。

4. *试题答案开放*

申论考试没有、也不可能有一个唯一、正确、固定的标准答案。申论给定的材料涉及政治、经济、文化、教育等社会诸多方面的问题，有的已经有定论，有的还没有具体定论，这就需要考生发挥自己的主观能动性进行判断。因此，无论是提出问题的解决方案，还是对方案进行论证，都难以有一个唯一、确切的标准答案。特别是在议论文的写作上，考生一定要打开思路，方能写出"治体高秉，雅谟远播"的上乘之作来。

（三）申论试卷的内容

申论试卷大体由三部分构成。

1. *提出"注意事项"*

申论考试会给考生答卷提出重要的指导性建议，如对申论试卷的组成部分做出说明，规定申论的考试时间，对考生阅读材料和作答的时间分别提出建议，还会告诉考生填涂答题卡的注意事项，以及完成答题后准备交卷离开考场时应遵守的规则等。

2. *给定材料*

申论考试会给定一篇或一组材料。近两年，申论考试给定资料字数都在 8 000 ~ 10 000字。可以看出，材料的阅读量比较大，但无论容量怎样增加，内容的实质没有变，都是围绕"社会三点"，即社会热点、社会焦点、社会难点而设置的。

3. 提出"作答要求"

申论考试要求应试者在理清给定资料的基础上完成所给题目。这些题目在考查应考者能力、方法方面几乎一致,大体上都是"一概括二对策三论证"的模式,只不过题目的数量和题目中选取的角度或形式不同而已。

二、申论的写作指导

(一) 认真审读材料

认真审读给定材料是完成所给题目的前提条件。只有读懂、读透全部材料,才能把握材料所反映的事件性质,进而准确地概括出材料所反映的主要问题,以完成第一个环节的要求。切忌匆忙浏览,不求甚解。

(二) 准确、精炼概括内容

概括内容要准确、精炼。这样会使下一环节提出的对策,以及之后的论证过程更具有针对性,是立论和展开论述的基础。在概括有关内容时一定要注意每一项内容都要出自给定的材料,理论可以从材料中选取,也可以从中引发,但不能脱离材料随意发挥或拓展;力求在原文的基础上用简短、精炼的词句表达,不要盲目照搬、照抄原文中的内容;对于材料中所反映的问题,要理清时间、主次、因果,并在概述中体现出来;答案的字数要符合要求,可将文字篇幅的弹性限度控制在10%以内。

(三) 合理提出对策

申论考试主要是对考生模拟公务员处理日常事务的能力进行测试,因此考生在提出对策时一定要注意站在国家机关工作人员的角度,为国家、人民利益着想。提出对策时既不能超越公务员的职责与权限,又要合乎我国的国情、民情、政策、法律法规等,而且必须具体切实可行,具有可操作性;要一针见血地指出问题的实质,旗帜鲜明地表明观点,肯定或否定,赞扬或针砭,必须清楚明了。

(四) 充分进行论证

写作题,作为申论考试的最后一道环节,要求必须以"论"为其核心。它要求考生参考所给材料,对提示中确立的主题自选角度,提出问题,解决问题,并且要做到观点明确,联系实际,分析具体,条理清楚,语言流畅。但申论考试中的"论"有其侧重点。一般而言,可采用提出问题—分析问题—解决问题的三段式来作答。提出问题要简明扼要,尽量选用给定的事实材料和理论材料;分析问题要紧密结合所给材料,做到集中论述主要问题,重点内容详写,次要内容略写;解决方案要分条列项地陈述,既要有总体的思路,又要有具体的措施,最好与分析的问题相对应,重在讨论解决问题的方法、措施。

三、申论写作的注意事项

(一) 观点要有价值

提出的建议或措施不能脱离实际、片面偏激，要有一定的建设性、实用性和可操作性。例如，在某一年的申论应试中，有考生针对"PPA事件"，提出要"无条件回收相关药品，退货退款"的建议，这就没有考虑到实际生活中党和国家的大局。

(二) 文风要庄重、理性

申论写作的语言同公文写作的语言一样，要求"直述不曲"，忌主题不明、表述不清。尤其是论证时，必须严谨、周密、有逻辑性。少用或不用文学性语言，慎用修辞。绘声绘色、辞藻华丽、形象生动的文学性的表达，在申论考试中都应当抛弃，宜用质朴、准确、客观、理性的语体风格。

申论写作中还要避免一些错误的倾向，不要以为文章越"揭露"社会阴暗面，讽刺越有力度，就越是好文章。类似这样的偏见，容易导致文章写作严重偏离主旨，不仅违反"申论要求"，也与申论考查的目标背道而驰。

(三) 紧扣材料答题

答题时一定要注意考试的限制性要求，即无论是概括主要内容、提出对策，还是论证，都要从试卷中所给材料出发，提出有针对性的、可操作的方案。切忌脱离材料，随意联想和发挥。下面我们以中央机关及其直属机构2016年公务员录用考试《申论》试卷为例进行讲解和分析。

中央机关及其直属机构2016年度公务员录用考试《申论》试卷

市（地）级以下综合管理类和行政执法类

题号	1	2	3	4	5	总分	核分人

一、注意事项

1. 本题由给定资料与作答要求两部分组成，考试时限为180分钟。其中，阅读给定资料参考时限为50分钟，作答参考时限为130分钟。满分100分。

2. 请在题本、答题卡指定位置上用黑色字迹的钢笔或签字笔填写自己的姓名和准考证号，并用2B铅笔在准考证号对应的数字上填涂。

3. 请用黑色字迹的钢笔或签字笔在答题卡上指定的区域内作答，超出答题区域的作答无效！

4. 待监考人员宣布考试开始后，你才可以开始答题。

5. 所有题目一律使用现代汉语作答。未按答题要求作答的，不得分。

6. 监考人员宣布考试结束时，考生应立即停止作答，将题本、答题卡和草稿纸翻过来留在桌上，待监考人员确认数量无误、允许离开后，方可离开。

严禁折叠答题卡！

二、给定资料

资料1

某市市政府组织召开了一次专题研讨会，邀请了相关专家及政府部门工作人员，以"好政策"为话题展开讨论。以下是与会人员的发言摘要：

A：我讲一个关于苏东坡在杭州做官时治理西湖的事情。当时，西湖内淤泥壅塞、湖草蔓生，使得西湖容量日渐减少，淡水不敷居民饮用。苏东坡决心清理淤泥蔓草，他动用数千劳力，费时四个月得以竣工。工程完毕后，如何处理堆积如山的水草和淤泥又成了难题。苏东坡实地考察后发现：西湖南北两岸居民顺着蜿蜒的湖边步行到对岸必须绕道数里。于是他决定用挖出的淤泥修一条直贯南北两岸的路堤，将湖面分隔为里湖、外湖，大大缩短往返路程，沿堤垂柳和6座拱桥及9个亭子更增加了西湖的美景。这时，又出现了一个新的问题：如何使湖中的恶草不再滋生呢？那就把沿岸部分湖面开垦出来，让农民种菱角增收，条件是必须在自己承包的湖面按期除草。同时，苏东坡还向朝廷上书，请求将向菱角种植户收的税金作为保养湖堤、湖体的专项资金。

B：确实，我国历史上有很多好的政策，我印象深刻的是张居正的一条鞭法。一条鞭法的内容很多，但最主要的，是颁布统一规定，全国税收由实物税变为货币税，明白点说，就是以后收税时，不收东西了，统一改收钱币。一条鞭法看似简单，却蕴含了极高的智慧，正如那句老话：把复杂问题简单化。

C：2007年12月31日，国务院办公厅发布了《关于限制生产销售使用塑料购物袋的通知》，这份被称为"限塑令"的通知明确规定，"从2008年6月1日起，在全国范围内禁止生产、销售、使用厚度小于0.025毫米的塑料购物袋"，"在所有超市、商场、集贸市场等商品零售场所实行塑料购物袋有偿使用制度，一律不得免费提供塑料购物袋"。这一政策出台后，也有过一些争议，一是商家担心执行不严，有竞争者偷偷地继续提供塑料袋；二是消费者的心理感受差，原来不花钱的塑料袋，现在需要自己买，会有抵触情绪；三是塑料袋毕竟价格低，消费者还会继续花钱购买塑料袋。从多年执行的情况看，我认为这一政策还是成功的。消费者逐渐理解了政策出台的意义，同时出于经济考虑，购物前一般会准备可以长期使用的环保塑料袋。一时忘记带，也可以购买能反复使用的环保塑料袋。所以说，政策是否有效，还要看其是否合理发挥了政府和市场两方面的作用。

D：美国在如何推动民众参加养老保险计划方面，可谓费尽苦心。最初，在美国养老保险体系当中，员工需要经过选择、申请加入，然后要做出各种各样养老金比例的选择。人们往往会被这一烦琐复杂的过程吓倒，因此相当多的人一生中从来没有加入过养老保险计划，也有很多人将自己的养老保险计划弄得一团糟。所以，后来美国的一些公司改变了其默认选项，告知员工如果不填表的话，就默认自动加入养老保险计划。也就是说，除非填表，明确表示退出，才能够不参加养老保险计划。这大大提高了员工的参保率。

　　这个方法也被美国政府在很多方面加以采用。在养老保险体系中，还有一个问题，就是刚刚参加工作的人缴存比例比较低，人们不愿意为了未来而降低现在的收入，于是美国又出台了另外一项推动措施，叫作"明天储蓄更多计划"，参与者在将来按照工资涨幅提高缴存金额，而不会看到自己手上的钱减少。这项措施促使民众缴纳更多的钱用于养老保险计划。

　　E：我的老家有一个亲戚，是区里某个部门的副局长，最近相当"纠结"。眼下，从上到下反"四风"，对党员干部操办"婚丧嫁娶"抓得很严，他准备不办婚宴。不料亲家坚决不同意：儿女婚姻是人生大事，必须办！两家为此闹得很不愉快。情急之下，他只得向纪委打电话"求助"："我家女儿快结婚了。怎么样办婚宴才不至于违纪？"听说区纪委收到不少这样的咨询，因为不少人对有些事吃不准，害怕"一不小心"违了纪。于是，区纪委迅速地制作了一部动漫片。把工作和生活中经常碰到、大家又拿捏不准的违纪"高发点"梳理出来，用动漫片的形式进行权威解读、"边界"标注，让党员干部一看就懂，首批梳理出来的违纪"高发点"有五个：一是婚丧嫁娶大办宴席；二是以公务考察为名旅游；三是违规发放福利；四是违规发放津补贴；五是违规接受宴请礼品和参加娱乐活动。针对每个"高发点"，区纪委都制定了非常具体详细的规定。这下，我那位亲戚，不再"纠结"了，已经与亲家达成共识，婚宴照办，但是一不收彩礼，二要控制规模，只宴请两家的亲戚欢聚一下。

　　F：好的政策谁说了算？只有综合汇总分析多方面的反馈，才能知道某项政策的效果。在美国家庭里，有一个能源使用反馈灯，如果家里消耗的能源过多，这盏灯就会变红变亮。通过这种反馈，美国家庭的能源消耗下降了40%。同理，一项政策需要有良好的反馈系统，从而及时修正相关政策。习近平同志在一次考察时说："政策好不好，要看乡亲们是哭还是笑。"

　　G：政策制定的过程是一个对以往政策行为的不断补充和修正的过程：政策要有延续性，不断调适渐进，我国在改革开放初期提出"摸着石头过河"，反映的正是这种理念。

资料2

　　H市在市政务信息网上设立"市长信箱"，受理人民群众提出的意见建议，以及反映的应由政府解决的问题。下面是"市长信箱"收到的几例市民网络来信以及网站的答复：

　　【来信】[2015-5-26 8：37] 领导您好！市电视台目前在放一部很火的电视剧，但是每一集前面重复播放上一集的很多内容，后面再来个下集预告，实际上每一集的新内容很少，这纯粹是浪费我们的时间！你们能不能管一管啊？

　　【答复】[2015-5-28 9：00] 您好，来信收悉。现就您提出的问题回复如下：经调查，近期市电视台播放电视剧确实存在内容重复播出、"前情回顾"较长的问题。现广电局已责成市电视台从整体规划、编排应对、受众服务意识、规范自律等方面查找不足，立即整改，并要求市电视台增强品牌意识，以大台标准严格自我要求，在今后电视剧播出工作中严格遵守各项相关政策规定，杜绝类似情况的发生，非常感谢您对我市广播电视工作的关注。

【办理情况】5月26日9：00转市广电局核查处理，并要求于5月29日前反馈处理情况。5月27日17：08市广电局反馈处理情况，5月28日9：00完成回复。

【来信人反馈意见】满意。（可选：满意、较满意、基本满意、不满意）

【来信】[2015-5-25 8：00]敬爱的领导，你好！我是前桥镇小水村七组的人。我们这个组一直没修水泥路，别的村子都修好了！望领导帮我们关心一下，感谢！

【答复】[2015-5-28 9：10]您好，来信收悉。就您提出的问题，经调查，现回复如下：2006年国家实施农村公路通畅工程以来，我市大部分行政村都建成了通村公路，而且国家只下达通村公路0.4公里的建设计划并已建设完成。目前，国家还没有实施通组公路的政策，你组如要修建通组公路，可以等待国家实施通组公路的政策或申请市计划外修路指标（计划外公路建设程序为：村组向所在乡镇书面申报修路意见→当地乡镇纳入本乡镇农村公路修建规划→乡镇向市政府申请修路计划→市政府批准同意并下达建设计划→村组按要求修好路基，并筹集好配套资金→市交通运输局组织实施）。

【办理情况】5月25日9：00转市交通运输局核查处理，并要求于5月28日前反馈处理情况，5月27日16：12市交通运输局反馈处理情况。5月28日9：10完成回复。

【来信人反馈意见】较满意。（可选：满意、较满意、基本满意、不满意）

【来信】[2015-5-25 21：20]您好，南兴路路口H酒店牌坊附近区域秩序混乱，乱停车、乱摆摊现象严重，每天下午交通不便。马路隔离桩大部分损坏未修复，完全成为三不管地带，严重影响市容市貌，城管、交警对这块区域不闻不问，具体归哪里管辖不清晰，市政设施损坏无人修复，反映后情况依旧。切勿懒政，急政！

【答复】[2015-5-28 11：10]您好，来信收悉。我们已责成N镇进行办理，现将办理情况回复如下：一、关于南兴路路口马路隔离桩损坏未修复以及乱停车的问题。N镇已联系区公安交巡警支队，即日起对隔离桩损坏部分进行维修，针对乱停车的问题，将会采取处罚措施并加大对此区域的巡逻及管理力度。二、关于南兴路路口占道经营的问题。N镇综合行政执法大队已对南兴路路口游摊进行了说服教育，并告知其本镇将开展市容环境综合整治，南兴路靠近主干道江南大道，将作为重点整治路段之一。同时，N镇也将加强该路段的巡查，并加派执法人员值守该路段，对该路段占道经营进行规范管理。

【办理情况】5月26日9：20转N镇政府核查处理。并要求于5月29日前反馈处理情况，5月27日17：38N镇政府反馈处理情况。5月28日11：10完成回复。

【来信人反馈意见】满意（可选：满意、较满意、基本满意、不满意）

【来信】[2015-5-27 10：00]我是大学城F楼盘业主，从接房、装修到入住，近半年了，有线电视和网络都还一直没通，给我的生活带来极大不便，上次在市长信箱反映过，S区房管局给我打电话说不归他们管，但后来就没有下文了，找物管也是一天拖一天。我就想知道到底哪个部门能帮我解决一下问题。

【答复】[2015-5-28 15:20] 您好,来信收悉。我们已转批S区文化委调查处理,现将相关情况回复如下:F楼盘里小区没有开通有线网络电视事宜,经与有线网络分公司联系,该单位将于6月1日正式开通网络并为小区业主办理收视业务。S区文化委工作人员于5月28日上午已与您取得联系,告知了您该情况。

【办理情况】5月27日10:40转S区文化委核查处理,并要求于5月30日前反馈处理情况。5月28日11:25 S区文化委反馈处理情况。5月28日15:20完成回复。

【来信人反馈意见】较满意。(可选:满意、较满意、基本满意、不满意)

【来信】[2015-5-28 16:00] 我是X中学的一名学生,我们学校要求学生早晨5:50起床,班主任老师5:30就到宿舍喊学生起床,要求6:20所有学生必须到教室进行早读。起床过早,反而影响我们的学习效率。中午又规定学生要统一在教室内上午自习,晚上还要上三节晚自习。学校的安全课、环境课现在已经如同虚设,三节体育课,也只上两节。学生的学习压力过大,这种不合理的安排会严重影响我们的学习效率。另外,学校医务室的药特别贵,还卖过期药。

【答复】待答复

【办理情况】5月28日16:20转市教育局核查处理,并要求于5月31日前反馈处理情况。

【来信人反馈意见】(可选:满意、较满意、基本满意、不满意)

【来信】[2015-5-28 8:05] R区现属于我市五大功能区之一的城市发展新区,主做制造业。我是一名返乡大学生,准备在R区开办一个以有机蔬菜、有机经济作物、家禽养殖为主,乡村农家乐为辅的公司(目标是希望以后可以做大,所以定位为公司),请问对于区域规划来说目前哪些乡镇或者区域是支持的?

【答复】[2015-5-28 16:40] 您好,来信收悉,现回复如下:近年来,R区大力发展特色效益农业,逐步形成了区北十万亩蔬菜基地、区南十万亩苗木基地和区西五万亩果木基地。你可根据自己的意愿和用地需求,在相应基地范围内,按照环保、用地政策等相关要求,发展以种养结合的循环经济为主,休闲农业为辅的公司,如有需要可详细咨询区农委产业科,联系电话:4141××××。

【办理情况】5月28日8:20转R区农委,并要求于5月29日前反馈处理情况。5月28日9:30区农委反馈处理情况。5月28日16:40完成回复。

【来信人反馈意见】满意。(可选:满意、较满意、基本满意、不满意)

资料3

某省T县长期存在着红白喜事大操大办的习俗,各种"随礼"已经成为很多百姓家庭沉重的经济负担。鉴此,县政府在反"四风"整治行动中,出台了一个关于办酒席的规定:只有婚、丧、寿三类酒席可办;只有70周岁及以上老人可办寿酒;升学满月等一律不办;办酒席须提前申请。此举立刻引发社会热议。

下面是一些网友的网上留言:

网友1:我表示坚决支持。不明所以的人,你只有到当地去看看,才会了解真实的情况。我们那一带，农村普通家庭孩子考上个普通的初中，都要摆"学酒"，村民都要"随礼"。一年算下来开销不少。

　　网友2：用行政命令来移风易俗，说明要么当地风俗已经影响正常社会秩序了，要么当地政府部门没有别的办法只能一刀切了。这样的政策不是庸政就是懒政。

　　网友3：人家办酒席说是家族聚会，怎么管？这个规定合法么？公民没有办酒席的权利？约束公职人员用公款办酒席是对的，老百姓为什么跟着被整顿？没理由啊！

　　网友4：说明当地的请客送礼风气已经逼得好多人没法过日子了！党委政府可以规定共产党员和公职人员办酒席的种类，同时严格限制礼金数量，违者从重处理并进行曝光。这样也许可以引导社会风气好转。

　　网友5：这规定太过了，老百姓爱什么时候办寿宴，办多大规模，只要不影响公共利益，自己说了算！

　　网友6：纯化民风需要做的不是这些，而是清朗的环境，公平的感受，真挚的、和睦的、真实的情愫。总之，是要一个真实的世界，而不是虚假的。

　　网友7：地方官员反应过度，法律意识淡薄。

　　网友8：有些地方弄了很多办酒的事，完全是乱来的，就是因为办酒方想利用这个时节聚点钱财，搞得整个社会、家族、周围的人都乱套了。在人情社会中，不送也不可能。如果情况严重，国家必须要行政管制。有些地方就是瞎搞。你有个啥不特别重要的事，告诉你自己家人几个就行了，弄得像个大事一样宣传，恶俗行为！

　　网友9：有些地方必须要管，一些好的习俗要保留，但消极影响大、影响周围百姓的事一定要管。国家要管干部，也要刹住百姓中不良摆酒之风。

　　网友10：办寿宴是人民群众的自由，一刀切的规定，看似平等，看似可以减少腐败滋生，却是以牺牲自由为代价。这里面是不是有个公权侵犯私权的问题啊？

　　网友11：官员绝对要管住，民间也需要移风易俗。办宴不是问题，随礼之风太过恶劣。官风好了，民风才能好起来。

　　网友12：你们这些唱反调的人都是只懂点法律和政策的人，你不是普通老百姓，你无法体会他们生存的艰难，你们说的看似很有道理，又讲法又讲理的，但没有结合实际就啥都不是。在有些地区，这样的政策必须出台，而且早就已经等不及了。地方政府了解民情，站在百姓的立场，出台这样好的政策，好样的。

　　网友13：这说明这些官员工作太轻松了，该管的不管，不该管的乱插手。移风易俗应当靠宣传教育工作和思想工作，不应当强迫命令。这些当官的不愿做艰苦的思想工作，想用一纸命令来改变社会风气，不但让人感到你为官霸道，而且说明你是个懒官、庸官。

　　网友14：应该说这个规定是有积极意义的，是一个因地制宜、移风易俗的规定。近些年来一些地方弄出五花八门的点子，目的就是敛财，当地百姓不胜其扰。T县地方政府的干预是合适的，能发挥正确的导向作用，应该支持。

　　网友15：矫枉必须过正！坚决支持！扭转社会不良风气需要政府牵头！单纯依靠民间的潜移默化纠正则力度不够，而且需要时间太长了。

网友16：要我说，矫枉不能过正！群众想啥时候办就啥时候办，否则是不是管得太宽了？人家花自己的钱，碍着你什么事儿？官员就不同了，因为有个示范效应问题。

网友17：有的地方有的人把办酒席当成敛财的一种手段，有的人被迫效仿，逐渐形成歪风，让百姓苦不堪言，现在应该趁反"四风"的时机，刹住这股办酒席敛财的歪风。

网友18：正常的风俗习惯地方政府不可能出台规定加以限制。婚丧嫁娶时，亲友坐下吃顿饭也不能在此范围。

网友19：规定全体公民办酒席时严禁收礼金不就好了？设立个举报制度，礼金的20%作为举报奖金，就当交个税吧，大家说可行不？

资料4

1995年《全民健身计划纲要》的颁布实施，对全民健身活动的蓬勃开展起到了极大的推动作用。这20年来，我国全民健身事业取得令人瞩目的成就，健身理念日益深入人心，人们的健身热情不断高涨，丰富多彩的健身活动涌现神州大地，群众体育组织不断加强，群众健身的环境和条件明显改善，参与体育健身活动的人数大幅增加，具有中国特色的全民健身体系基本建成，我国逐渐由体育大国向体育强国迈进。

如果说全民健身活动的开展，显著增强了中国的国民体质，那么，1977年恢复高考的重大政策，则显著改变了中国人的精神生活。很多人的求知欲、读书欲被唤醒、被激活。上海图书馆的老员工们至今还记得当年图书馆开门营业时的盛况。每天早上，上海图书馆门口6点多就开始排队了，到了开门时间，读者像潮水一样涌入。挤进图书馆的人基本就不出去了，一旦出去你的位置也就没了。这项好的政策不仅焕发了亿万青少年的读书热情，更奏响了中华民族复兴的前奏曲，让人们看到了我们民族的希望。

毫无疑问，在社会生活中，如何通过政策来促进公民的理性思考、合理引导人们的善意、提升公民的自我修养，是政府的职责和担当。政策的最终目的，是维护公共利益，使公民的生活更加美好。良好的政策有助于构建和谐的社会生活，让公民更趋于理性，更加崇尚和维护社会公德。从某种意义上说，好的政策不仅仅是对公民意愿的满足，更是对公民理性乃至德性的滋养。

三、作答要求（附解析及参考答案）

（一）请你根据"给定资料1"的内容，将与会人员关于"好政策"的有关见解，汇总整理成一份简报。（20分）

要求：（1）内容全面，紧扣材料；（2）观点明确，简明扼要；（3）语言流畅，条理清晰；（4）不考虑格式要求，不超过400字。

【解析】本题要求根据"给定资料1"的内容，汇总整理一份关于"好政策"的有关见解，答案的提炼要全面、紧扣材料、观点明确，无须考虑简报的格式要求。

【组织答案】只要将上述"好政策"的有关见解简明扼要、条分缕析地概括出来即可。其中，第七段和第八段要点有部分重合，需合并。

【参考答案要点】

第一,好政策要因地制宜。苏东坡以恶草为堤、以种菱除草,这种治湖思路不仅节省人力物力,且起到了一举两得、因地制宜的治理效果。

第二,好政策要变烦为简。张居正在一条鞭法中规定"全国税收由实物税变为货币税",将复杂问题简单化。

第三,好政策要发挥主观能动性。限塑令出台伊始存在很多争议,但实施多年后,并未出现过多的负面影响。政策实施的关键在于是否合理发挥了政府和市场两方面的作用。

第四,好政策要关注群众的切身利益。美国养老保险计划由实施不顺到顺利,说明政府推行一项计划或者政策,要注重参与者的实际感受。

第五,好政策还需好落实。"反四风"不等于杜绝一切礼仪,政策的出台很重要,但如何落实、细化同样重要。

第六,好政策需要有延续性,并不断完善。出台政策不是终点,吸取多方意见,通过多方反馈后,对政策不断完善并调试渐进将是一个长期过程。

(二)请你根据"给定资料2",列出H市政府办理"市长信箱"群众来信的基本流程和要求。(20分)

要求:紧扣材料,全面准确,条理清晰,不超过300字。

【解析】题干很简单,一句话点明了作答范围是"给定资料2",作答内容是列出"H市政府……的基本流程和要求",注意既要写出流程又要点出要求,二者缺一不可。

具体要求里点出要"紧扣材料""全面准确",这说明一定要以材料为准,不得任意添加或删减要点,"条理清晰"则指出作答要有一定的结构,不可堆砌要点。

【参考答案要点】H市政府办理"市长信箱"群众来信的基本流程:

1. 受理。"市长信箱"工作人员及时阅读群众来信,按照规定对来信进行分类、转办。

2. 办理。有关单位按照转办要求办理。

3. 回复。收到承办单位反馈的处理情况后,及时回复来信群众。

4. 来信人反馈。来信人对处理结果进行评分。

基本要求:

1. 及时。接收群众来信后,"市长信箱"须在1小时内将问题转交相应承办单位,承办单位须在3个工作日内反馈处理情况,逢月底则要求当月答复。

2. 有效。安排专职部门核查处理群众反映的问题,给出具体的解决办法,"市长信箱"无法讲清楚的须给出具体部门的联系方式。

3. 公开。在答复来信时,须公开事件处理方式及来信受理、转交的具体过程,并且接受群众评分。

(三)根据"给定资料3",回答下列问题。

1. T县政府出台的规定引发了社会热议。请你分析引发热议的主要原因。(10分)

要求:全面,准确,简明。不超过150字。

【解析】本题要求根据"给定资料3",分析T县政府的规定引发社会热议的主要原因,为此,从"给定资料3"中直接提取原因要点即可。要求中提到"全面、准确、简明",由此可以判断本题为归纳概括题,在作答时要保证要点的全面、准确,语言简明。同时,不能超过150字。

【参考答案要点】T县政府的规定引发社会热议的主要原因:一方面,从当地实际来看,T县长期存在红白喜事大操大办的习俗,各种"随礼"给当地很多百姓家庭带来沉重的经济负担,有纠正的需要;另一方面,从政府做法来看,T县政府在反"四风"整治活动中,以行政命令形式出台关于办酒席的规定,形式具有争议。由此,引发社会热议。

2. 对于T县政府出台的规定,网友们有的赞成,有的反对。请你对网友们的意见进行梳理,概括他们赞成和反对的主要理由。(10分)

要求:紧扣材料,全面准确,条理清晰。不超过300字。

【解析】本题属于归纳概括题,由题干可知,作答范围是"给定资料3",作答任务是针对T县政府出台的规定,归纳出网友们赞成和反对的理由。本题要点比较散,考生需要仔细分析每位网友的观点,将赞成和反对的理由分别挑出,条理清楚地罗列出来,注意要点一定要全,字数不超过300字。

【参考答案要点】赞成的理由:一是不良风俗需管制。办酒席开销大,其目的是为聚敛钱财,百姓负担加重,须加以行政管制;二是官风民风需两手抓。以公职人员为引导,带动民间改掉随礼之风;三是政府牵头方能扭转不良之风。政府要因地制宜,抓住反四风时机,出台强制政策,扭转不良风俗。

反对的理由:一是行政命令凸显庸政懒政。以此方法移风易俗是地方官员反应过度,法律意识淡薄。二是存在公权侵犯私权问题。只要不影响公共利益,公民就有办酒席的自由,不能牺牲群众自由减少腐败滋生。三是淳化民风不能只靠行政命令,还要靠宣传教育工作和思想工作、设立举报制度等。四是行政命令过于一刀切。对于正常的风俗习惯政府无须出台规定,要科学划分限定范围。

(四)"给定资料4"中提到:"从某种意义上说,好的政策不仅仅是对公民意愿的满足,更是对公民理性乃至德性的滋养。"请你从对这句话引发的思考说开去,写一篇文章。(40分)

要求:自选角度,自拟题目,见解明确、深刻;思路明晰,语言流畅;参考"给定资料",但不拘泥于"给定资料"。总字数800~1 000字。

【参考范文】

好政策可以温暖人心

"政策好不好,要看乡亲们是哭还是笑。"习近平总书记这句朴实的话语道出了好政策的重要标准。政策引领发展,政策关乎民生。作为党委政府,出台科学合理、惠及民生的好政策,群众才会交口称赞。一个好政策,不仅是经济社会发展的重要保障和制度支持,也可以温暖人心,正确引领人们前行。

"人民对美好生活的向往就是我们的奋斗目标",群众合理合法的愿望诉求,是出台好政策的直接动因。从1977年恢复了中断10年之久的高考，到"全面二孩"政策的实施；从鼓励私营经济、个体工商户发展到全面减免农业税，这些新政策无不是顺民心、合民意的好政策。

好政策是弘扬善举的道德"风向标"。好政策鼓励真善美，抵制假丑恶，在人们心中树起了一座座道德的"风向标"。近年来，为了让见义勇为者不能"流血又流泪"，各地出台了一系列鼓励见义勇为行为的政策，旨在解决见义勇为者的后顾之忧，让面对违法犯罪的人们"该出手时就出手"。针对路边看到跌倒老人"扶不扶"的尴尬，有的地方甚至出台了保护扶人者的"举证责任倒置"相关规定。正如小品《扶不扶》的一句台词："人跌倒了可以扶起来，人心倒了可就扶不起来了。"这些政策的出台，都是为了"扶起"人心，让崇德向善成为人们的自觉追求。

好政策是正确处事的行为"刻度尺"。政策不是法律，但是具有法律的规范约束功能，能够推动法律不断完善。前几年，立法机关根据"严厉打击危险驾驶行为、保护人民生命安全"的政策导向，及时制定了"醉驾入刑"的相关法律规定，是增加违法者违法成本、预防犯罪的一种有效措施。实践证明，醉驾者数量明显减少，足见政策的威力。中央出台"八项规定"以后，党内政风带动了民风和社会风气进一步好转，移风易俗、"光盘行动"、厉行节约等已经成为人们的新风尚、新习惯，也证明好政策对规范公民行为的重要作用。

好政策是完善自我的动力"倍增器"。好政策通过正确的制度导向和合理的措施激励，让人们正视自身不足，不断提升自我。改革开放的政策让人们眼界大开，"外语热"拉近了国人和世界的距离，"语言关"已不是难题；科教兴国、人才强国的政策让尊重人才、重视科技蔚然成风，激励广大学子刻苦学习、学有所成、建功立业；《全民健身计划纲要》的颁布实施，让"健康中国"的理念深入人心，火热的"广场舞""万步走"凸显了人民群众强身健体、增强体质的雄心壮志。

好政策不会凭空而降，它来源于科学的决策和规划，来源于对民众智慧的充分尊重和广泛吸纳，来源于立足长远的考量。只有心里真正装着群众，一切为了群众，从群众中来，到群众中去，才会制定出好的政策。那种"事前拍脑袋决策、事中拍胸脯表态、事后拍屁股走人"的"三拍干部"，只会让群众反感，与为民务实的宗旨格格不入。

好政策温暖人心。群众期待好政策不断出现，这不仅是他们过上幸福生活的向往，更是党委政府肩上沉甸甸的一份责任。

（资料来源：国家公务员考试网，有改动。）

请扫描二维码，查阅"如何有效备考申论大作文写作"。

第五章
工作期间应用文

 学习目标

1. 了解新媒体文本、广告文案、项目活动策划书的含义与特点
2. 掌握新媒体文本、广告文案、项目活动策划书的写作要领
3. 能够进行新媒体文本、广告文案、项目活动策划书的写作

第一节 新媒体写作

 引航

过去，人们称会写文章的人为文艺青年，文艺青年在不同语境下有不同的感情色彩；现在会写作的人可以称为内容创业者，这却是一个蕴含着巨大潜力的工作机会。何谓内容创业？事实上，我们熟知的自媒体如博客、微博、微信等就是内容创业的平台。从广义上讲，以创作高质量的内容为手段的创业方式都是内容创业。在移动互联网时代，微信上阅读量过百万的爆款文章，华尔街见闻推送给用户的全球实时金融资讯，优酷上美妆达人上传的化妆视频，晋江上连载的网络小说，YY直播里美女主播唱给用户听的歌……不论在哪个平台，采取哪种形式，只要发布的内容有市场，就是一种内容创业。

新媒体时代，写作越来越显现出它的独特价值，这不仅体现在写作已成为一种工具，就像过去找工作必须会操作电脑一样，写作已是现在工作的标配，还体现在写作是未来人的生活状态。未来，很多人可能会是自由职业者，不需要坐班，不需要来回通勤，在家就可以办公，兼职就可以养活自己。但如何实现这种状态呢？具备一定的写作能力是最基本的。

一、新媒体写作概说

（一）新媒体文本的含义

所谓新媒体，是指随着卫星通信、数字化、多媒体、计算机网络等技术的发展而出现的新型传播媒介。

我国现有的比较普遍的新媒体有网络媒体（网站、电子报刊、电子公告板等）、手机媒体（手机短信、手机彩信、手机游戏、手机电视、手机电台、手机报纸等）、数字电视、直播卫星电视、网络电视、楼宇视频、户外大屏幕、网上即时通信、虚拟社区、博客、微博、播客、微信等。

新媒体文本写作是用新技术手段进行的信息交互性写作。具体来说，就是指写作主体以电脑、手机等新兴媒介为载体，以文字、符号、图片、音频、视频等媒介为手段，在网络、户外、移动网络等虚拟平台上进行的互动式的写作行为和活动过程。它不受传统媒体文体界限的束缚，或叙事，或评论，或三言两语，也没有倒金字塔结构，不分消息和通信，以传递想法、看法为目的，以参与其中为快乐。

（二）新媒体写作的特点

1. 新媒体文本写作的语言独特性

新媒体文本写作采用的语言文字与传统媒体有很大的区别。例如，2015年新年前夕，国家主席习近平发表了新年贺词，2015年1月1日的《人民日报》在头版进行了报道，标题是《国家主席习近平发表二〇一五年新年贺词》，这是传统媒体常用的标题形式，只是对事实做简单陈述。而新浪网主页的标题是《习近平新年贺词：我要为我们伟大的人民点赞》。从上面两个标题的比较可以看出，新媒体文本写作更加注重运用有闪光点、生动活泼的语言文字，这显示了新媒体语言的独特性。

不同于传统媒体文本写作的严谨规整，新媒体文本写作比较轻松自如，可以不受语法规则的限制，经常出现生造词语和新鲜词汇，语言风格简洁明快，幽默风趣。2014年有句网络流行语"No zuo no die"，是汉语拼音和英语的奇怪结合，目前已经入选美国俚语词典。新媒体文本写作手法多样，可以运用拼凑、粘贴的方式，甚至可以把文字与外语融合在一起，从而达到与众不同的传播效果。

2. 新媒体文本写作的多样性

随着新媒体的不断发展，新媒体文本写作也发生了变化。不同的新媒体，其文本写作的要求也不尽相同，如博客写作、短信写作、微博写作、微信写作等，形式多种多样。目前，网络写作已经成为新媒体文本写作最主要的表现形态和最普及的传播形态。

在一些重大突发事件的报道中，网络写作的多样性体现得相当充分。2014年12月31日晚，上海外滩发生踩踏事件。2015年1月1日，新浪网对这一事件进行了集中报道，并不断跟进事件的进展。在当日14时38分，新浪网主页在显要位置集中了一组标题来报道该突发事件：《习近平、李克强就上海踩踏事件作出指示》《上海外滩跨年夜发生踩踏35人亡48人伤》《市委哀悼遇难者》《部分伤员名单公布》《最小者16岁》。这5个标题形成了一个集群，既相互关联，又独立成篇，并且使用了超链接（hyperlink）技术。与此同时，新浪网还在每条消息下面开通了短信、QQ、微博、微信，与上网者实行互动。多种文本写作在此突发事件报道中得到了较好的运用和呈现。

新媒体文本写作的内容可长可短，长则上千字，短则几个字，甚至一个字、一个符号。一般而言，网络新闻写作、博客写作篇幅相对较长，短信、QQ、微博、微信篇幅都比较短。最近几年的网络流行语多数都在10个字以内，形式多样，丰富多彩。例如，"你行你上（You can you up）""萌萌哒""且行且珍惜""心塞""小目标""工匠精神""洪荒之力""惊不惊喜意不意外""怪我咯"等。习近平主席在2015年新年贺词中说："为了做好这些工作，我们的各级干部也是蛮拼的。"可见，这些新媒体文本语言运用之广，流行之快。

3. 新媒体文本写作的及时性

在新闻报道的及时性上，新媒体文本写作远远超过了传统媒体，特别是网络新闻写作，及时性最为明显。随着大的门户网站的建立，网络新闻对传统新闻产生了很大的冲击，很多重大新闻事件最先通过网络新闻报道出来。微博诞生后，微博写作的独特作用在新闻报道中日益凸显。

2014年3月8日凌晨，从吉隆坡飞往北京的马航MH370失联，7时24分，马来西亚航空公司官方网站公布了消息。不到1个小时，8时23分，法新社的推特（Twitter）发布了这一条突发消息。仅仅过了几分钟，这条消息被国内各主流媒体微博纷纷转发。发布时间分别为：新浪微天下8时29分、央视新闻微博8时33分、人民日报微博8时45分、新华社微博8时49分，而美国有线电视新闻网（CNN）的推特消息为8时44分，美联社推特则为8时53分。可见，国内主流媒体微博消息传递速度丝毫不逊于欧美主流媒体。

《华盛顿邮报》首席执行官凯瑟琳·韦莫斯（Katharine Weymouth）在接受采访时曾说："配有手机和推特账户的'平民记者'们并不是传统媒体的敌人，反之，他们是现场的信息来源，因他们更早地出现在现场。"在新媒体时代，人人都拥有新媒体，人人都能进行新媒体文本写作，人人都能成为"记者"。大众不仅是新闻的消费者，更是新闻的生产者和发现者。

（三）新媒体写作的要点

1. 选题要有热度

写什么内容很重要。每一个选题被关注的程度并不一样，有些内容贴近社会生活，更容易引起人们的关注。例如，《创业邦》在2016年5月针对魏则西事件，发了一篇题为《揭秘！魏则西之死背后：莆田系每年为百度创收120亿元，幕后利益令人震惊｜附问题医院名单》的公众号文章，几天之内这篇文字的阅读量就超过了一百万。为什么这篇文章这么火？因为魏则西事件关系到每一个人的生命健康。

越是热门话题，点击率就越高。马云的无人超市刚开业时，消息占据了各大头条的热门，有一个公众号就抓住了时机，从惊悚的"无工可打"入手，不断渲染紧张的气氛，最后推出他们公众号近期的培训学习计划，读者犹如"惊弓之鸟"，一直看到最后。这篇文字阅读量为1 200万，2天涨了40万粉丝。这就是在新媒体行业中经常被用到的"蹭热点"。试想这个培训机构如果只是中规中矩地按照传统方式进行广告营销，那关注度可想而知了。

进行新媒体写作，一定要有意去接触热点，因为现在的新媒体很多都是跟流量挂钩的，如果你的文章看的人很少，你写作的预期效果就会大受影响。而追求文章传播的远和广，是新媒体写作的第一要务。

2. 内容要精准

精准有两个意思。

（1）文章的读者精准。新媒体文本要有准确的读者定位。过去传统媒体的读者很难进行分类，如《读者》杂志的读者有学生、上班族还有退休干部等，我们无法准确知道读者都是哪些群体。而在新媒体上，我们写文章前一定要清楚这篇文章针对的读者是谁，以便有针对性地设计文本内容。例如，一篇介绍美妆的文章也不会在足球论坛中发表，一篇介绍养生的文章在电子发烧友平台也不会受到热烈关注。

（2）表达的内容明确。精准的第二个意思是指表达的内容一定要明确。写随笔时可以没有固定的主题，只是抒发一下自己的情感就可以了，但是在新媒体写作中，就一定要做到内容准确。例如，一家面膜公司请一位作者写篇广告软文，推广该公司的新款面膜。这位作者巧妙地将面膜推销与电视剧《我的前半生》联系起来，从女主角罗子君的容貌变化入手，讲到了女生应该懂得打扮自己，继而提到需要用面膜保养皮肤，最后提到要购入某某品牌的面膜。文案交上去之后，公司非常不满意，什么原因呢？虽然它可以算是一篇逻辑比较清晰的软文，但是它的内容并不明确，用户即便受到这篇文章的影响，想要买面膜保养皮肤，也不必买该公司的面膜，因为文章中并没有写出该公司这款面膜产品独一无二的特性，因此这篇软文算不上合格。由此我们可以看出，新媒体文本一定要写得特征明显，而不要写一些温吞的、主旨不清的内容，如此，才能有可观的阅读量及预期效果。

二、网络新闻写作

（一）网络新闻的含义及新闻六要素

综合运用文字、图片、图像、声音、动画等手段，借助网络平台和网络技术对新近发生的事实进行的报道即网络新闻。

新闻作为一种以叙事为主的文体，它的基本要素和记叙文的六要素是一致的。即：何人（Who）、何时（When）、何地（Where）、何事（What）、何故（Why）、过程如何（How），换一种说法就是：人物、时间、地点、事件、原因、发生过程，通常把它们概括为"5W+1H"。如果把这六要素串起来概括成一句话，就是一句通俗易懂的句子：某人某时在某地由于某种原因做了某事，出现了某种结果。

一篇新闻报道，无论是消息、通讯还是特写，一般都包含这六个要素。把握这六个要素，对于每天接触大量信息的现代人快速筛选有用信息，提高阅读效率，无疑是有帮助的。

（二）网络新闻的类型

目前，网络媒体上的新闻根据来源可以分为两种类型：复制新闻和原创新闻。

1. **复制新闻**

复制新闻，又称"COPY新闻"。复制新闻谈不上写作，因为它奉行的是"拿来主义"，它更多涉及的是网络编辑技巧。它的制作过程如下：①编辑从网络、报纸的内容中寻找新闻；②具有新闻价值的稿件被挑选出来；③通常新闻不作改动，只是把长段打开，多划分几段；④改写标题，多为实题，使标题中包含新闻基本要素，属于单行题。

复制新闻常常在网络媒体初创时采用。如果只有复制，就会出现网络媒体的"新闻沙漠化"。

2. 原创新闻

所谓原创新闻，一是指独家的、第一手的，网络记者自己采访写作的新闻报道；二是指通过重组新闻资源，重新编辑改写的新闻报道；三是指与传统媒体的报道方式、方法在形式上有差别的新闻报道。原创新闻才是网络新闻写作研究的对象。

（1）"内容为王"。西方网络传播研究者告诫说："提供原创内容。你可以通过链接使用一些别人的资料和图片，但你必须同时有自己的东西，否则你就不是一个新闻组织，而只是一个线路公司。要想获得成功，还是要有自己的报道和写作。"他们认为"原创的，才是激动人心的和有趣的"。

（2）"资源重组"。对传统媒体或网上信息库所提供的现有的新闻资源进行筛选、集成、配置、整合，通过第二次加工、深度开发等编辑手法，使其增加信息含量，提升新闻价值，重新改写出符合网络特点的新闻报道，叫资源重组新闻。

①同类事件的综合。一个新闻事件往往孤立而单薄，不会引起受众的注意，但如果把类似的事件集中到一起，增加信息的厚度，就有可能成为引人注目的新闻。2000年11月1日，"东方新闻"在滚动新闻中陆续报道了"一架新航波音747飞机在台北桃园机场失事"等空难新闻。在这一天，全世界先后有7架飞机发生了或大或小的事故。于是，"东方新闻"对7条空难新闻进行综合，做出独家新闻《24小时内7架飞机出意外》。

②某一时段新闻的综合。例如，东方网在"东方新闻"的要闻区"今日关注"的固定位置，每周六推出一篇《一周要闻综述》，将这一周的新闻进行综合，编辑还在文中穿插点评文字。此外，还可以通过网上投票，将一个月或一年内网民评选出的重大新闻进行综合。

③同一事件的综合。对同一事件进行跟踪报道，随时挖掘信息，滚动发布，然后进行综合。我们来看这则新闻：

牙买加短跑女明星奥蒂无缘奥运金牌

奥蒂永远想赢，但永远赢不了。今晚，上天再次证明，她自己那颗坚强的心，毕竟对抗不过无情的命运和岁月的双手。11秒19，她用比同胞慢1%的成绩告别了奥运百米奖牌，也用未能攫取到最后一点光荣的手，为自己几乎拉上了职业运动生涯的帷幕。

虽然还将参加本月30日的4×100米接力赛，可只凭自己双脚跑上奥运冠军领奖台，已经彻底没希望了。

奥蒂今年40岁，得过34枚世界大赛的奖牌，但其中没有一块是奥运金牌。她身高1.83米，面容姣好，本来可以当一名出色的模特。但从20岁起，她就参加了奥运会。16年前获得过洛杉矶奥运会铜牌。那时候，当今奥运百米冠军琼斯还在庭院里和男孩子们戏耍呢。

在足以诞生两代田径巨星的岁月里，奥蒂始终是百米跑道上有实力争夺金牌的人，但她在奥运会上的最好名次是1996年亚特兰大奥运银牌。她以0.1%的差距，输给了美国选手德弗斯。

去年7月,奥蒂因为兴奋剂检测呈阳性被禁赛。但她说,完全不知道自己服用了这种药物。尽管国际田径联合会在奥运前取消了她的"禁赛令",但悉尼奥运上,她注定只能充当"跑道上的伴娘"。

就算只获得第4名,奥蒂仍然执着地拒绝消沉。她说:"这很好。许多人,包括许多牙买加人都觉得,我根本取得不了现在的成绩。"

她用已被岁月拖老的一双腿,固执地在奥运百米跑道上飞奔,只为向世界证明自己的清白和永不放弃。

今晚,站在起跑线前,站在比自己小十几岁,几乎可以当女儿的对手们旁边,奥蒂仍然不动声色,面容如水,像美丽、永恒的女神。她赛后告诉人们:"这是我今生最后一场重要的比赛。"

(摘自百库文库)

(三) 网络媒体的传播特点

与传统媒体相比,网络媒体在新闻信息传播上的优势体现在以下几个方面。

1. 传播时间的自由性

(1) 随时发布新闻的实时性。报纸的传播受出版与发行时间的制约,日报通常以"天"为单位。广播与电视尽管在时效上可以比报纸有优势,但仍受到播出时段、顺序的制约。而公众可以通过网络媒体随时发布新闻且成本低廉。

(2) 随时阅读新闻的易检性。易检性是指网络媒体具有过刊查询和资料检索功能。也就是说,它在传播时间上与传统媒体相比具有"往复性"的优势。

2. 传播空间的无限性

(1) 不受地域限制。传统媒体的传播范围常受限于当地,互联网突破地域的限制把世界变成"地球村",它的灵魂是信息的开放与共享。

(2) 不受"容积"限制。报纸版面有限,广播、电视时段固定,不得不对许多材料忍痛割爱。网络媒体采用超链接的方式,可以将丰富的材料立体式地发布。

3. 传播方式的多样性

(1) 多媒体传播。网络传播集报纸、广播、电视三者之长于一体,实现文字、声音、图像等报道手段的有机结合。

(2) 交互性传播。交互性传播是指网络媒体能够实现传播者和受众之间的双向互动传播。这是一个具有革命意义的变化。

(3) 小众化传播。小众化传播是指网络媒体能够以个性化的点播服务代替以往传统媒体的新闻批量生产。

(四) 网络新闻写作技巧

1. 强化"标题意识",精心制作新闻标题

新闻媒体网站为增加信息容量,通常采用新闻标题集中组合的引导式版面布局。

最先呈现于受众眼前的是由大量新闻标题组成的链接集群，每条新闻的深层内容往往需要点击标题的链接才能获取到。新闻标题已经成为受众决定是否索取网站深层内容的第一引导力量。好的标题会吸引、刺激、引导读者点击链接索取下一层新闻内容，而不好的标题则成为深层新闻内容展示的直接障碍。

网络新闻标题制作要达到以下标准：

（1）要清晰准确地说明新闻事实，标题必须为一行实题，字数限制在18个字以内。

（2）要突出最为重要的新闻因素。

（3）要强调新闻中最新的变动。

（4）要揭示新闻中最为本质的变动意义。

例如，标题《江泽民纽约谈台湾问题》与《江泽民称：为促中国统一可去台北谈判》，《国务院在北京召开廉政工作会议》与《系列规定约束官员：温家宝总理昭示从严治政决心》，显然，两组标题，后者一语破的，突出了新闻中最新、最主要的事实变动。

2. 为新闻制作精彩的导语或概要

美国新闻学教授威廉·梅茨曾说："抓住读者或者失去读者，取决于新闻稿的第一段、第一句，甚至第一行。"在搜索引擎上，一则新闻最前端的数十个字往往是这一新闻的全部内容的简明提示，浏览者往往就是通过搜索引擎上呈现的这数十个字的描述去判断这则新闻信息与自己需求之间的关系。为实现这一目的，以下几个方面的技巧需要引起注意：

（1）使用能够引起人们注意的词汇和简洁的句式制作导语。

（2）如果是长篇报道，则需要使用能够引起人们注意的词汇和简洁的句式制作摘要，将其置于这一页面的最前端。在这个概要上设计链接，将读者引向报道的详细内容。摘要往往会在一些搜索引擎中显示为这页新闻内容最为精要的提示。

（3）导语和概要的描述必须准确反映全文的内在联系及本质含义。

（4）不要用夸张和浮华的语言描述导语和概要。

（5）概要描述应该控制在150字以内。

例如，新华网的一则关于我国选手在冬奥会上获得第一枚金牌的报道的导语是这样写的："新华社美国盐湖城消息：中国选手杨扬在今天在这里进行的第十九届冬奥会短道速滑女子500米决赛中，夺得中国冬奥会历史上的第一枚金牌，使中国冰雪运动经过50多年的奋斗，终于实现了冬奥会金牌'零的突破'。"该导语开门见山，5个W俱全，浓缩了新闻中最有价值的部分，同时也引起了读者继续阅读的兴趣。

3. 主体要准确、简洁、突出

网络新闻的主体是指在导语之后，对导语中已披露的新闻要素做进一步的解释、补充与叙述的部分，是发挥与表现新闻主题的关键部分。

在主体部分要高度简洁地表述最为重要的事实。要在网页的第一视觉区域内完成对重要新闻的精准概括、描述和引导，将最重要的新闻要素置于最前面。无论是写作一篇新闻还是处理其中的一个段落，都要遵从重要者优先的原则。网络读者绝对不喜欢在文山字海中艰难跋涉。准确、简洁、突出这3个要求在新闻主体的构造过程中需要同时达到。

4. 建设合理的链接导航布局

合理的链接导航布局可以分层展示新闻的深度信息，从而呈现出立体的新闻推送框架。

在进行"立体分层表述"的过程中，有两点需要注意：一是要对新闻的重点因素进行精确的分解，以确定哪些内容需要在第一页面呈现，哪些内容需要通过链接在第二、第三页面呈现。二是要保证每个页面的内容具有相对独立的完整性，并且从一个侧面更详细、更深刻地解释主体新闻。要让受众看到一页一页的相对完整的却有着内在联系的信息群落，通过这些信息群落深刻了解网络媒体所要传达的整体信息。

通常链接的内容包括新闻诸要素的详细描述与解释，支持结论的论据说明，直接背景资料，统计的表格与数据，问题的定义与专门机构的缩写解释以及更加广泛的参考资料，等等。分层展示一般不要超过4层链接。但是如果想要传达的信息能够在一个页面上简洁而完整地呈现，就不要使用超链接。

【案例1】

法航协和式客机坠毁

当地时间7月25日下午4点45分（北京时间7月25日晚上10点45分），法国航空公司一架协和式客机在巴黎戴高乐机场起飞不久即坠毁。机上100名乘客和9名机组人员全部遇难。飞机坠毁时还造成地面4人死亡。＞＞＞＞详情请进

当地时间7月27日晚7时，北京时间28日凌晨1时，法航空难调查小组公布了初步调查结果：失事的法航协和式客机左舷的两个引擎是此次空难的罪魁祸首。＞＞＞＞详情请进

在这起震惊世界的大空难中，居然还有一位幸存者——21岁的英国女大学生爱丽丝，她的死里逃生只能用"奇迹"两个字来形容。＞＞＞＞详情请进

着火的协和客机，惊愕的目击者，悲痛欲绝的遇难者家属……

组图（1）：全程目击法航协和客机坠毁。

组图（2）：为您真实重现法航空难历史性的一刻。

（新浪网 2000-07-25）

【评析】 这个消息交代了最基本的新闻事实，用骨架或者说用梗概的形式为读者理出了一条清晰的阅读线索；在这个基础上，消息通过5个链接，对不同角度的详情进行了报道。在阅读时，通过点击"＞＞＞＞详情请进"即可进入第二层次，它们分别是：

详讯：法航协和客机坠毁113人遇难。

详讯：法航空难调查小组公布初步调查结果。

详讯：协和客机撞向我住的宾馆——英国女游客讲述逃生的故事。

组图（1）：全程目击法航协和客机坠毁。

组图（2）：为您真实重现法航空难历史性的一刻。

三、博客营销文章的写作

（一）博客的含义与类型

1. 博客的含义

博客，英文为 Blog，是指以网络为载体，简单、迅速、便捷地发布自己的心得，及时、有效、轻松地与他人进行交流，集丰富多彩的个性化展示于一体的综合性平台。

2. 博客的类型

博客按内容可分为普通博客和商业博客。

（1）普通博客。普通博客，也称"个人博客"。从内容上看，普通博客相当于在网络上设定的一个私人空间。博客本该是纪实性的，是个人日记的连续，但它实际上已经变成了个人的微型文学刊物，且博客的互动性以及大量"跟帖"的产生，让这个私人空间变成了一个新的公共空间。博客里文学元素较多，它是一种软文学。网络作家安妮宝贝利用日记方式写的《清醒纪》可以说开了博客文学的先河。安妮宝贝的作品常游移在小说和散文之间，是一种跨文体写作。

博客的写作具有连续性、再生性，不断更新的博客才有活力、有人气，不更新就等于死亡。另外，激进的思想、大胆的言论、前卫的艺术，都可以在博客中找到踪迹，可以说真正体现了自由、独立的精神。博客的写法比较自由，文章可以"五脏不全"，可以不讲章法、结构，遣词造句与修辞自由率性，也可以自由链接他人。

与传统意义上的日记不一样，博客是开放的。向内，它以生活经历为来源，对个人生活、思想和体悟进行日记体的记录，将自我传播的过程外化；向外，它展示了个体的生存状态，传播个人的思想，表达对外界事物的看法与态度，因此，博客的创作动机比较随意，比之传统的随笔、杂文、日记类，它显得更朴实、更接近生活。

（2）商业博客。商业博客指的是一种在创建和内容更新上存在明显商业目的，实现商业化运行的博客类型。商业博客是一个比较宽泛的概念，既包括 CEO 博客、企业博客、产品博客、"领袖"博客，也包括那些借助广告等形式营利的博客服务提供商，以及那些借助广告等形式营利的个人博客。以公关和营销传播为核心的博客应用已经被证明是商业博客应用的主流。

由于商业博客的开创一开始就具有直接的功利性，因此商业博客各个写作环节的展开也应该围绕最初的目的。

（二）商业博客的写作

1. 商业博客的写作目的

（1）以推广企业为目的。博客作者写作的目的是通过博客写作给自己的企业带来人气、名气，最终帮助企业实现一定的商业目标。

（2）以传播公司文化和品牌，建立沟通平台和更好地为公司管理销售服务为目的。

这类博客作者一般都是公司的老板或者高层管理人员，要做好这类博客营销，最关键的不是写好博客文章，而是做好整体的规划和指导管理。

（3）以营销产品为目的。通过博客文章的写作，达到宣传企业，销售产品，最终获得订单的目的。

2. 商业博客的写作方法

（1）专业而不枯燥。博客营销文章要有一定的专业水平或者行业知识。很难想象，一个不懂得自己产品、没有产品专业知识的人能做好销售工作。从整体上来讲，博客文章要始终为自己的商业目的服务。营销博客不能什么都写，要围绕自己的产品来布局自己的博客文章。博客文章的布局一定要从不同的文章题材中体现专业知识，也就是博客文章的知识水平要专业，可以得到行内人士的认可。很多营销博客的专业水平很高，文章引经据典，一写就是几千字，可就是没人愿意读，为什么呢？原因就是太枯燥了。有些作者在博客文章中大量使用专业术语，认为这就是专业，岂不知文章读起来味同嚼蜡，也就失去了宣传的意义。其实，用一般人看得懂的文字写出来的专业文章才是好的博客文章，才能达到营销的目的，这也就要求在商业博客写作中增加专业的趣味性。

（2）巧妙地广而告之。很多商业博客营销文章的写作者简单地认为博客营销就是利用博客来做广告，让更多的人来了解自己的产品，于是干巴巴地写些广告语在博客里，没人看就送上门去，在别人的博客留下自己的广告，要是还没作用，就到论坛上去发广告，结果劳而无获还遭人反感。还有的人把博客营销文章写成了产品说明书、产品资料，这些做法都是过犹不及的。博客营销文章的写作自然要达到广而告之的目的，但一定要有巧妙的方法。

①产品功能故事化。博客营销文章要学会写故事，更要学会把自己产品的功能融入故事中去。通过一些生动的、引人入胜的故事情节，自然地带出产品功能的介绍。

②产品形象情节化。大多时候当我们宣传自己的产品时总会喊一些口号，这样做虽然也能取得一定的效果，但总不能使自己的产品深入人心，打动客户，感动客户。最好的方法就是把你对产品的赞美情节化，让人们通过感人的情节来感知、认知你的产品。客户一旦记住了瞬间的情节，也就记住了你的产品。

③行业问题热点化。在博客营销文章的写作过程中，一定要善于抓行业的热点，只有不断地提出热点，才能引起客户的关注，也才能通过行业比较显示自己产品的优势。这就要求商业博客文章的写作者持续跟进业内热点，知己知彼，百战不殆。

④产品发展演义化。博客营销文章要从不同的角度、不同的层次来展示产品。可以以拟人的形式进行诉说，也可以无厘头、幽默，等等。越有创意的写法，越能让读者耳目一新，记忆深刻。

⑤产品系列化。这一点非常重要，博客营销不是立竿见影的电子商务营销工具，需要长时间的坚持不懈。因此，写作博客营销文章一定要坚持系列化，就像电视连续剧一样，有故事的发展，这样影响力才大。

⑥字数精炼。不同于传统媒体的文章，博客营销文章既要主旨明确、内容充分，

又要短小耐读；既要情节丰富，感人至深，又要不花费太多的阅读时间。一般来讲，一篇博客营销文章字数最好不要超过 1 000 字。

（3）互相切磋与交流。与业内人士进行切磋与交流是博客文章选题和写作的较好方法。文章作者不仅要自己写作和发布博客文章，也要经常关注同行业内人士的观点，这样不仅可以扩大自己的知识面，也可以获得更多的博客写作素材。此外，还要经常、及时地与读者分享与交流。企业博客文章在发布之后需要了解用户的反馈，对于用户的咨询要认真做出回复，因此，一篇受用户欢迎的博客文章可以在很长时间内发挥影响。

（4）链接的经常性使用。很多博客的作者放置相应的链接是基于两个原因：

①对该链接的相关主题感兴趣。所设置的链接本身是有价值的，设定该链接可以向读者与使用者显示博客作者感兴趣的事物，所链接的博客质量越高，读者及其他博客写手就越重视这个博客。

②借助超链接提升博客营销效果。博客文章的主要传播途径是互联网，而超链接是互联网的一个重要特征，超链接也因此成为博客文章的一大特色。事实上，合理的超链接是博客文章与博客营销的桥梁。

3. 博客营销对企业的影响

随着信息技术的发展，许多企业都在门户网站上建立自己企业的博客，借助门户网站的巨大流量，企业博客，尤其是以著名高管名字命名的博客，对企业的营销推广起到了巨大的作用。例如，三一重工集团（以下简称"三一集团"）总裁向文波的博客，不仅向外界介绍企业的经营，还对企业的未来发展产生了深远的影响。

2006 年，三一集团披露，三一集团准备向国务院国有资产监督管理委员会（简称"国资委"）等部委和江苏省政府、徐州市政府递交《关于请求与徐工集团工程机械有限公司合作的报告》，但遭到徐工集团拒绝。后来传出美国资本大鳄凯雷投资收购徐工集团的消息。三一集团执行总裁向文波自 6 月 6 日到 12 日，在不到一周的时间内，在其博客上连续发表数篇措辞激烈的文章，题目分别为《战略产业发展的主导权是国家主权》《三亿美元，三一能否收购徐工？》《徐工并购：一个美丽的谎言！》《徐工不能被外资收购的四大理由》《对徐工拒绝三一收购理由的回复》《为六部委联手严审外资并购喝彩》《徐工为何要刻意粉饰并购方案》等，在文章中，向文波公开抨击当时的徐工并购热点事件，暗示徐工有作假之嫌。向文波一方面极力反对凯雷对徐工的并购，另一方面也明确地表达了三一集团的竞购意向，并且对一些媒体提出的"阴谋论"予以驳斥。一时间，向文波的博客引起了网络和媒体对美国资本收购徐工集团事件的高度关注，最终促使这次收购流产。从表面上看，这是一次有关国家民族产业的争论，实际上，阻止此次并购，对于三一集团未来在国内重型机械企业中占据领先地位、减缓来自徐工集团的压力，有着至关重要的意义。

可以说，向文波的博文，短短千余字，直接为三一集团的未来创造了一个极为良好的环境。向文波的博客其实并非一个个人博客，向文波的行为从很大程度上代表了三一集团及其决策层的官方意图，这其实是一个地地道道的企业博客发挥影响力的成功典范。

国外将博客宣传手法运用得更加炉火纯青。例如，由汽车业传奇人物、通用汽车董事长鲍勃·卢茨（Bob Lutz）主笔的 FastLane 博客是最受欢迎的企业博客之一。该博客的话题集中在汽车设计、新产品、企业战略等方面，日浏览量近 5 000 人，对每个话题的评论都有 100 条左右。博客上，鲍勃·卢茨非常喜欢热情的消费者留下很长的留言。他认为，从他们那里可以得到很多建设性意见，即使其中很多人是持批评态度的。FastLane 博客之所以受欢迎，主要原因在于鲍勃撰写的是诚实、深入、直接涉及社会公众对通用汽车正负面评论的文章。虽然有人怀疑是否每一篇博文都出自鲍勃之手，但是客户、行业分析人士、传统媒体还是给予 FastLane 博客很高的评价，因为通用汽车是唯一一家愿意让客户公开反馈意见的汽车公司，通用汽车因此获得了极高的声誉。从中可以得到一些启示，那就是博客宣传不要"高大全"，而要真诚与包容，只有这样，才能拨动消费者的心弦，取得良好的营销推广效果。

从上面两个实例可以看出，企业博客的营销推广对企业的经营能够产生巨大的影响。博客营销作为一种营销方式，是社会、科技进步的结果，是客观存在的，它不以人的意志而转变。至于效果的好坏，往往与我们的思想观念和操作技巧有着直接的关系。

四、微博营销文章的写作

（一）微博的含义、类型及特点

最早也是最著名的微博是美国的推特（Twitter）。Twitter 一词原是"鸟语"——"叽叽喳喳"之意，它的发明，宣告了一个人人都可以吐口水的时代的诞生。2008 年洛杉矶地震，第一个发布消息的推特用户比美联社早了近 10 分钟。美国总统特朗普、美国白宫、美国联邦调查局（FBI）、谷歌（Google）、宏达国际电子股价有限公司（HTC）等很多知名个人和组织在 Twitter 上互动交流。目前国内知名的微博有新浪微博、腾讯说说、网易微博、搜狐微博、百度说吧等。

1. 微博的含义

微博就是"微型博客（MicroBlog）"，也是博客的一种，是一个基于用户关系的信息分享、传播及获取平台，用户可以通过微博网页、WAP 网、手机或其他终端设备等多种途径随时随地将文字、图片、音乐、视频等多媒体信息发布在微博平台上，所发布的信息会在微博平台上传播和扩散。这种简单直接的信息表现方式符合现代人生活时间碎片化的特点，满足了人们随时随地交流沟通的愿望，因而广受欢迎。微博的常用功能有阅读、发布、评论、转发、私信、关注等。

2. 微博的类型

以微博发布者的身份作为划分依据，可将微博分为个人微博和企业微博。

（1）个人微博。制作发布微博多属于个人行为，常见内容为个人的感受、经历等。

（2）企业微博。企业以微博为平台，向社会公众、消费者传递与企业的思想文化、经营理念、产品和服务等紧密相关的微博资讯，达到品牌建设的目的，或获得低成本、高传播的效果。

3. 微博的特点

（1）原创性、草根性。微博迎合了人天生具有表达欲望的特点，且鼓励用户与他人分享自己的所见所闻所思。微博客户中，自己亲自写的文字和上传发布的图片占有较大比重，因此呈现出原创性的特点。在被称为自媒体的微博中，人人都有话语权，都可以表达自己、呈现自己，不必担心自己所发布信息的质量是否比其他人的差，这就使得微博比其他平台更具草根性。

（2）即时性、互动性。微博可以随时随地发布简短信息，且更新频率极快。这一特征也使得在突发事件发生时，微博的报道速度快于其他媒体。在微博平台上，传播者与受众的区分变得模糊，用户同时扮演两种角色，极大提高了互动性。

（3）随意性、碎片性。微博具有"4 any"特性（anyone, anytime, anywhere, anyway），即任何人可以在任何时间、任何地点以任何方式发布信息。不同的用户所处环境的随意性与心理状态的不确定性，使其发布的信息具有较强的随意性和多元性。微博中的信息比较简短，这就使微博传播的信息呈现出碎片化特征。

（二）企业微博的写作

"每一个微博用户后面，都是一位活生生的消费者。"微博平台已经成为企业树立品牌形象与进行产品销售的重要通道。

1. 企业微博的职能

（1）宣传企业文化和品牌：推广企业文化和理念，扩大品牌影响力，实现微博上的口碑传播。

（2）拓展市场，积累客户资源：寻找目标客户，实现互粉（互当粉丝），增加企业微博的凝聚力。

（3）营销企业产品：策划微博活动，实现产品宣传和营销。

（4）客户服务：实现与公众的及时、快速、一对一的沟通。

（5）危机公关：在公司出现负面新闻后，第一时间以当事人身份澄清、解释、道歉或辟谣。

2. 企业微博的写作特点

企业微博营销的应用在全球范围内引起了广泛关注，成为网络营销的一个新型工具。企业采用微博营销时必须善于创新，配合过硬的产品质量、真诚的态度与贴心的服务，才能真正发挥企业微博的营销效果。因此，在写作企业微博时，需要符合以下几个特点：

（1）语言要生动。在微博这种新型的营销方式中，企业不再是高高在上、遥不可及的商品售卖者，而应该放下身段，躬身聆听用户的需求和感受，并在此过程中获得用户对于企业、产品、服务的各种建议，达到完善经营的目的。此时，对等的语气、平易的字眼、亲切的口吻可以增加企业品牌的亲和力。企业可以通过精心编排话题、选择吸引人的题目等来引起大众的关注兴趣。

（2）内容要原创。内容原创并有新意是企业微博营销的生命力。例如，东方航空公司不仅用官方微博发布信息，更是精心选出 10 名空姐以"凌燕"为标签注册微博与粉丝即时互动，分享飞行感受、旅途见闻、生活趣事等。这种企业微博与员工微博共同围绕企业进行软性宣传的形式新颖又具有吸引力，对企业的品牌知名度和美誉度起到了相当大的提升作用。

（3）信息要有阅读价值。一定要保证发布的信息有阅读价值，多上传一些有趣、有特色的内容，会提高企业微博的关注度和转发率。企业在发布信息时不要直截了当地告诉消费者自己的产品有多好，而应该"先言他物，以引起所咏之辞"。例如，一家销售健身器材的企业可以在微博的页面上提供一些健身、运动、保健的知识，或链接相关名人的健身心得，然后相应地推荐企业产品，这种"先服务，后营销"的过程更容易让消费者接受和推崇。

（4）信息要真实可靠。和营销博客一样，企业微博要遵循诚信原则。企业微博是官方对外的窗口和平台，确保所发布信息真实、全面是树立企业公信力的基本条件。日常信息的真实、准确能够增加用户的信赖感，而打折优惠信息、实物奖励活动、危机公关信息的披露更需慎重，不仅要全面考虑，更要做到公开和透明。

（5）注意塑造与维护企业整体形象。在信息真实的前提下，要精心策划与优化发布的信息。例如，可以发布新的信息内容，如行业新闻、发展动态、最新研究动向、研究成果等都可以变成微博，让微博不仅可以发布企业的新闻，还可以成为本行业的知识库，有助于提高消费者在专业角度上对企业的信任。另外，企业微博应与热点事件、公益事业相关联，树立有社会责任感的企业形象。

3. 企业微博的写作方法

微博对企业形象的树立、品牌内涵的宣扬的意义不言而喻。为了使微博更好地服务于企业，在进行微博营销写作时，我们可以从以下角度着手：

（1）做好先期用户体验。用户体验包括企业微博界面的色彩搭配、栏目展示，以及内容策划等。要根据企业产品、消费者人群的特点搭配界面色彩。例如，做红木家具的，就要以古色古香、典雅、儒雅的古典中式风格为基调，以荷花、中国结以及油墨山水画等为素材。栏目设置和内容策划要根据企业需要展示的内容，结合行业的特点以及消费者关心的问题进行设计，以图文的形式，配以音乐、视频、动画等进行展现。例如，家具行业可以就装饰、装修、家具知识、摆放知识、选购知识、保养知识等进行设计规划。

（2）选好注册用的名字。企业微博注册不要用别人看不懂、猜不透的名字，最好用企业的名字、品牌的名字，或是实名。如果一个企业里有多个员工围绕企业宣传做微博，那么每位员工注册的账号可以写成"公司名＋个人名字"，这样既能突出企业的品牌，又能帮助有个性的员工树立个人品牌。

（3）选好注册用的照片。企业微博的头像可以用企业的商标（logo），也可以尝试用企业的形象代言人、吉祥物等，以简单、清晰为宜。如果是企业员工的账号，最好用自己的真实照片注册。真实、透明的注册做法有利于树立公开诚信的形象。

（4）填写个人资料。企业微博的个人资料栏最好不要空着，否则会让浏览者有疑问：在市场竞争激烈的今天，这家企业为什么不愿意提供足够的信息？为了打消浏览者的疑虑，赢取信任，方便浏览者更全面地了解企业，资料栏内要填写足够的信息。另外，在企业员工微博的个人资料栏里，要填写他们在企业中的部门、职务，就好像在线下看到员工胸前的工作牌一样，要让别人一目了然，而不要让微博的浏览者们去猜测。

（5）利用各种机会介绍企业的员工。企业可以借助微博这个平台展示自己企业员工的风采，如团队成员介绍，内部培训，公司组织的各种郊游、聚餐活动，对员工的节日祝福，以及员工的先进事迹及其生活中的故事等。微博内容可以是文字、图片、漫画、声音、视频或链接等形式。这些不经意间的介绍都能起到推广企业形象的作用。

（6）利用微博宣传企业文化。利用微博宣传企业文化，如介绍公司的核心价值观、公司的愿景、公司的使命等。从微博内容来看，凡是能够展示企业文化的内容，都可以从细节入手，在微博上加以讲述和展示。行文时，最好用平实、自然的语言向受众讲述企业的各种故事。

（7）介绍企业的工作情况。在微博上介绍企业的厂房、车间、办公室、会议室等工作场地，并配以相关的照片或视频，可以取得直观的展示效果。企业工作场所的介绍不仅可以让客户了解企业的规模、工作流程，还可以帮助客户建立其对企业的信任，尤其是会议室、办公室的标语，写字板的照片，都可以起到宣传作用。

（8）把企业的各种会议在微博上进行展示。把企业的会议在微博上进行展示，可以反映企业的精神面貌和企业文化。在撰写这些内容时，最好能捕捉会议的细节和个性，反映与众不同的企业文化。

（9）展示所有能提升企业形象的信息。能提升企业形象的信息主要有：表现企业社会责任感的事件，企业获得的特别荣誉，媒体对企业的报道，公司负责人在外界的演讲、访谈等。总之，凡是在形象上能够给企业带来正面影响的，都可以公布出来。

（10）讲述企业销售案例。将客户的使用感受和心得、建议等正面信息发布到微博，但是切记要真实，因为"坏事传千里"在互联网上表现得特别明显。

（11）充分利用链接。微博虽然有很多优势，但也有一个短处，就是信息过于简单，并且容易沉底。所以企业要想做好微博宣传，应将企业信息尽可能多地链接到企业的官方博客里。企业博客里的信息系统完整、详细，可以让客户对企业有更真实、更全面的感受。

五、微信营销文章的写作

（一）微信的含义与类型

1. 微信的含义

微信（英文：WeChat）是腾讯公司于 2011 年 1 月 21 日推出的一个为智能终端提

供即时通信服务的免费应用程序。微信支持跨通信运营商、跨操作系统平台，可以通过网络快速发送（需消耗少量网络流量）语音短信、视频、图片和文字等形式的内容。

2. 微信的类型

微信是目前拥有最大用户群体的移动即时通信软件。微信的公众平台有3种：

（1）订阅号。订阅号为媒体和个人提供一种新的信息传播方式，是与读者进行良好沟通的管理模式。订阅号信息发到用户的公众号里，每天只可以群发一条消息。

（2）服务号。服务号给企业和组织提供了强大的服务与用户管理能力，是帮助企业实现全新的公众号服务的平台。服务号偏向服务交互（类似银行、114等，提供查询服务），每月可群发4条消息。

（3）企业号。企业号主要用于公司内部通信，帮助企业与组织内部建立员工、上下游合作伙伴与企业IT系统间的连接。用户需要先验证身份才可以关注企业号。

（二）微信订阅号文章的策划

关注微信订阅号的每一个用户都是真实的用户，不像微博那样存在一些"僵尸粉"，也就是说，你推送的微信内容90%的订阅用户都会看到。如果你的内容"不讨巧"，关注你的用户从你这里获取不了有用的内容，就不能引起他们的兴趣，那么，他们就会感到失望，再看到你发送的内容也不会打开看，甚至会取消对你的关注。所以，在运营微信订阅号时，我们要把握好微信软文的创作角度，精心策划微信内容。

下面我们来介绍微信内容的几种常用写法。

1. 以营造浪漫温馨气氛为主题的微信内容发布

先来看一段文字，题目是《有一种温暖，叫陪你走过》，正文如下：

有一种温暖，叫陪你走过

关于冬的恋曲还没写到尾声，

一剪春情已在流光转角处，

等待春天里那一树花香的装点。

我站在岁月的门槛回望，

感慨着，时光总是匆匆，太匆匆。

当三月的嫩芽刚刚睁开蒙眬的睡眼，

五月的鲜花就急不可待地开满山冈。

当我们还在留恋秋水长天的花好月圆，

初雪便迫不及待地覆盖了冬的眉眼。

不是我们多么喜欢素简，

那些季节的花红柳绿早已被洁白覆盖，

生命的驿站，有些风景我们还没来得及欣赏，

岁月已辗转了一程又一程。

我们不禁在行色匆匆的脚步中感叹，
时间都去哪了？
是印在父母越来越苍老的皱纹中，
还是消逝在孩子的欢声笑语里？
是在打磨柴米油盐的平淡中，
还是流转在风花雪月的吟唱里？

或许，光阴的路口，
无论我们怎样留恋，也只是过客，
待已转身，还是逃脱不了时光的斑驳。
岁月，是一本线装的书，
所有的酸甜苦辣，都被记在流年的扉页上，
待老去的时光中，慢慢回首，
那些心念，也不过是婉约了经年的一首歌。

生命，就是一个漫长的旅程，
每一个驿站都是一处风景，
每一段旅途都是一种领悟，
总有一朵花惊艳了时光，温柔了岁月，
总有一份遇见，是心上的阳光，
所有的经历，都教会我们成长和懂得。

捻一指清风，行于陌上，
如若心怀阳光，沧桑也是一种美丽，
如若心怀慈悲，遗憾也是一种风景。
生命的意义不是奔赴结果，
而是享受所有的过程，
燃一盏心灯，照亮前方的路，
终有一天，你会心甘情愿地与岁月握手言和。

总有些美丽，在时光深处流淌，
灯火阑珊处，有一种温暖，叫陪你走过，
又是一年岁末，采撷一片雪花的芬芳，
为你，种下一颗幸福的种子，
感谢你，曾把那么多的温暖留给我，
陪我赏过花开，看过潮起潮落，

是谁说过只要面向大海,便能春暖花开。

那么未来的我们,依然拥着阳光,携手走过。

(资料来源:http://www.sohu.com/a/54664385_109078.)

这段优美的文字,表达的是一种温暖的、真挚的情感,营造出了浪漫的氛围。如果企业能利用类似的文章做宣传推广,会比直接加入广告更让人接受。

2. 以传授知识为目的的微信内容发布

例如,标题为《如何利用 PPT 思维提升笔记能力》的微信,其内容是:

如何利用 PPT 思维提升笔记能力

(一)传统笔记的弊端

我们先来看一页笔记。

图 5-1 所示这张图来自我的一个朋友。

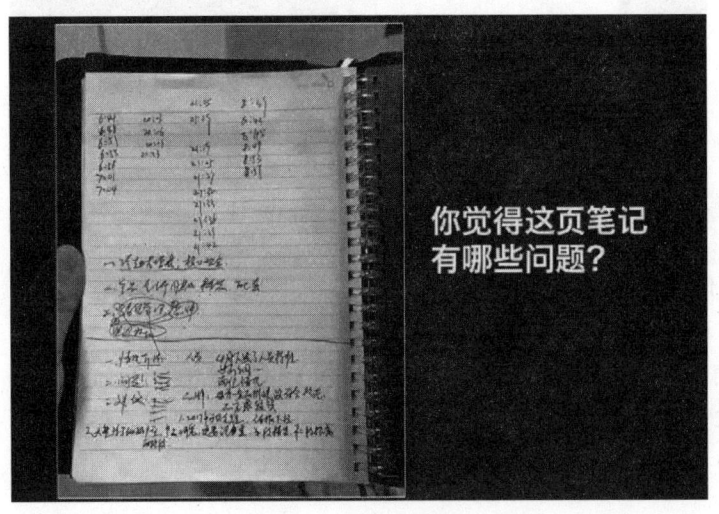

图 5-1 朋友的笔记

要判断它的好坏,首先需要回答一个问题:我们为什么要做笔记?

我在中山大学就读营销专业研究生时,记得上第一堂课老师就说:"我们做的任何一件事都有消费者,我们的专业特点是发现并满足消费者需求。"

就做笔记而言,消费者其实就是我们自己,或者更具体来说,就是未来的自己。那未来的自己有哪些需求呢?我这里总结了几个:

(1)它要易于查找。

(2)查找到后,我们要能够快速锁定核心内容。

(3)我可能也想知道自己当时的想法。

(4)我希望自己如果有新的想法,能够及时更新。

在这些需求背景下,我们再看刚刚给出的笔记,问题就很明显了:

(1)这一页的内容太多,主题太散,难以聚焦。

(2) 每一个主题都没有标题，要花很长时间去识别。

(3) 标注符号太多，有横线，有圈，我不知道哪些才是真正的重点。

(4) 字迹潦草，难以辨认。

图 5-2 所示问题确实不少，下面我们就需要对它进行修改。如何来做呢？我的解决方案是基于 PPT 来展开。

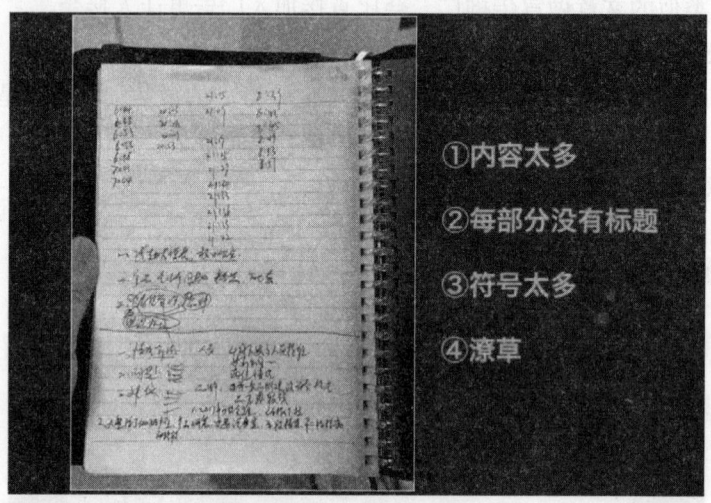

图 5-2　笔记的问题

（二）如何用 PPT 思维改善笔记

1. 结构：笔记应该包括的元素

首先我们来聊结构，也就是一页笔记到底应该包含哪些元素。

相信大家都经常做 PPT 吧。那大家对它的页面布局应该不会陌生，如图 5-3 所示，PPT 页面通常包括 3 个部分：

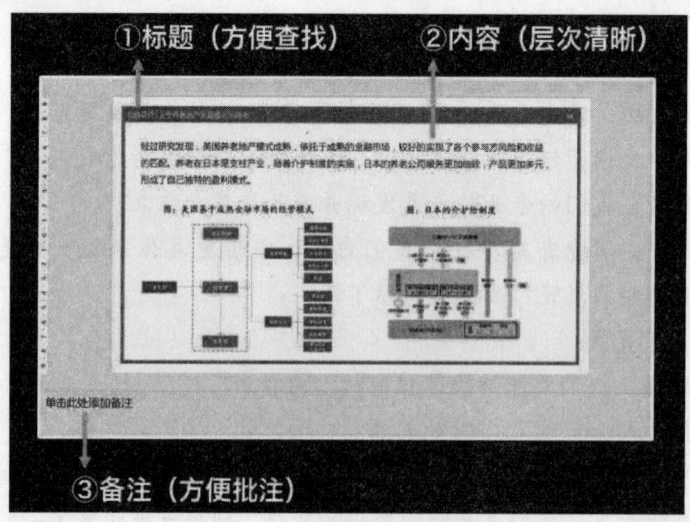

图 5-3　PPT 的页面元素

第一是标题,我们通过它能快速定位到该页的主题。

第二是内容,层次清晰的内容可以方便我们找到重点。

第三是备注,这个在PPT的下方,我们可以根据需要添加一些想法,方便之后更正内容。

这个布局可以非常方便地运用到做笔记上,我们来看图5-4所展示的这一页:

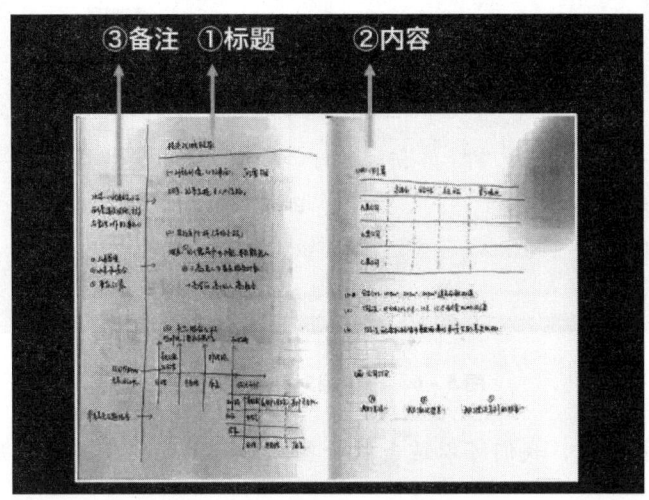

图5-4 参考PPT结构制作的笔记

(1)最左边是备注。我写了一些修改意见。

(2)最上面是标题。方便以后自己进行检索和查找。

(3)其余部分是内容。我留出了比较大的空间,并且不会太密,方便之后有地方可以修改。

当然,这个结构还可以进行适当延伸。

例如:在标题下面添加关键词,注明时间、地点和本页重点。对内容进行分块,通过复述、提炼和思考将内容进行重新组织,如图5-5所示。

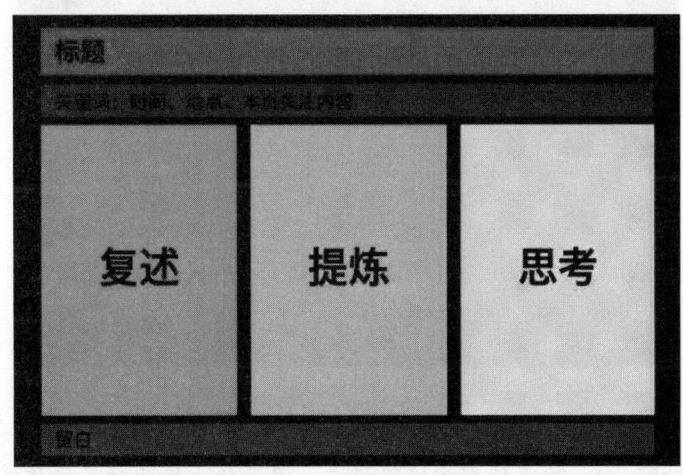

图5-5 完整的笔记样式

我们来看图 5-6 所示的这一页，基本上是完整笔记的典范。

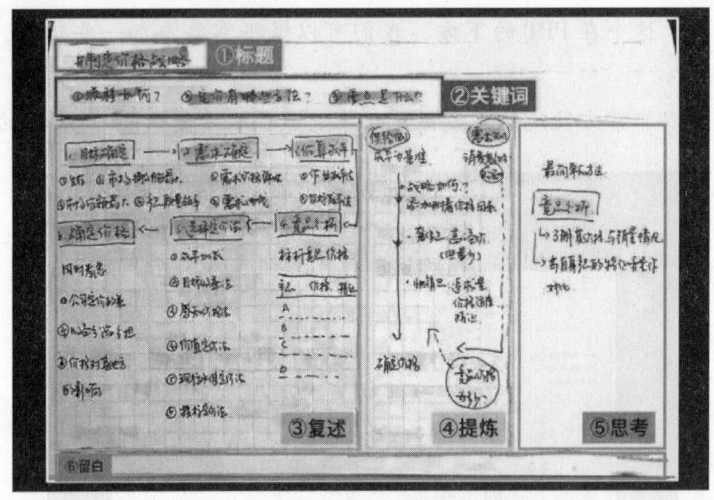

图 5-6　一份相对完整的笔记

当然，具体操作中，我们可以适当做一些减法，上述要点并不一定都要有，但标题一定要突出。

2. 页面排版

接下来我们说说笔记的排版。我们可以参照 PPT 设计中的 3 个关键词：对齐、对比、亲近。

（1）对齐。简单来说，对齐就是找到一些隐性的线，将笔记的各部分进行排列。图 5-7 的 PPT 中给出了 8 种对齐方案，不过最常采用的还是左对齐、居中对齐和右对齐。图 5-8 为文字之间对齐操作。

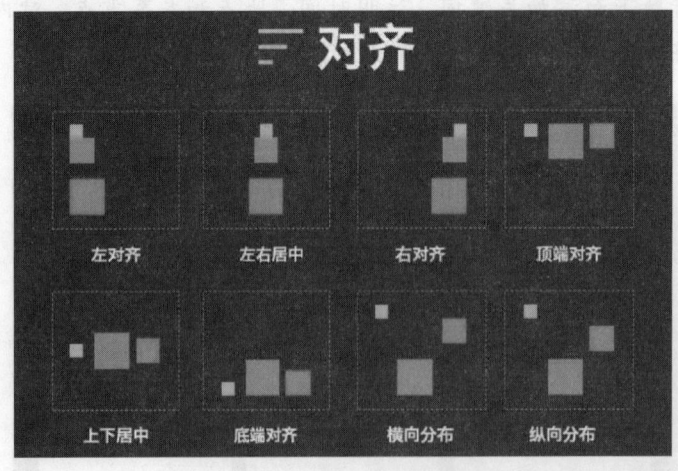

图 5-7　PPT 中的对齐

在这里简单插一句：推荐使用方格笔记本，里面的方格为对齐操作提供了便利性。

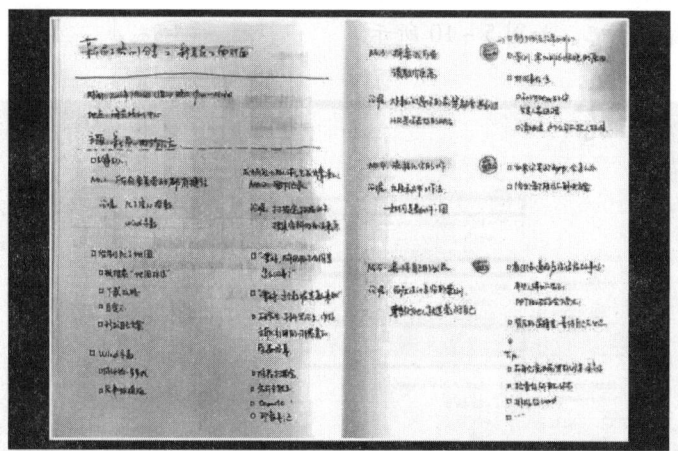

图 5-8　文字之间对齐操作

（2）对比。对比的目的是让重点突出。一般来说，我们有 6 种方法，它们分别是：加粗、画线、反衬、变色、变大、缩小。

这些方法我们都可以用在笔记中。

我个人比较喜欢使用的是反衬，我手上有两支彩色笔，在写完笔记，等墨迹干了后，再在上面进行涂抹。效果一般还不错（见图 5-9）。

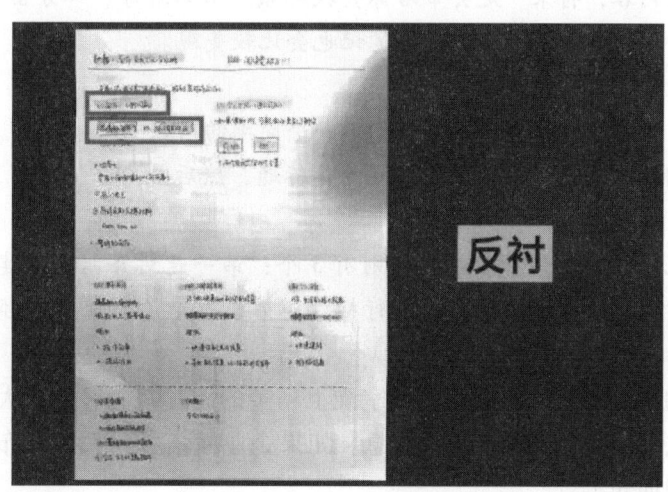

图 5-9　反衬效果

这里插一句：一页笔记上，元素不要太多，三个颜色为上限，否则会显得很花，反而让自己找不到重点。

如果笔记做多了，也可以给不同颜色划分角色，如我个人就喜欢用黄色突出标题，用蓝色突出核心内容。

（3）亲近。接下来我们聊聊亲近。这个原则的逻辑是，让相关的元素聚集在一起。

或者说，留足空隙，让每一部分间隔开来。

我们还是看例子吧，如图5-10所示。

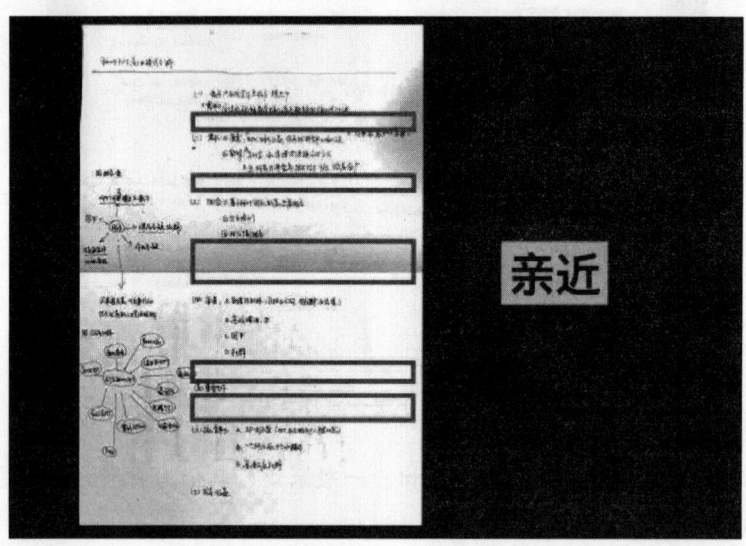

图5-10 亲近原则

我们写笔记的时候经常会有一种节省的心态，非常怕页面浪费掉。其实，真的不用担心，太密的内容，将来一定会带给你查找麻烦。不如给每一部分留出适当的空隙，页面也会有一种所谓呼吸的感觉，最终笔记也会比较美观。

（三）总结

讲到这里，大家可能比较晕了，我们做一个简单的回顾吧。

首先，我们要对笔记进行分区。重要的是标题，然后是内容，接下来是留出空隙，方便以后修正。

其次，对笔记进行美化。参考的原则有3个：第一是对齐，这个建议使用方格笔记本；第二是对比，推荐使用荧光笔进行标注；第三是亲近，让不同部分的内容区隔开来。

类似这样的微信内容，即实用的文字配上精美的图片，能够教给大家一些日常工作常用的小方法、小技巧，传递知识信息。如果企业微信号向大家发布此类信息，受关注的程度可想而知了。

3. 动用各种资源营造情怀氛围

在新媒体文案中，可以动用一切能用到的资源，如文本、图片、音乐、视频、动画等，营造企业所需要的情怀氛围。

卖花平台"Flower Plus"（"花点时间"）的惠花系列新品发布采用富有情怀的文案，唯美且有品质生活意味的场景图片，搭配上别有情调的音乐，营造出一种诗意生活氛围。

如图5-11所示，诗中有画，画中有诗，向读者呈现出一种温暖而惬意的生活态

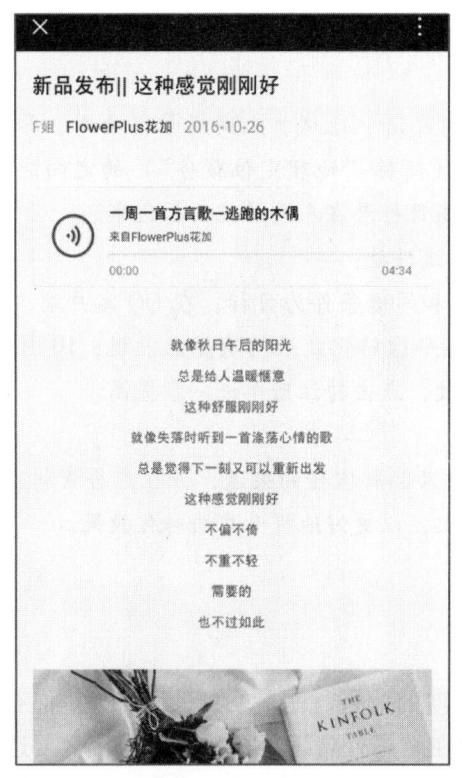

图 5-11 "花点时间"新品发布方案

度和生活方式，受众很容易被触动，内心对美好生活的向往油然而生。

情怀尤其适用于文艺风格的品牌，也同样适用于非生活必需品，通过宣传一种生活方式，营造出具有情怀的氛围，以达到感染受众、增进感情的目的。

4. 以企业产品或服务类信息为内容的微信发布

例如，以《O2O 广告案例分析——7 天连锁酒店》为标题的微信文章，通过分析企业成功业务案例，有力地展示了企业的实力，同时在结尾处加入企业信息，吸引顾客看完进行业务联系。我们看看这段文字：

O2O 广告案例分析——7 天连锁酒店

【摘要】

7 天连锁酒店秉承让顾客"天天睡好觉"的理念，致力于为注重价值的商旅客人提供干净、环保、舒适、安全的住宿服务，满足客户核心的住宿需求。

投放 O2O 广告两周，日曝光超 5 500 万，点击率提升 60%，注册成本降低 50%。点击转注册的注册转化率为 180%。

【推广需求】

推广"新会员注册 77 元优惠入住活动"：

通过广告平台定位有效的消费人群，推广 7 天酒店"注册新会员立享 77 元五星级大床房"活动,提高新会员注册和消费率。

【执行方案】

广告智能定向:

将目标人群锁定在17~40岁的客户群,对年龄、地域、上网场景(公司、学校、家庭等)进行基本的客户群定向,并利用LBS(简称"地理定位服务")的定向能力,针对主要消费城市的商圈、景区定点投放,提高目标潜在人群的注册转化率。

广告位以QQ客户端为主,在PC和移动双线投放:

9月初,7天酒店以找出最适合拉新的渠道和筛选条件为目标,在QQ客户端、QQ空间、QQ音乐客户端和移动平台广泛试投,各平台转化效果均有亮点表现;10月起,以客户端平台为主启动多规格、多素材持续投放,点击转注册率进一步提高。

开通认证空间:

7天连锁酒店开通认证空间来开拓维系用户及品牌宣传的渠道,并在广告素材、广告位出价、广告定向及投放计划制订上进行优化,以更好地提升广告转化效果。

【推广效果】

投放两周,日曝光超5 500万。

点击转注册的注册转化率为180%。

首先,7天连锁酒店的O2O推广达到了预期的效果,就是要告诉读者,我们有经验、有能力帮您做得更好。这还不够,该企业在结尾处告诉目标群体,为什么要选择这个企业,提出企业为什么要推荐O2O广告:

我们为什么推荐O2O广告?

海量受众基础:涵盖亿万网民,拥有多种展现形式的广告位资源。

智能聚焦目标用户:通过选择适合广告主产品的定向条件,精准投放目标客户群体。

专业的广告投放机制:通过实际带来的推广效果付费,大幅度节约广告成本,同时提升广告效果。

好的产品就是积累,需要适时的广告来实现突破。O2O广告也许能为您的推广带来惊喜。

想要收到更多移动营销资讯,欢迎点击右上角查看关注超微平台。超微O2O,与您分享更多。

5. 以企业或公司活动为内容的微信发布

长安福特公司曾推出"长安福特新春钜惠,'翼'起来享'福'"的微信文章,目的是引起目标客户的关注,邀请收到信息的客户来参加公司的活动,达到提高公司知名度、促进销售的目的。这类微信文字要注意把策划内容写全,如举办时间、举办地点、活动内容、特色、参与方式、联系方式等。

6. 以讲故事的方式把受众带入销售情境中

先来看一个故事:

真理赤裸着身子,冷得浑身颤抖。她到村子里的每一家都被赶出来,她的赤裸使人们感到害怕。当寓言发现她时,她正蜷缩在一个角落里,瑟瑟发抖,饥饿难耐。寓言对她充满了同情，于是把她带到自己的家中。她用故事把真理装扮起来，使她感到温暖，然后又把她送出去。真理在穿上故事的外衣之后，当她再一次到村民门口敲门的时候，被热情地迎进屋子里。他们邀请她一起在桌子上吃饭，用他们的火炉温暖她冰冷的身躯。

这就是故事的力量，人们在故事的情境里更能感同身受，理解真理。

美食公众号"文怡家常菜"2015年曾经卖过一款售价1 500元的砧板。当期文案的最大看点就是一个与砧板有关的故事。故事的内容主要是：几年前，一位名叫文怡的女士在香港相夫教子时，朋友曾送她一块砧板。香港是个潮湿之地，家里别的砧板逐渐霉烂废弃，唯独这块"再闷热潮湿的天气也不生霉斑，不长毛儿的案板，成了我的心头好"。4年过去了，它每天默默陪文怡做出一顿顿饭菜，让家人享受健康的日常菜肴。而它依然容颜未改，越发老当益壮。

就是这样一段描写普通家庭主妇生活的文案，让人立刻产生代入感，从而发生共情效应。讲故事的方式几乎适用于任何产品和品牌，尤其适合同质化比较严重的商品。当然，故事只有以情动人，真实感人，才能引起目标用户的共鸣。

7. 借第三方微信平台，进行软文内容的发布

例如，创业网发表的微信文章《盘点：2015年中国新O2O企业100强》，内容涉及餐饮、医疗、社区、出行、票务、金融、旅游、汽车服务、母婴等行业的企业排名，如果企业能凭借类似平台提高知名度，也能达到推广企业的目的。

总之，微信文章的策划与其他软文不同，它要尽量做到：①符合订阅者的口味；②要在描述上加"一层纱"；③要在主题上加一点料。

（三）微信营销文章的写作

一篇推送成功又被目标用户接受并转发的微信文章是经过精心策划、提炼、文字润色后形成的。从事新媒体文案策划的工作人员，要不断地进行探索与实践，下意识转变创作角度，学会站在读者视角揣摩受众的阅读兴趣，思考他们如何选择要看的文章。一般而言，读者阅读新媒体文案并持续阅读下去分为4个步骤：

第一步，看标题。任何一种媒体形式的信息，最先跃入眼帘的都是标题，而读者只会对与自己相关的标题感兴趣。

第二步，看开头。当发现感兴趣的标题后，读者会点击标题，进入正文。如果开头毫无新意、与标题不符，读者会马上关掉页面，停止浏览。

第三步，阅读正文。好的文案会吸引读者一直看下去。

第四步，做动作。阅读完文章后，读者会根据自己的主观感受做出相应的动作。看到对自己有用的文章，会收藏起来；看到好玩的、有意义的文章，会转发到朋友圈；被文章内容感染、说服，则会点开链接购买相关产品。

微信营销文案的设计实际上是围绕读者的浏览习惯展开的。为了在"看标题"这一步就让读者感兴趣并点击进入，需要设计富有吸引力的题目；为了避免读者未看完就关闭页面，需要设计精彩的开头与正文架构；为了引导读者阅读文章后点赞、转发或购买产品，需要设计打动人心的结尾。因此，微信营销文章内容的设计应从标题、开头、架构、结尾4个模块入手。

1. 微信营销文章的标题设计

（1）微信营销文章标题拟定的3个维度。微信营销文章的标题拟定，应从吸引力、引导力、表达力3个维度思考。

①标题要有吸引力。读者不会逢文必读，只会关注自己感兴趣的内容。因此，标题一定要能吸引读者的眼球。当你的标题与其他作者的标题同时出现在微信订阅号时，你的标题要能引起读者的注意。

②标题要有引导力。具有吸引力的标题不仅使读者感兴趣，还要使读者点击标题、浏览正文，进入阅读状态。

③标题要有表达力。好的标题，能让读者即使没有点击进入正文，也能感知文章的总体意思。例如，通过《2016年度最后一场线上分享〈如何成为演示高手〉，秋叶大叔在知乎Live等你》这一标题，可以得到以下5点信息：秋叶大叔要分享；分享内容为《如何成为演示高手》；分享形式是线上；分享平台为知乎Live；这是今年最后一次分享。

需要注意，文章标题要与正文内容高度一致，不能成为"标题党"。例如，标题《震惊！一家25口灭门惨案》，正文内容为"生物专业小白鼠解剖报告"，标题《如果没有这张纸，你就见不到你父母了！》，正文内容为"寒假订票时间表及抢票攻略"，这样的设计只会令读者反感，有损品牌形象。

（2）微信营销文章标题的拟定方法。微信营销文章标题主要有以下几种类型：

①数字型标题。数字型标题巧妙地将正文的重要数据与主要内容整合为标题。数字型标题一方面可以利用数字来吸引读者，另一方面能够提高读者阅读的效率。

例如：《7页PPT教你秒懂互联网文案》《近10年最成功的10位互联网大佬，最失败的项目是什么?》《五分钟PS出一个漂亮的LOGO》《盘点：10个标题技巧让你的微信文章刷爆朋友圈》。

②人物型标题。在互联网世界，信任是做成任何事的基础。读者往往出于对专业人士及名人的信任而无条件接受他们的观点或推荐。因此，如果文中出现专业人士或名人的观点，那么，可以将其名字直接拟入标题。

例如：《张小龙、雷军、刘强东、周鸿祎等10位大佬，最失败的项目是什么?》《赵雅芝年轻20岁的秘密》《巩俐：欧莱雅，你值得拥有》《扎克伯格一直坚持的10个习惯》。

③以"新"引人型标题。人们总是对新鲜的人、新鲜的事物感兴趣，这是人之常理，把握住这个特征，制造出具有新闻价值的软文，往往会引起巨大的轰动。这类标题常用的词语包括：惊现、首度、首次、领先、创新、新推出、引进、终于、开始、风生水起、暗流涌动等。

例如：《记者观察：网上项目外包风生水起》、《我市惊现"日光盘"》（某楼盘软文标题）、《苹果AIR创、新、薄（世上最薄的笔记本电脑）》（苹果软文标题）、《终于，多功能车开始用安全诠释豪华》（途郎轿车软文标题）。

④"利"诱型标题。商家发布宣传产品、品牌的文章，可以"利"诱人，在标题中直接指明利益点。

例如：《小站长年收入10万不是梦——我的奋斗历程》（××网站培训软文标题）、《留下你的10块钱，也留下你的痔疮》（医疗软文标题）、《注册××网站会员，即送100元现金券》（××网上商城软文标题）。

⑤宣事型标题。如实地将广告正文的要点简要地摆明，使人一目了然。

例如：《网络推广技巧之淘宝自然排名优化揭秘》《企业网络营销项目运营全纪实》《房价下跌百姓只问不买，中介只求"非诚勿扰"》《神六采用爱国者U盘，能重复擦写百亿次》。

⑥故事型标题。创设一种情境，利用动人的故事比生硬直白的说教更能打动人，更能吸引读者的阅读兴趣。

例如：《我和采茶美女的邂逅》《一个爱做创业梦的斜杠青年》《一个襄樊汉子和他的世纪华峰装饰品牌梦想》《我是如何从HR菜鸟成为HRVP的》《钱原来可以这样赚，25岁小伙分享自媒体创业的心路历程》《去年我还在山西挖煤，今年他们叫我动画小王子》。

⑦悬念型标题。标题可设置富有趣味性、启发性的悬念，以吸引读者好奇心。

例如：《是什么让他的爱车走向了不归路?》《十年里发生了什么?》《高端乳酸猪肉是忽悠吗?》《我是如何从失败中奋起，进而走向成功的?》。

⑧恐惧式标题。恐惧式标题一般常见于健康、安全类软文中。就读者关心的、与读者利益相关的话题，设计恐惧式标题，激发读者的猎奇心理，同时使读者产生危机感。

例如：《如果你不在乎钙和维他命，请继续喝这种豆浆》《这6个公认的坏习惯，会"搞砸"你的健身效果》《二维码潜藏的危险，切记要辨认清楚》《小白如何识别P2P平台风险》《如何识别健康相关的伪科学和谎言?》。

⑨趣味型标题。生动、幽默的语言，恰当的修辞手法，谐音效果等可使标题活泼俏皮，令读者眼前一亮，回味无穷。

例如：《赶快下"斑"，不许"痘"留》、《有"锂"讲得清》、《不要脸的时代已经过去》（润肤水软文标题）。

⑩疑问型标题。将正文的主题以疑问的形式设为标题，通过提出问题来引起关注，从而促使目标受众产生兴趣，启发他们思考，产生共鸣，留下印象。

例如：《做公益，你怎么盈利不饿死?》《设计真的有那么重要吗?》《你知道混合动力是怎么混的吗？想长知识的进来》《没有运营的产品怎么火?》《如何利用网络书签做网络推广和网站优化?》《如何让您的关键词出现在百度搜索结果的左侧?》

2. 微信营销文章的正文架构

微信营销文章的写作与其他新媒体营销文章的写作一样，最重要的不是文采，而是思路。思路决定了最终呈现给用户的文章结构，决定了这样的结构能否被用户快速接受并理解。好的结构清晰顺畅，有助于读者阅读和吸收，也方便作者构思和成文，提高效率。下面介绍3种最常见也最行之有效的文案架构方法。

(1) 总分总式架构。

①第一部分，阐明主题。开头介绍写作的主题或理由，然后展开论述，结尾再简要总结或重复主题。这是大家非常熟悉的作文结构。每篇文章都有写作出发点，在文章的开头部分，要先让别人知道你为什么要写这篇文章，要解决什么问题，主题一定要非常明确，如果恰好读者对这个主题感兴趣，就会认真读下去。在开头的时候介绍清楚了要说的话题，就可以展开第二部分的写作了。

②第二部分，详细论述。在第二部分，要分条列出自己的观点和佐证自己观点的证据或者案例，并加以说明。几个分论点之间可以是并列关系、递进关系、对比关系等，但不能是包含关系或交叉关系。

③第三部分，总结。在最后一部分，亮出自己的观点。可以重新提炼新的观点，也可以将前面的分论点做汇总，加深读者的印象。当然，如果能够提炼一些非常不错的金句，让别人转发，是最好不过的。

总分总式架构的好处在于结构清晰简单，便于把问题说清楚，方便读者理清内容，而且多次强调核心观点，更容易让读者接受并形成记忆。

(2) 并列式架构。并列式架构像列清单一样列出用户所需要的信息，或是作者自己要呈现的内容。文章内容通常由3个以上部分组成，各部分之间往往是平行的，没有非常强的关联。

例如，在秋叶大叔发表的微信文章《如何才能把一件事情做到极致》中，"能做到极致的事情，不管多少，你能至少说出100个细节"是文章的核心观点，围绕此观点，文章分别从"做PPT""做鱿鱼酱""做豆腐"三个角度来进行阐述，说明"专业，其实就是在于对细节的精神把握"。三个角度相互独立，但都为核心观点服务。

并列式架构的好处在于作者只需要介绍清楚自己的目的，列出相关的分支就可以了，操作非常简单，而且选题来源丰富，只要是信息量大的内容，都可以进行这样的提炼，给读者一种帮我精选信息、节省时间的感觉。

在用这种并列式架构的时候，小标题往往起到很重要的作用，在主标题上明确列出具体有几个内容也很容易让人形成期待。

(3) 讲故事架构。大多数人都爱看故事，讲故事结构也最适合做软文，打广告。一篇优质的广告文，常常是看了开头你猜不到结局，看了高潮你还是猜不到结局，看了结局你会惊呼：这居然是个广告！

例如，公众号"王左中右"几乎把发广告当成了主业，如果哪天没有发广告，粉丝还会留言反抗："还我广告！"该公众号持有人曾经骄傲地说："我连着4篇发的都是广告文，广告的阅读量比非广告的还要高。"他的广告文只会为广告锦上添花，因为他的粉丝都想看他怎么埋梗、怎么圆到广告上去。他的广告文已经不能用"广告"二字形容，堪称"脑洞"文案。看他的广告文，就是文字版的烧脑电影，结局总是在情理之中但又在意料之外!

图 5-12 所示就是被网友称为"神逆转"的广告文和经他巧手妙解的"变态字"。

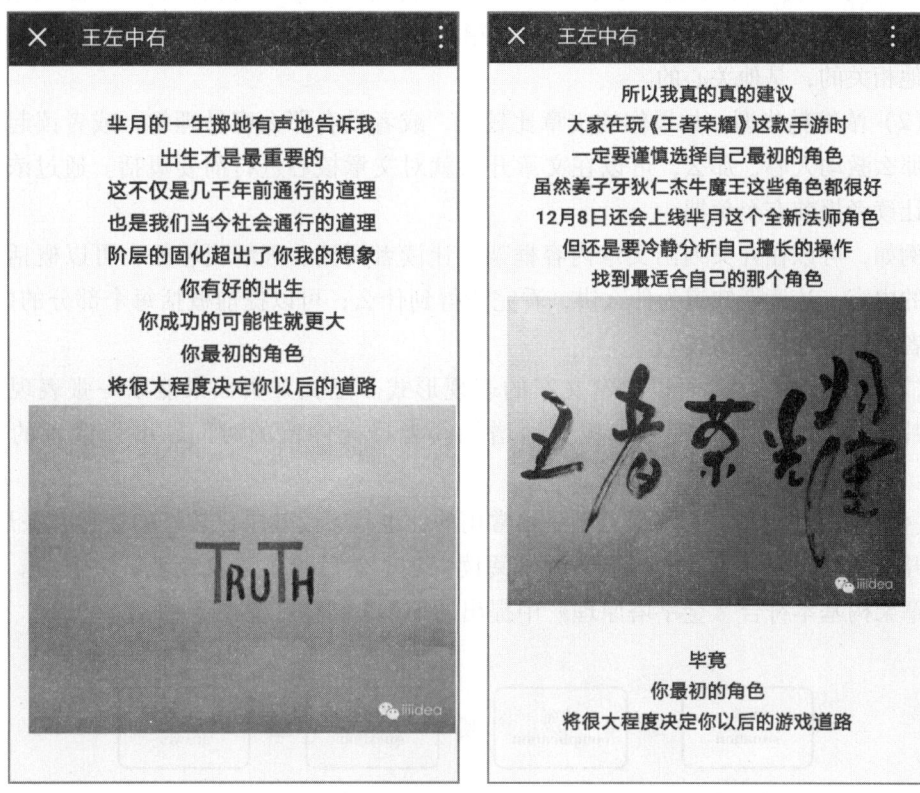

图 5-12　公众号"王左中右"广告文

这篇《了解芈月一生后,我低头陷入了深思》,是一篇结合热播剧《芈月传》为某款手游做的广告文,一经推出很快就达到了 10 万+的点阅量。文章用质朴的话语讲述故事,没有华丽辞藻,只是在结尾以神转折的方式巧妙地将广告融入文本,自然有趣,浑然无迹,令读者拍案叫绝。

在"王左中右"的广告文案中,并没有过多宣传产品或品牌,但用户却被这种"卖故事"文案深深打动和折服,关键在于作者"无心插柳"的讲故事方式以及"化广告于无形"的创意。

3. 微信营销文章的开头设计

微信营销文章的开头具有承上启下的作用。一方面,开头要与标题相呼应;另一方面,开头需要引导读者阅读下文,好的开头是成功的一半。

开头要具有引发好奇、引入场景的作用。引发好奇,可以利用图片、文字等内容吊足读者的胃口,使读者产生继续阅读的兴趣。当读者点击标题进入文章后,如果开头索然无味,读者会直接关掉页面。所以,开头写不好,会浪费精心设计的标题。可以通过讲故事、提问等方式,在开头就把读者引入场景,让读者了解文章要表达的情感、环境、背景、想法等。

微信营销文章的开头通常有以下几种方式。

（1）与"我"有关型。我们处在一个追求自我、个性的时代。读者最感兴趣的文章内容，首先肯定是与他相关的。所以，第一秒就要让目标读者发现，你的文章内容是和他相关的，是他关心的。

（2）浓缩精华型。如果你的文章比较长，或者没有那么容易理解，或者读起来并没有那么激动人心，那么，可以在文章开头就对文章核心进行简要概括。通过浓缩精华，让读者提前有个预期。

例如，可以在开头列出文章内容框架，让读者阅读、理解更轻松；可以概括全文要讲的内容，让读者知道为什么讲，看完能得到什么；可以提前概括每个部分的内容，让读者可以有选择地阅读。

（3）图片型。图片可以丰富文案的表现形式。正文开头如果能以一张表现力强的图片抓住读者眼球，则可以极大地增加读者目光停留的时间，增强读者的阅读兴趣。

（4）描述痛点型。描述痛点型是很常用的，也是阅读效果比较好的一种开头形式，文章开头就抛出目标受众的痛点，激发阅读兴趣，然后给出建议或者解决方法。这样的文章架构基本符合《金字塔原理》中提出的 SCQA 结构（见图 5-13）。

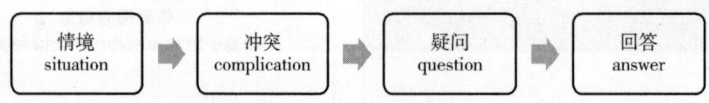

图 5-13　SCQA 结构

①S：situation（情景）。由大家都熟悉的情景和事实引入，联想到自己的处境；

②C：complication（冲突）。实际情况往往和我们的目标有许多冲突，这样不行那样也行不通，痛点就出来了。

③Q：question（疑问）。怎么办？

④A：answer（回答）。我们的解决方案是……

如图 5-14 所示，张德芬在其题为《亲爱的，请不要成为伴侣的"存量包袱"》的文章开头构建了"家庭主妇"这样一个群体的社会痛点，属于这个群体的人或与之相关的人看到了，肯定会心生共鸣，欲罢不能，会继续读下去。

如图 5-15 所示，正和岛在其题为《85% 大公司都死于决策失误，腾讯、华为、阿里活下来靠什么？》的文章开头，引导大家进入情境——"世界每 1 000 家倒闭的大企业中，就有 85% 是因为经营者决策不慎造成的"，并直接指出现在很多中国企业家的痛点：如何理性决策！

（5）设置悬念，激发好奇心。好奇心是驱动用户行动的强大动力。如果文章一开始就制造悬念，一定可以激发好奇心，引起读者的阅读兴趣。

图 5-14　张德芬空间截图　　　　图 5-15　正和岛空间截图

如图 5-16 所示，这篇文章题为《最后一秒了，我的拖延症还可以抢救一下》，但开头却告诉读者，本文旨在"教"你像专业人士一样拖延，乍一看，题目跟内容自相矛盾，而且开头更是形成逆向冲击，直接制造了悬念，相信饱受拖延症困扰的人士一定会带着不解继续读下去。

（6）金句开头型。发人深思、一针见血的句子，就是金句。能打动人心的文案必然拥有金句。例如，咪蒙的文章，每一篇至少有一个金句："与其抱怨规则，不如把自己变得强大""要么放弃梦想，要么提高实力""不要把别人的客气，当成你的运气"……金句用简单的文字传递有力量的思想。以金句开头，即一开始就给整篇文章定调，很容易引起读者共鸣，调动情绪。

（7）故事开头型。从读者的角度来讲，读故事要比看说教讲道理的文字轻松得多。而且故事带来的画面感、真实感以及震撼感也比单纯文字描述或者讲道理更加有力。故事型开头直接把与正文内容最相关的要素融入故事，在故事中因制造矛盾、戏剧冲突而形成的悬念，可能就是读者继续阅读的最佳动力。

（8）开门见山型。在碎片化阅读时代，文章可以一开始就告诉读者自己要讲的内容，让读者一目了然。另外，还可以在文章开头直接点明适合阅读人群或告知读者阅读文章所能获得的知识或利益点。

（9）蹭热点型。可以在文章开头简单引入一个新闻事件或热点，如"发生了什么"

"最近……",当然,由热点或新闻无缝对接到广告,达到润物无声的境界,是讲究技术的。

如图 5-17 所示,这篇题为《"凌晨三点不回家"刷屏,别矫情了,结局都是骗你的》的软文是名副其实的"温柔刀""绵里针":开头是一个最近流行朋友圈的类似心灵鸡汤的热点,接下来过渡到似曾相识的职场指导,到最后读者发现,原来文章在为 WPS 打广告。这种广告打得可谓跌宕起伏、清新脱俗。读者佩服之余,会认真琢磨一下,如果不想出现视频中的尴尬,真应该好好考虑入手这款产品了。

 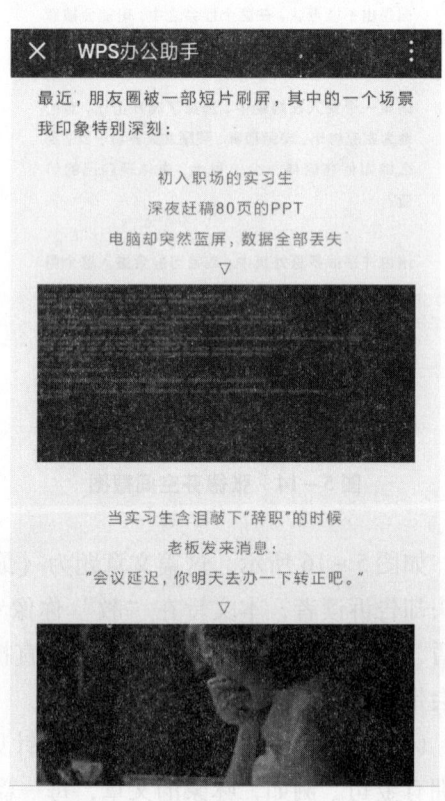

图 5-16 "最后一秒,我的拖延症还可以抢救一下"截图   图 5-17 "'凌晨三点不回家'刷屏,别矫情了,结局都是骗你的"截图

4. 微信营销文章的结尾设计

营销文案都有其营销目的:要么为品牌服务,提升企业知名度和美誉度;要么为销售服务,推广产品,提升销量。要想使读者阅读完文章后符合我们的期待,就必须优化文案结尾。我们可以从以下几个角度设计结尾。

(1)融入场景。结尾融入特定的场景,更易打动人心。在结尾设计场景最重要的就是要截取迎合目标受众心理的场景——最好是受众生活、工作中的画面。例如,育儿的文案,可以设计一个妈妈和宝宝在一起的场景;办公软件的文案,可以设计描述职场新手加班做 PPT 的场景等。例如:

以上 PPT 技巧，千万不要只是看过，而不去练习。否则，原本 3 个快捷键就能搞定的问题，你需要加班去完成。深夜一两点，大家都在呼呼大睡，而你却一个人在空荡荡的办公室做 PPT，何苦呢？

（2）结尾抛金句。文章结尾抛出金句可以帮助读者领悟文章主旨，引发共鸣，起到画龙点睛的效果。金句可以是引用或改写的名人名言，也可以来自原创。例如：

每一个让你感觉到舒服的选择，都不会让你的人生获得太大的成长。而每一个让你感觉不舒服的选择，也并不一定让你获得大家所谓的幸福。但却会让你有机会开启与众不同的体验，寻觅到更多的可能性。

从一个"PPT 制作者"到成为一个"PPT 设计者"，难吗？不轻松。但是正在学习阶段的你，连个 PPT 都征服不了，谈什么征服世界？

做你没做过的事，叫成长。

做你不愿做的事，叫改变。

做你不敢做的事，叫突破。

做你不相信的事，叫逆袭！

（3）提问引深思。在结尾进行提问，力度比正面陈述更大，可以引导读者思考。可以在末尾提问后发起互动，提升读者参与感。例如：

来，在今天的留言区，说说你过去做了或者经历了哪些事，让你不再那么玻璃心？

（4）神转折式。神转折式结尾是大 V 们在软文里常用的招式。当你被好几千文字渲染的氛围深深吸引时，咔嚓！广告来了！明明知道自己读的是营销软文，知道作者一定会植入广告，但当广告神不知鬼不觉地甩在眼前时，还是会措手不及，"让你猜中了开头，却总猜不到故事的结局"，这就是神转折的魅力。例如：公众号"王左中右"的这篇题为《古人玩神转折不知道比你们高到哪里去了》的微信文章，开头如图 5－18 所示，结尾却如图 5－19 所示。由开头纵横捭阖大谈特谈逆挽诗的智慧，结尾转折到"tutorabc 在线英语课程"，作者玩的就是心跳，读者却心甘情愿"掉坑"，还意犹未尽，拍手称快。

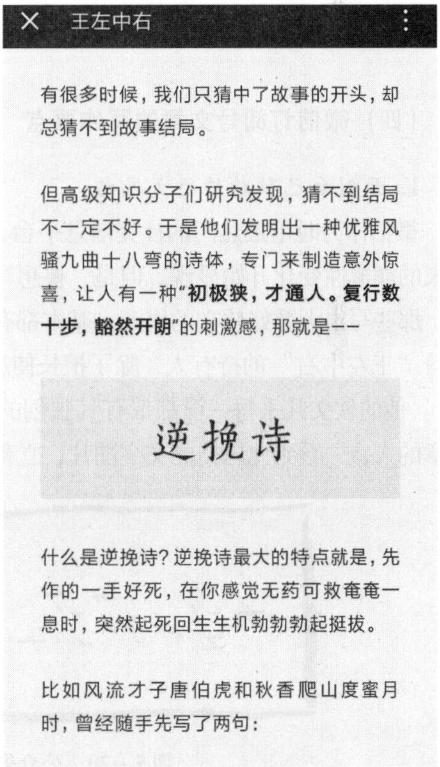

图 5－18 "古人玩神转折不知道比你们高到哪里去"截图一

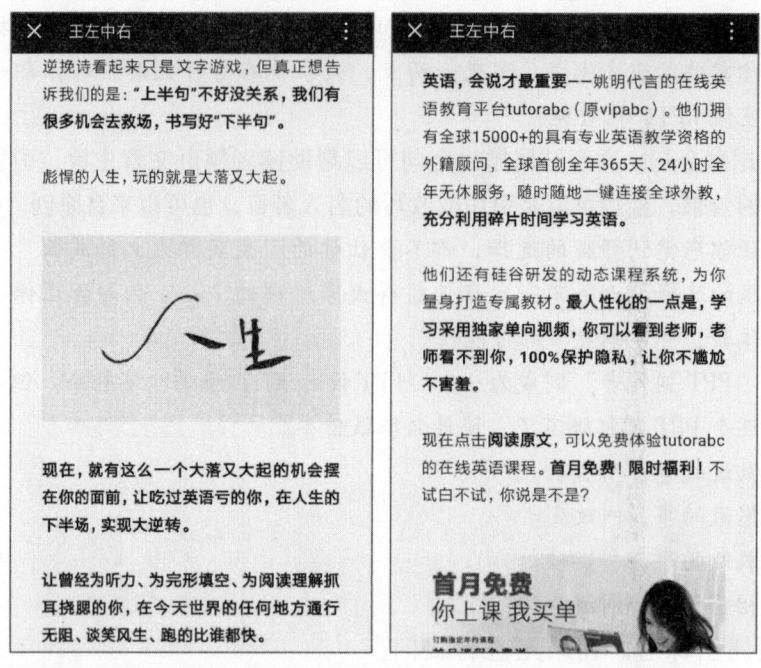

图 5-19 "古人玩神转折不知道比你们高到哪里去"截图二

（四）微信订阅号文章的写作要点

1. 开创自己独特的行文风格

微信作为时下最热门的社交信息平台，正在演变成大的商业交易平台，其给营销行业带来的颠覆性变化开始显现。但是，要想写出一篇有深度、受众乐意买单的营销文案并不容易，那些写出无数好软文的作者，基本都有一套自己独特的行文风格。例如，前面提到的公众号"王左中右"的持有人，除了擅长使用"神转折"的广告植入形式，还惯玩"文字创意"。他的软文几乎每一篇都带有其独创的"变态字"。这种独一无二的风格使凡是读过他文章的人，一看到此风格的文字图片，立刻就能联想到他的作品（见图 5-20）。

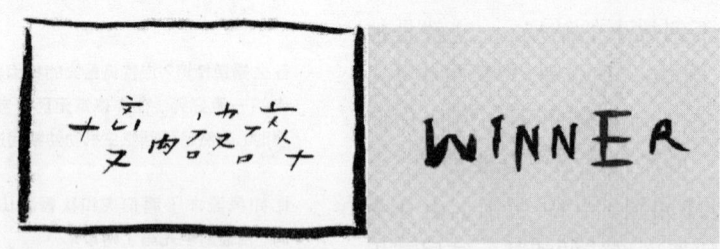

图 5-20 公众号"王左中右"文字作品

那么，如何形成自己独特的文风？一般来讲，读者总是惯于接受与自己观点一致、自己熟知的或者自己需要的东西。因此，在软文创作的过程中，可以尝试从读书、美食、旅游、明星、影视剧、音乐、美容等角度出发；在入行之初，就坚持一条路走到底，形成一套属于自己的行文风格，用最习惯、最熟悉的固有风格来培养读者长期的阅读习惯。

2. 挖掘广告和文字的最佳契合点

软文创作的终极目标是促成产品销售，在这个过程中，软文担当着准确地传递产品信息，引发受众内心的购买需求，强化受众购买欲望，最终促使受众产生购买行为的角色。因此，为了创作一篇能够自然诠释、完美表达广告产品的好软文，有必要深入了解产品，充分掌握产品的特性，包括有形的特性（形状、性能、外观、配件等）和无形的特性（给人的感知和氛围等）；然后，挖掘该产品最容易着手、最能契合行文节点、适合融入字里行间的特性，不需要太多，一个就够了；最后，以"产品特性"为出发点，选好软文的题材，策划好节点，在文中不时突显一下产品特性。

例如，"王左中右"的一篇微信文章《昨天在北京坐专车的恐怖经历》，发布的时间比较微妙，正值"北京和颐酒店女客户被劫持事件"闹得沸沸扬扬的时候，受众心理处在极度敏感期。文章从"我后悔上了这辆专车"开始了整个故事的铺陈："我"在酒醉中坐上了北京城凌晨1点的专车，司机开口就是一句"做鸡也是做人"，酒立刻醒了一半；司机长相冷峻阴郁，双臂有力，还自称做着"九死一生"的工作；途中电台播报着发现带有记者证的女尸，此时车外已漆黑一片，酒全醒；司机走错路，闲谈中摸出一把精致的武士刀；提到刀时，他显得十分兴奋，大赞武士刀"干净、利索、完美"，又自称是个手艺人，"爱好是切割，越薄越好"。此时：

我的大腿开始发软，

心脏猛烈地撞击着胸腔，

我想喊救命，

但一口气卡在了喉咙，发不出声，

我汗湿的手拍打着被锁的车窗。

这时司机猛地抬起了头，

他的脸被照得发黄，带着诡异的微笑，

他的左手有力地打开了后车门，

他的右手紧握着一件东西朝我靠近，

然后突然说道：

……

这节奏！心都提到嗓子眼了，手机已经按出"11"就差个"0"了！结果：

做机也是做人，我是魅族创造人黄章，全新魅族PRO6，精心打磨之作，背部武士一刀，销魂呈现，向您诚意推荐。

嗨——跟着心跳加速了大半天，原来是"魅族手机"的广告！

作者的一双翻云覆雨手，将产品特性天衣无缝地融入故事。文章处处做铺垫、埋伏笔，间或顾左右而言他，看似和广告产品毫无关联，答案揭晓时才恍然大悟，原来文中早已暗藏广告的蛛丝马迹。"做鸡也是做人"原来是这个"机"，武士刀原来是用来指代"魅族"的精美绝伦。某粉丝坦陈读该篇软文的心路历程：好奇—疑惑—猜到是广告—还想往下读—惊叹—"so嘎"，实在是高。

惊魂的故事情节，高超的叙事技巧，心照不宣的广告预设，似有若无的广告节点，最大限度地勾起读者强烈的好奇心和求知欲，而在文章达到最高潮，读者已完全深陷其中，结局即将呼之欲出的那一刻，作者冷不防抛出广告，令读者措手不及，惊喜之余却又叹为观止。

 任务演练

一、学习了企业进行微博营销与写作时的注意事项，请同学们课后思考，企业在进行微博营销时还需要注意哪些其他的问题？

二、请大家关注不同公众订阅号，找出其中的内容发布，判断它们都属于哪种微信内容的构思写作方法。

三、尝试用一种微信编辑器，编辑一则自己喜欢的微信内容。

四、请任选一种你感兴趣的产品，创作一则微小说。

五、任选一种自己喜欢的新媒体写作体裁，写一篇文章。

请扫描二维码，了解新媒体文案的岗位要求与职业能力素养。

第二节　广告文案策划

 引航

"江小白的酒"广告文案

"我把所有人都喝趴下，就为和你说句悄悄话"；

"我们总是老得太快，却聪明得太晚"；

"大道理人人都懂，小情绪难以自控"；

"我们最先衰老的，从来不是容颜，而是那股不顾一切的闯劲"；

"手机里的人已坐在对面，你怎么还盯着屏幕看"；

"一个人，喝酒不是孤独，喝了酒，想一个人是孤独"；

"兄弟间的约酒聚会，应该无关应酬和勾兑"；

……………

 评析

令人意想不到的是,这竟是重庆一家新生代酒企的瓶身文案诉求。让我们一起看看知名网红江小白,是怎么玩互动营销的。

年轻人大多数觉得自己是特别的一族,因此,江小白将其定位为"年轻人的情绪饮料"以区别于其他酒类品牌,不仅肯定了"酒能解忧"的积极功能,还为社会上奋斗沉浮的年轻一代代言,以年轻人个性宣言作为广告文案去加大受众覆盖面和加深沟通的契合度,把解忧功能表现得淋漓尽致。

下面我们分析其营销策略:

第一阶段,用了低成本方式,让文案在产品包装上快速亮相——"低质量的社交,不如高质量的独处""我是江小白,生活很简单""跟重要的人才谈人生"。语录瓶替用户勇敢发出"江小白式主张",在促进江小白的销售量猛速增长的同时,也将品牌文化刻入用户心里。

第二阶段,广告模式开始向娱乐化靠拢。通过打造艺术瓶身和广告植入年轻人爱看的青春影视剧,将文艺热烈的"江小白式生活"再次灌输给受众。

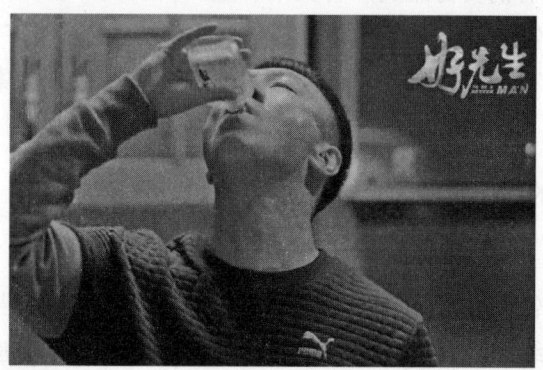

第三阶段,江小白更是颠覆传统,着力于与用户互动,推出用户原创的"表达瓶"。什么是表达瓶?表达瓶就是一种可以用来表达的瓶子。扫描江小白瓶身二维码,

输入你想表达的文字，上传你的照片，会自动生成一个专属于你的酒瓶。如果你的表达瓶被选中，就可以作为江小白正式产品，付诸批量生产并全国同步上市。

听起来很简单是不是？的确，只是增加了一个二维码而已。但就是这个二维码，解释了江小白的经典文案来源，也化解了白酒行业与消费者与日俱增的隔离感，或者说改变了白酒行业一贯的品牌营销玩法。白酒产业的内容边界已被打破。人人喝酒写表达，人人都是文案大神。江小白表达瓶的出现，可以说是酒类企业在消费互动方面的一次标志性升级。

此后，该企业还相继制作文艺青春主题MV，举办相对小众的hiphop演唱会，打造"江小白式个性青年文化"，鼓励受众肯定自己，实现个人价值。

就这样，该企业在品牌定位上坚定不移，在文案和广告段位上层层拉升，由"对你说"变为"要你说"，获得用户极大青睐。

一、广告文案的含义、类型及创作原则

（一）广告文案的含义

广告文案是以语词表现广告信息内容的形式，是广告内容的文字化表现。广告文案有广义与狭义之说。广义的广告文案是指广告作品的全部，它不仅包括语言文字部分，还包括图画、视频、音频等部分。狭义的广告文案仅指广告作品的语言文字部分。在此，我们重点探讨后者。

（二）广告文案的类型

（1）按媒体分：有报纸广告文案、杂志广告文案、广播广告文案、电视广告文案、网络广告文案、户外广告文案、其他媒体广告文案等。

（2）按文体分：有记叙文广告文案、论说体广告文案、说明体广告文案、文艺体广告文案等。

（3）按内容分：有消费物品类广告文案、生产资料类广告文案、服务娱乐类广告文案、信息产业类广告文案、企业形象类广告文案、社会公益类广告文案等。

（4）按诉求分：有理性诉求型广告文案、情感诉求型广告文案、情理交融型广告文案等。

（三）广告文案的创作原则

1. 要真实

真实性原则是广告文案创作的首要原则。广告文案相当于广告活动的"代言人"。人们往往通过它的介绍和推荐来认识企业、产品和服务，产生对应情绪，对是否接受该产品或服务形成选择意向。如果广告文案失真，就会丧失可信度，让受众对广告产生怀疑、不信任。失去了受众信任的广告活动毫无意义。

2. 要原创

原创性又称原创力、独创性。广告文案的原创性包括形式上的独创和信息内容的独创两方面。

形式上的独创可以是创造新的表现形式，也可以是发掘前人创造的有意味的形式，然后运用现代的形式、现代的理解去重新组合成一种新的形式，产生新的含义。

信息内容的独创就是寻找到独特的信息内容进行表现。它表现在别的产品无法替代的消费利益点、产品的生产背景、产品的附加价值、产品的特点，以及借助心理作用形成或创造出不同价值等方面。

广告如果没有原创性，就不能产生震撼心灵的感观效果，就不能充分吸引受众，给受众留下深刻的印象。

3. 传播要有效

广告的有效传播指的是广告经由表达、传播达到广告目的的过程。对于有效传播，广告界有以下几种代表性的观点：

（1）广告的有效在于改变目标消费者的态度；
（2）广告的有效在于销售业绩的增长；
（3）广告的有效在于帮助企业创立持久的品牌；
（4）广告的有效在于能建立与目标消费者之间的独特关系，能让消费者轻易地把所推介的品牌与竞争品牌区别开来。

二、广告文案的结构及创意原则

（一）广告文案的结构

广告文案一般包括广告标题、正文、广告语（或广告口号）、随文等部分。它们分别传达不同的信息，发挥不同的作用。

1. 广告标题

广告标题是广告文案的主题，往往也是整个广告中提纲挈领的部分，是广告内容的诉求重点。它的作用在于将广告中最重要的、最吸引人的信息进行富有创意性的表现，昭示广告中信息的类型和最佳利益点，以吸引人们对广告的注目和兴趣，进而引导人们关注正文。只有当受众对标题产生兴趣时，他们才会关注正文。

广告文案的标题通常有直接标题、间接标题、复合标题三种。直接标题往往开门见山地表明广告的内容和对象。如"好空调，格力造"。间接标题中不直接出现所要推销的商品的内容，往往连产品的名称都不告诉消费者，而是利用艺术手法暗示或诱导消费者，引起消费者的兴趣与好奇心，从而进一步注意广告正文。例如："把闪烁的星星揉碎，溶入绚烂的晚霞之中"，该标题描绘的是一种充满诗情画意、梦幻般的意境。但只看标题，读者会觉得费解，于是，他们只能从正文中去寻找答案。读了正文后方才领悟到这是一则化妆品广告，而广告标题产生的浪漫氛围已氤氲于读者心中。

复合标题是将直接标题与间标题复合起来。一则复合标题常由一个主标题和一个副标题组成。主标题往往以艺术的手法表明一个引人入胜的思想,副标题则是说明产品的名称、型号、性能等,目的在于进一步补充和扩展主标题的含义。因而,复合标题会失去一点引人好奇的价值,但却能使消费者立即明白引起他们好奇的是什么产品。下面是一则复合标题:小到一颗螺丝钉——四通的服务无微不至,这是四通文字处理机的广告标题,文字的第一行是主标题,采用间接标题,运用了"比"的修辞手法,是虚写;文字的第二行是副标题,采用直接标题,道出了广告所宣传的产品,是实写。以小小的螺丝钉做文章,让消费者联想到四通的产品质量过硬,服务周到,小到一颗螺丝都毫不马虎,关键部位就更不用说了。通过间接标题的诱导,直接标题的点明,消费者从形象思维过渡到产品本身,由此加深了对产品的印象。

广告标题的撰写,语言要简明扼要,易懂易记,信息传递清楚,新颖有个性。

2. 正文

广告正文是广告文案中处于主体地位的语言文字部分。它对广告标题进行展开解释或说明,将在标题中引出的广告信息进行比较详细的介绍,对目标消费者展开细部诉求,让消费者了解到他们想要了解的信息,从而对产品产生兴趣和信任感,并产生购买欲望,最终促使购买行为产生。广告正文应以客观的事实对产品及服务进行具体说明,增加消费者的了解与认识,以理服人。

正文一般采用三段式,即引言、中心段(主体)和结尾。

(1)引言位于正文的开端,在标题和正文之间起承上启下的作用,它的主要任务是引出广告正文的中心段,可以涉及(不需展开)或不涉及正文的主要内容。例如,Suzuki 汽车广告:

(标题)Suzuki 能解除您的困乏与烦恼

(引言)生活总是由您自己来主宰,或兴奋激越,或平淡无奇。自由与困扰之界线简单如汽车的两轮。驾上 Suzuki,您就可以冲破烦恼。

该引言简明清楚,起到了连接标题和正文的作用,因而能持续吸引消费者。

(2)中心段(主体)是广告的重心之处,它必须表现广告主题,根据广告主题的意图阐述本产品或服务的特征与过人之处,以关键性的、有说服力的事实陈述产品或服务所具备的无可替代的特点,使消费者无法拒绝该产品的诱惑。例如:

迅速地使房间每个角落都变得舒适,这就是世界上具有特色的"气流控制"。(三菱空调)

在您的耳朵里,这听起来令人诧异,但却是事实:一个哭闹的婴儿声音能盖过一辆载重大货车,其前提是,它是梅赛德斯——奔驰公司生产的一辆 LEV 货车。

(3)结尾往往是为了敦促消费者迅速付诸购买行动而写的文字。它一般指出广告的对象,点明要宣传的观念等。结尾还可以直接提出建议,如欢迎选购或采取其他相应举动。

3. 广告语(或广告口号)

广告语是战略性的语言,已成为推广商品不可或缺的要素。广告语的运用形式有联想式、比喻式、许诺式、赞扬式、命令式等。广告语的撰写要注意简洁明了、独创有趣，便于记忆，易读上口。例如：

轻松能量，来自红牛。

从头到脚。（双十牌驰名各刷）

4. 随文

随文又叫"附文"，是广告文案中的附属文字部分，是对广告文案内容必要的交代和进一步的补充说明，一般出现在电视、广播广告结尾部分，或者印刷在广告最下角的位置。

随文主要由商标名、公司名、公司地址、电话、价格、银行账号、箱形花边文字信息以及权威机构证明标识等组成。

（二）广告文案的创意原则

广告文案的创意原则是指广告文案"创意五字母"。"创意五字母"是指"AIDMA"。

"AIDMA"理论由美国广告学家 E·S·刘易斯在 1898 年提出。该理论认为，消费者从接触信息到最后实现购买，会经历从"A"到"A"的五个阶段。"AIDMA"形象地说明了产品的"被看见""被理解""被认同""被记住""被购买"的五个阶段，广告创意在其中起着极为关键的作用。

"A"：attention，即"引起注意"。广告要通过各种手段引起消费者的注意，让产品被消费者"看到"。

"I"：interest，即"引起兴趣"。引起注意是引起兴趣的第一步，但是这两者往往同步发生，让消费者有兴趣的事物才能吸引他们的注意力。这就要求产品在最短的时间内被消费者"理解"。

"D"：desire，即"唤起欲望"。消费者对广告的理解只停留在知识层面，要想加固这种理解，就要将知识的理解转化成经验的理解，印证知识的理解，形成对产品个性化、个人化的认同，即"被认同"。

"M"：memory，即"留下记忆"。"被记住"是产生直接消费或潜在消费行为的前提。要想达到产品被消费者"记住"的效果，广告的创意必须能使该产品在同类产品中有自己独特的形象或符号意义，能展示自己为消费者提供独特服务的亮点。

"A"：action，即"购买行动"。购买行动是广告创意的终极目标，所有的创意都是围绕产品被购买展开的。但要真正达到"被购买"，仅仅有广告的创意是远远不够的，还需要价格策略、销售策略、服务策略等促使消费者产生购买行动的重要跟进部分。

我们来看一个广告案例。2008 年，《藏地密码》由一部普通图书一下变成了中国年度畅销书，创意文案的写作在其中起到了很重要的作用。《藏地密码》原名《最后的神庙》，由于小说原名不能提供产品价值，也不能直接指向消费者，尽管作者知识渊博，叙事技法新潮，却致使小说原稿贴在一个论坛里无人问津。后来读客营销团队将书名改为《藏地密码》，力图在一秒钟内向消费者传达出"这是一部关于西藏的书"和"这是一部小说"两个信息，然后又增加了一个副标题，进一步对书名进行说明——"一部关于西藏的百科全书式的小说"。这样，书名和副标题确立了产品的定位，简洁明快的说明和指向鲜明的产品价值向读者发出了最热情的购买邀请。

快速消费品在货架上竞争的一个生死点是"被看见"和"被理解",在这点上读客营销团队从藏族服饰中得到灵感,挖掘出了一个既能争夺眼球又能表达产品价值的核心符号"藏族彩条"。当藏族彩条携带着单纯强大的意义冲击人们的视觉时,这本书既引起了人们的注意,又强化了自己的价值。精心设计的封面:黑色的底色衬出桃红色的书名,让图书显得抢眼;隐隐约约的地图强调出小说的故事感;红色喇嘛的剪影营造出神秘的氛围。经过创意设计,《藏地密码》自身形成了一个独立的品牌。它有自己的品牌符号识别系统,有明确的产品定位,有明确的购买理由,有递进式的完整产品结构,有准确而庞大的核心消费群定位,有匹配的传播渠道和销售渠道。这一切使得《藏地密码》系列小说成为图书出版界"低成本、高效率"的典范,被称为中国的《哈利·波特》。

三、广告文案的创意写作方法

如何写出有创意的广告文案呢?下面为大家提供几种方法,以资借鉴。

(一) W9 表格法

如果你想设计带有目的的行销信息,W9 表格将会是你成功的关键(表 5-1)。如果你准备好了这些 W 问题,受众就能了解你想表达的意思,也会认同你说的内容和他们有关系,同时也可能接受你提供或推荐的产品或服务,至少他们会产生兴趣,并希望进一步了解。

表 5-1 W9 表格

我的 W9 表格
W1:我提供的是什么?我想销售的是什么?
W2:我的点子或产品能解决什么问题?
W3:为何值得一试或购买?
W4:我的目标受众是谁?
W5:我是谁?我有什么口碑?
W6:我的竞争者是谁?我和他们有何不同?
W7:人们对我的产品存有什么样的异议?
W8:我的口号带有什么目的?
W9:我想要人们何时、何地、如何采取行动?
我用哪些核心字眼来形容我的事业或品牌? *_____ *_____ *_____ *_____

如果你能随时随地地抓起笔将每一次灵光闪现的内容记在表格适当的地方，那么你就会拥有很多创意的点子。

（二）捕捉顾客间的对话妙语

生活中，能够打动人心的标题和口号，通常是隐性的或真实的惊叹句，也就是人们脱口而出和充满情绪的惊呼。所以在进行广告文案创作时，你不妨问问自己，当目标客户感到烦恼时，会大吼大叫什么？当他们面对这种处境时，会脱口说出什么？他们心里真正想要却又害怕承认的是什么？这些问题的答案可能就是你理想的标题或口号，采用这样的字句，很可能你的目标受众会立刻产生认同，因为那就是他们所使用的相同语言。这种吸引力强大的字句具有发自内心的真实感，会让人们不由自主地产生反应。

如何运用捕捉顾客对话的技巧？

第一步：问问自己，如果某个情境发生在我身上，我会对自己说什么？我的产品能解决什么矛盾？人们在应付这样的矛盾时，心理感受如何？

第二步：问问自己，当人们想到某个与我的诉求有关的议题时，不敢当面说出来的话是什么？捕捉人们有感觉却不愿承认的那句"地下"妙语，这句话可能就会引出一般人没有表达却很想知道的题材。

第三步：预期人们若是成功克服上述挑战，将会欣喜地说出什么话？捕捉那些"我找到了"和"好不容易"的狂喜呼声，潜在顾客听到这些话将自然而然生出"我也想要那么说"的模仿心态。

第四步：重新检讨你写下的妙语，看看哪一些可以激发内心的"好耶"或"心有戚戚焉"的反应。如果你在标题、口号、产品说明或计划案中采用其中一句妙语，人们会立刻对它产生好感，因为这句话表达了他们对这项议题既有的或想要的感受，甚至是一语道出了他们不想要的感受。

例如，札波斯就是用这个方法使自己的网络鞋店成为广受欢迎的鞋店的。札波斯先模拟目标顾客的心态，发现大家都厌倦在百货公司里追着贩售鞋子的店员，因为他们设法让对方到店后面的仓库去寻找尺寸合适的中意样式。发现这个现象后，札波斯就在媒体上刊登广告，用斗大的标题慷慨陈词："你知道那些不把你当一回事的鞋店店员吧？他们不在我们这儿工作。"这句话凸显了买鞋顾客的共同抱怨，说进了顾客的心坎里，使该店一下子受到众人的追捧。

（三）利用类比法

当别人第一次听到你的公司、产品或服务时，他们可能一头雾水，毫无头绪。此时，如果你能把对于他们来说陌生的东西（你的公司、产品或服务）关联到他们熟悉、喜欢的东西上，只要运用得宜，就会让他们恍然大悟，原本不明的概念就会明了，也会促使他们产生还想进一步了解你的公司、产品或服务的愿望。

美国克里夫兰诊所向来被专业机构评价为全国数一数二的医院，可是外界老是把它误认为"水准落后的医疗单位"，不可能是世界级的好医院，即便该诊所想尽办法要改变也无济于事。于是他们扪心自问，有没有其他产业以排行榜著称，这些佼佼者叫作什么名字？克里夫兰诊所很快想出了一个饶有创意的点子，进而设计出一则广告，斗大的标题写着："想象一下，有这么一本书，从一九九五年以来每周都高居畅销书排行榜冠军。"标题四周留了很多空白，因此视觉效果十分突出。这幅广告的下方 1/3 处写着："克里夫兰诊所心脏中心，已经连续十一年获得美国新闻与世界报颁布的全国第一。如果您需要心脏诊疗，我们随时效劳。"这则广告巧妙展现了类比的威力，它能通过类比名人名事，赋予组织名声与信誉。

类比技巧能够扩展人的视野，协助你构思出一段别出心裁、引人入胜的"说明与促销"简介。

 **任务演练**

试为自己设定的某一产品或服务创意一条广告。

请扫描下方二维码，赏析 2016 年十大优秀广告文案策划案例。

第三节　项目活动策划书

 引航

王老吉是产生于道光年间的一种凉茶。在中国内地，王老吉的品牌归王老吉药业股份有限公司所有。加多宝是位于东莞的一家港资公司，经王老吉药业特许，由香港王氏后人提供配方，该公司负责在中国内地独家生产、经营王老吉牌罐装凉茶。

在 2002 年以前，从表面看，红色罐装王老吉（以下简称"红罐王老吉"）是一个经营得很不错的品牌，在广东、浙南地区销量稳定，盈利状况良好，有比较固定的消费群，销售业绩连续几年维持在 1 亿多元。发展到这个规模后，加多宝公司希望把企业做大，走向全国。但在具体操作过程中，管理层发现，企业还面临很多难题和障碍。

2002 年年底，加多宝找到国内知名品牌战略顾问公司成美营销顾问公司（以下简称"成美"），初衷是想为红罐王老吉拍一条以赞助奥运会为主题的广告片，要以"体育、健康"的口号来进行宣传，以期推动销售。

成美经初步研究后发现，红罐王老吉的销售问题不能通过简单的拍广告解决。红罐王老吉虽然稳中有升地销售了7年，但其品牌却从未经过系统、严谨的定位，企业都无法回答红罐王老吉究竟是什么，有什么用处，消费者就更不用说了，完全不清楚为什么要买它——这是红罐王老吉缺乏品牌定位所致。这个根本问题不解决，拍什么样"有创意"的广告片都无济于事。正如广告大师大卫·奥格威所说："一个广告运行的效果更多地取决于你产品的定位，而不是你怎样设计广告。"经过一番深入思考后，加多宝公司最后接受了建议，决定暂停拍广告片，委托成美公司先对红罐王老吉进行品牌定位。

成美公司经过一个半月的调研分析，向加多宝公司提交了《红罐王老吉品牌定位研究报告》。报告首先明确红罐王老吉是在"饮料"行业中竞争，竞争对手应是其他饮料。其品牌定位为——"预防上火的饮料"，独特的价值在于——喝红罐王老吉能预防上火，让消费者无忧地尽情享受生活：吃煎炸烤涮、香辣美食，通宵达旦看足球……不上火，成为王老吉的核心卖点。

紧接着，成美公司为红罐王老吉策划了推广主题——"怕上火，喝王老吉"，在传播上尽量凸显红罐王老吉作为饮料的性质。

2003年，红罐王老吉锁定影响力最大的中央电视台，结合原有销售区域（广东、浙南）的强势地方媒体，开始强势推广。在短短几个月，红罐王老吉一举投入4 000多万元广告费，效果立竿见影，销量得到迅速提升。同年11月，企业乘胜追击，再斥巨资购买了中央电视台2004年黄金广告时段。正是这种疾风暴雨式的投放方式保证了红罐王老吉在短期内迅速进入人们的视野，给人们留下深刻的印象，并迅速红遍大江南北。一时间，"喝王老吉"成了一种时尚与流行。

红罐王老吉成功的品牌定位和传播，给这个有175年历史的、带有浓厚岭南特色的产品带来了巨大的效益，销量不断增长，2005年全国销量达25亿元，2006年销量40亿元，2007年近90亿元，2008年约150亿元。

从一个区域性品牌迅速发展为一个全国性的知名品牌，王老吉的成功，堪称营销经典。王老吉之所以能取得巨大成功，关键就在于其成功的营销活动策划与广告宣传。

一、项目活动策划书的含义、类型及文体特征

"有人的地方就有江湖"，同样，"有人的地方就有公关与宣传"。社会中的各种活动，如庆典活动、选秀活动、营销活动、主题活动、节目策划等，要想在一定范围内赢得人们的关注、吸引人们的参与，都离不开公关的沟通。可以说，每搞一次活动，就是在执行一次公关行为。那么，在组织活动之前，撰写完备、详尽的策划方案是将活动宣传的效果最大化的关键。

（一）活动策划书的含义和类型

所谓活动策划，是指一种资源的整合与配置过程，是在控制活动风险的基础上，

确保活动效果最佳。活动策划书是指企事业单位或团体为了有效开展某项活动，在活动开展前对活动的内容、主题、目的、流程等进行全方位策划的一种书面文书。

策划书根据项目活动方式与目的的差别，大致可以分为传播主导型策划书与营销主导型策划书。传播主导型策划书，根据传播所带有的感情色彩的不同，又可细分为政治性策划书、娱乐性策划书、普及宣传性策划书3类。营销主导型策划书，通常都以营销活动为主，品牌宣传为辅，大体可分为一般性的市场营销策划书与主题营销策划书。在具体的工作实践中，为了使项目活动的成效最大化，有时会将以上内容综合起来，因此我们可以将不便归类的策划书称为混合型策划书。

（二）活动策划书的文体特征

作为一种实用文体，策划书没有固定的标准格式，篇幅上也长短不一，相对来讲，活动策划书写作比较灵活。设计活动策划书时应根据活动实践及受众的需要，灵活调整内容、格式、篇幅等要素。当然，灵动的策划方案还是有相对稳定的文体特征的。

1. 表达要简洁明晰

活动策划书是一次项目活动的相关要点与主要流程的文字化呈现，具有一定的目的性和功利性，处在第一位的是求"用"而不是求"美"。如果能做到文采斐然更好，如果不可兼得的话，踏踏实实地把思路与办法说清楚更重要。采用简洁准确的语言、简单明晰的结构将意图表达明白即可。

2. 策划要科学可行

没有科学的策划，活动就有可能处处遇到麻烦，难以取得预期的效果，因此策划书应具有鲜明的科学性与可行性。就活动内容来讲，策划要合理；就行文来讲，要有逻辑性。在策划时，对"为什么要做"及"该怎么做"的问题，要有深入、成熟的思考。"为什么要做"，涉及对当前社会形势与活动条件的整体把握，关系到活动意义与价值的提炼与总结。"该怎么做"，涉及先做什么，后做什么，要注意井然有序；哪些环节要浓墨重彩，哪些环节可以蜻蜓点水，要注意轻重有别。在行文时，要根据策划的思路来组织文字，这样既能保证表达的逻辑性，也便于读者理解与执行。通常情况下，文章逻辑混乱是因为问题的解决思路没想清楚。也就是说，当策划书的科学合理性遭到质疑时，需要从策划与文字两个方面查找原因，进行有针对性的整改。

3. 阐述要具备指导性与说服性

策划书是为活动的顺利开展而设计的。通常，一个活动的展开是集体的工作，因此策划书必须具有一定的建议与说服功能，从而引领整个团队按照科学的策划方案完成活动。这就要求在设计策划书时，除了在科学性和可行性上下功夫外，还要注意创意的充分表达、亮点的深入挖掘、价值与意义的有效提炼等，这样才能统一团队思想，整合集体的力量，顺利实施策划。

二、活动策划书写作前的准备工作

策划书是实现项目活动目标的指南，在撰写策划书之前，要展开充分的调查，弄清楚受众需要什么，我们有什么，借助怎样的"桥梁"来将受众的"需要"和我们"有的"连接起来。为此，需要运用我们的知识储备，充分发挥想象力，找到最佳的实现方式，也就是我们所说的创意。创意有了，策划也就完成了，活动自然也就水到渠成了，剩下的通过精心组织的文字和图表等表达出来就可以了。在撰写策划书之前，我们需要弄清楚以下问题：①活动策划的目标是什么？②活动策划的依据是什么？③活动策划的对象是谁（为谁策划）？④活动策划的人员是谁？⑤什么时候进行策划？⑥策划的日程安排是什么？……

如果这些问题没弄清楚，那么我们的策划就有可能存在缺陷，进而影响项目活动的最终效果。2016年年初支付宝公司策划的"集五福，分3亿红包"的活动就是典型案例。3亿红包不可谓不大，五张福卡也不算多，添加10个好友虽然麻烦但也还能忍受，然而敬业福卡的稀缺与发放缓慢，导致网络上"集福卡，分红包，是圈套"的流言盛行，以至于支付宝官方不得不站出来辟谣。活动最后只有79万人完成集五福的任务，人均分得271.3元，一些未分到红包的用户纷纷用"一分也是爱"来自我安慰，更有不少网友一时冲动要通过"卸载支付宝"来表达不满。在这个活动中，添加10个好友的要求紧扣支付宝拓展社交功能的目的来展开，在一定程度上实现了其品牌推广的目的。分3亿红包增强了用户参与的积极性，但是承载活动的"集福卡"游戏在条件设置、先后次序、奖励面覆盖上，都存在不周全之处。因此，这个活动策划并不是圆满的。

相对而言，天弘基金为推出"天弘·爱理财"APP而策划的"单身狗粮店"营销活动，就考虑得较为周全，确保了这款针对年轻情侣理财客户群的首个情侣情趣APP能在2016年情人节"铺天盖地的情侣秀恩爱"与"单身狗吐槽"中脱颖而出。为打入情侣市场，天弘基金的数字创意代理商不走寻常路，在2016年2月14日情人节这一天针对年轻情侣客户群展开营销活动，推出了"单身狗粮店"的创意，创意主张是"有些事，两个人一起做才有趣"。"单身狗粮店"是一家致力于为单身狗们提供优质精神食粮的线上虚拟店铺，秉承着"看似虐狗，实则贩卖幸福"的理念，团结广大单身狗们自娱自乐，发展潜在用户。该"粮店"推出了一套洞悉情侣甜蜜瞬间的动图秘笈，并详细拆解了这些情趣的实现步骤，希望可以以"最甜的瞬间"触动单身狗，教会单身狗们脱单后的恩爱小技巧。当然，"如何让男朋友坚持存钱"作为压轴恩爱"秘笈"，就在不知不觉中"深入情侣心"了。

总之，撰写活动策划书之前，如果能够找到新颖突出、切实可行、考虑周全的创意，那就可以进入下一步了。

三、明确策划书各要素的特点与功能

　　一份策划书通常包括标题、目录、前言、正文、附录等部分，涉及背景、目的、定位、主题、意义、预算、时间地点、步骤流程、活动参与者等方面的内容。当然，并不是所有的策划书都要具备以上内容，策划书的繁简丰约可以根据自己的思路，并结合策划书各要素的特点与功能来确定。

1. 活动背景

　　活动背景有大背景与小背景之分。大背景通常涉及宏观时事，主要指特定区域及时间内的时代背景、社会文化背景、该区域内资源条件等相关影响因素，小背景通常针对自我（活动主办方）当下。介绍背景时，是大小背景均涉及呢？还是只提小背景即可？这与活动的定位等方面密切相关。例如，《×××消毒液营销策划书》的背景介绍：

　　当今社会，随着经济的快速发展，生活水平的提高，人们的健康意识也在不断增强，越来越重视个人卫生和疾病预防。上海××生物科技有限公司研发的"××手部免洗消毒液"以小瓶装、方便携带、免洗等特点进军广州洗手液市场，相信将会在竞争中凸显其优势，占领一定的市场份额。

　　这段文字的第一句是大背景，第二句是小背景，大小背景结合，相得益彰。

　　活动策划的背景其实就是活动的依据，因此在说明时要有相应的针对性，所反映的背景要对活动的开展具有一定的参考价值。案例中的背景说明的是人们的健康意识加强，活动紧扣手部消毒液，有较强的针对性。

2. 活动主题

　　活动主题类似于行动的口号，要富有吸引力，能够迎合受众心理，通常既简短又轻松明快，朗朗上口，让人们一眼就能看出举办活动的目的所在。活动主题使活动的各种要素有机地组合成一则完整的活动作品，因此，创意、文案、设计等均要围绕活动主题。例如，美的公司的大型315系列活动策划方案，主题是"小家电，大惊喜"，只用了6个字，简单精炼，将活动内容呈献给消费者，便于消费者接受，加深印象。中国台湾地区山叶钢琴活动是一个成功运用心理调侃的案例："爸爸妈妈都希望自己的孩子是最好的，从孩子呱呱坠地起，所有的父母就希望孩子是最好的，希望孩子健康快乐成长。山叶愿与父母共同分担这个心愿。学琴的孩子不会变坏！"一句"学琴的孩子不会变坏"就准确地抓住了为人父母的心理期望，一语中的，给为人父母者一份挡不住的甜蜜。能用一句话将活动的主题提炼出来，这样品牌才能被记忆、被转载、被传播。活动主题也可做成活动条幅，在活动场地展出。

3. 活动目的与意义

　　活动目的即活动要达到什么样的一个目标。陈述活动目的要简洁、明确、集中，要具体化。活动意义包括文化意义、教育意义、社会效益、企业效益等，还包括预期在活动中产生怎样的效果或影响等。例如，某组织撰写的《环保公益活动策划书》，将活动目的表述为"唤起社会公民环保意识，用实际行动保护我们共有的家园"。广州市某电器商场开业庆典活动策划案将活动目的阐述为"热烈庆祝广州市××电器广场隆重开业""提高××电器广场知名度，让更多的消费者信赖××，关注××""利用开业、中秋及国庆之机，通过系列促销活动，打开市场，提高产品销售"3个方面，虽然看起来目的较多，但这项活动持续了一个月，包括"开业活动""现场促销""媒体宣传""迎中秋、庆国庆，××电气广场特价酬宾""电器安全知识普及"等多个子活动项目，因此这份策划案的目的表述依然算是精炼、集中的。

4. 活动的时间与地点

根据活动的性质选择适当的时间，最好是活动对象都空闲的时间。地点的选择也非常重要，因其从侧面体现了活动的价值。

5. 活动对象

如果活动有具体要求，可以根据年龄段、职务、单位、性别或者某些条件限制来划分，也就是明确什么人能参加此次活动。

6. 活动主办方

活动主办方也就是举办此次活动的最高单位。活动往往不是由最高单位直接承办的，而是由下属部门负责的，这里必须将最高单位陈述清楚。

7. 活动开展形式

必须写明活动开展形式，如文艺演出、让利促销、文体竞赛、知识宣传、展览、讲座等。

8. 活动内容

活动内容为项目活动举办的关键部分。活动内容要符合时代主旋律，紧扣活动目的和主题，健康向上，富有意义。活动内容要杜绝涉及非健康文化的消极内容。在活动策划书中要详细介绍所开展活动的主要内容。

9. 活动的具体流程

活动的具体流程是策划书的主体部分，表述要力求详尽，不局限于文字表述，也可适当加入图表、数据等，便于统筹。活动内容应包括活动流程安排、活动细节、时间设定等。涉及奖项评定标准、活动规则的内容可选择以附录的形式呈现。

活动流程大致可分为3个阶段，即准备阶段、举办阶段、后续阶段。准备阶段的工作有：人力、财力、物力的规划，活动场所的租借及申请，人员的邀请，宣传单或者礼品请柬的准备，所需要的组织人员以及物品、工具（桌椅板凳、酒水饮料、条幅展板等）。举办阶段则是具体实施过程，要有一个详细的规划，如几点到几点宾客来到，几点到几点开始举行什么仪式，几点到几点人员退去。如果是大型活动，如慈善晚会等，还必须给出每个节目的限定时间。后续阶段的工作包括物品的清点、人员的欢送、赞助方的总结、活动的总结以及花销的总结。

10. 活动的具体经费预算

合理的预算是活动成功的开始。经费预算要尽量符合实际花费。要做出每一笔经费预算开支，以便于后续报销处理。

11. **活动安全**

对于大型或户外活动,要成立安全小组,指定第一安全责任人,充分考虑安全隐患,把人身安全放在活动开展的首要位置。

12. **活动的备用方案**

在活动策划过程中还要考虑意外状况,例如,遇到糟糕天气,音响设备发生故障,酒水未能及时送到,有的宾客没有到场,等等。考虑得越周全,活动将举办得越成功。

13. **活动的组织方**

在活动策划书中最后要说明活动的组织方,也就是负责活动的组织部门,而后说明策划人和日期。

总体来讲,要把活动搞好,就要做到8个字,即"运筹帷幄、震撼心灵"。所谓运筹帷幄,就是指活动的策划和组织者一定要有宏观的把控,要把每一个细节都囊括在预案之中;震撼心灵强调的是参与者的体验感,即要让每一个与会人员都感觉到融入了活动之中,事后还能津津乐道地与别人分享。我们来看以下活动策划方案:

推进特色规划,构建和谐校园
——校园优化设计大赛策划书

一、活动目的

为认真贯彻我校第十五届科技文化节主题活动精神,坚持以科学发展观为导向,旨在提高大学生创造性思维和实践动手能力,培养学生团结协作、开拓创新的精神。以科技、自然、和谐共生为主题,以积极推进特色大学规划,营造特色校园氛围,构建和谐校园生态环境为指导思想,贴近学生生活,真正为学生提供一个学以致用、展示自我的平台。

二、活动对象:全体师生

三、活动时间:4月6日—5月14日

四、活动内容

本活动以各个学院为代表,跨专业组队进行,共分为27个团队。该系列活动有两个主要环节。主办方把学校的平面图分成9个部分,并将其提供给各个参赛队。初赛通过随机抽取的方式,每三个参赛队将会选取一个平面图,依照主办方制定的要求,充分发挥想象,运用科学原理以及自己所学的专业知识并加以创新,对学校该地区建筑及其周围环境进行重新设计、改造。初赛将从每个图中选拔出一个优胜团队(共9个团队)进入复赛。进入复赛的队伍,以"科技、自然、和谐共生"为理念,统筹9个最佳方案形成一个完整的校园。通过评比,最后选拔出3个团队。

五、活动时间表

比赛内容大致分为系列一"自然"、系列二"科技"、系列三"和谐共生"三个环节。

系列一:自然

1. 4月2日　前期宣传及向各兄弟学院发出邀请

2. 4月6日　启动仪式

3. 4月8日　学院树活动

4. 4月9日至4月13日 "捕风捉影"

5. 4月16日至4月25日 靓影重现

6. 4月17日 团队意识培训

7. 4月18日 你来我往

8. 4月20日 专业老师授课

系列二：科技

1. 4月21日 赛前分组动员

2. 4月22日 赛前实地考察

3. 4月23日至28日 初赛方案设计及制作阶段

4. 4月29日 初赛

系列三：和谐共生

1. 5月4日 决赛动员大会

2. 5月5日至5月11日 方案融合及制作阶段

3. 5月12日 ××广场宣讲

4. 5月13日 决赛

5. 5月14日 成果展示

六、活动流程

（一）前期准备

1. 在长廊里悬挂条幅、喷绘，在长廊口摆放宣传板。

2. 4月3日，向各个二级学院发出邀请函，邀请参加第一阶段的比赛。如有可能，联系媒体，对活动进行跟踪报道，加大对学校的宣传。

（二）启动阶段

1. 4月6日至8日，启动仪式、报名。

启动仪式于4月6日在××广场举行并进行现场报名。之后报名持续三天。7日、8日可分别去一食堂、二食堂、乙4503以及长廊东口接受报名。

2. 4月8日，"学院树"活动。

4月8日在××广场举行启动仪式，在启动仪式上，每个团队各种植一棵许愿树，在每个阶段的开始与结束同各自的许愿树合影留念，见证团队和树木的成长。活动之后，所有树木将成为学校的另一道风景线，是各个学院团结协作，为××大学的完善共同努力的结果。

（三）比赛阶段

1. 4月9日，"捕风捉影"。

利用四天时间，各参赛队在××大学内寻找心目中的美景，用摄影、绘画等各种艺术形式记录下来，并主要将该景点的历史典故、设计理念等，以文字方式进行介绍，于13日晚上交到××学院学生会办公室，由网络部制作成KT板。

2. 4月16日，"靓影重现"。

在××广场进行展览及宣讲，并进行现场投票，选拔人气旺的10支参赛队晋级下一阶段的比赛。同时设立心语贴板记录同学们热爱学校的心声。

4月19日至25日，将所有团队的作品进行展示，并附上团队基本信息，并于20日公布晋级团队名单。将晋级团队的作品在所描述的景观旁放置一段时间，并附上相应团队的基本资料及照片，同时进行校外交流。

3. 4月18日，"你来我往"。

为了更好地展示我们××大学的校园文化氛围，我们将走出校园。对外交流将涉及武汉2到4个高校，我方会组织各参赛队到××、××等兄弟院校进行友好访问，以联谊晚会、运动竞赛等形式来传播××大学文化，增进兄弟学校之间的感情。与此同时，还可以让各参赛队从对其他院校的设计的观察发掘灵感，为下一阶段的设计做好准备。

4. 4月19日至22日，参观与专业培训。

4月19日，邀请景观专业的老师对各参赛队进行培训。专门联络CAD老师、工程测量老师在课余时间为参赛选手传授相关技能。20日至22日，组织各参赛队去科技企业或科学宫等地，进行实地培训。通过参观学习，填补自己知识的不足并激发灵感，通过实地考察来开阔自身的眼界，也巩固团队的团结程度。

5. 4月21日，赛前分组动员。

主办单位在指定的教室对参赛的选手进行赛前动员。首先进行专业分组，在对本次活动的理念进行宣传的基础上，对参赛者进行整个活动内容及活动流程和具体安排的讲解，并针对参赛者提出的问题进行详细地解答。在动员活动之后，安排各个参赛团队进行设计图的随机抽取，每组三个参赛队，针对同一地图的需要进行科技小发明。每个地图主办方会派出一名随从记者进行跟踪采访。

6. 4月17日，团队意识培训。

在素质拓展教练的带领下自行组队，进行素质拓展训练，使参赛成员互相了解、相互磨合，在训练中逐步加强团队合作精神，为今后的比赛打下良好的基础。

7. 4月22日，赛前实地考察。

每组队员对校园内所选建筑区域、设施进行实地调查或对在校同学做一项关于校园建设的调查，以充实各小组的科技方案。

8. 4月23日至28日，初赛方案设计及制作阶段。

给予每组队员为期一周的时间，对自己的科技设想着手实施，进行科技方案的制作与平面图的简易制作，并形成书面提案，以备初赛大屏幕展示。

9. 4月29日，初赛。

各参赛团队根据前期实地测量及考察成果，针对各自的方案，先把相应的word文档向评委呈递并加以说明，再以PPT、CAD等形式向评委和观众进行现场解说，经评委评定，材料全面、创意见解独特、科技性强、可施行性高的作品晋级决赛。主办方会把各参赛团队提交的调研成果制成展板，在长廊进行展示并发起群众投票，对各团队的构思进行点评。

10. 5月4日，决赛动员大会。

主办方会再次对进入决赛的9个团队进行决赛介绍。将划分的9个区域进行系统规划，并把初赛的科技方案运用到该校园规划中，最终方案以 CAD 和 3D 效果图的方式整合成一幅完整的校园规划图，可以自行增加科技元素，增加的科技元素会有相应的加分奖励。同时，应根据一系列社会调查得出规划预算，以 excel 表格的方式附在展示的 PPT 中。

11. 5月5日至5月11日，方案融合及制作阶段。

进入决赛的团队根据自己的特色与见解，根据"科技，自然，和谐共生"的主题对园区进行规划与整合，设计出学校局部的沙盘模型，主办方将根据每位随队小记者整理的报道材料，将各队阶段性成果粘贴在相应团队的"智慧树"发展图上，在长廊进行展示，方便同学们了解各参赛团队比赛进程，并为喜爱的团队投票。

12. 5月12日，××广场宣讲。

每支团队选派的宣讲志愿者在××广场将自己所在团队的科技模型、成果模型向同学们进行讲解，同学们可以对自己喜欢的团队进行记名制投票。

13. 5月13日，决赛阶段。

参赛队伍将在××中心举办成果展示晚会，在晚会中，各团队需进行团队展示，播放团队的 PPT，纪录活动以来的心路历程，阐述各队整合方案的创意来源及设计理念。参赛团队的设计成果须以结构模型，CAD 平面图，3D MAX 效果图等形式展示。晚会当天组委会准备采用"申奥"大会的模式，要求每队至少派 3 名队员从不同角度对设计作品进行展示，最后由专业评委进行审评并当场宣布比赛结果。主办方将本次校园规划大赛的成果汇总成册——《我的校园，由我做主》。

14. 5月14日，成果展示、宣讲。

主办方将带领在比赛中脱颖而出的优胜团队，走出校园，面向社会，进入设计院、公司等地进行宣讲，以团队的设计方案为基本点，向社会宣扬"科技，自然，和谐共生"的理念。并将相关单位的反馈信息集锦于《我的校园，由我做主》。

15. 5月15日，"继往开来"。

将获奖作品上报到学校或设计院等相关机构，并组织宣讲团队走入社区，宣传与自然和谐共生的理念，也将一些富有科技内涵的节能设计推广到社区中，从而产生一定的社会效应，为使环境变得更加美好贡献一份微薄之力。5月17日以后，组委会会组织所有参赛队于5月17日到"专业林"进行浇水、拔草等养护活动，并在以后定期做此项工作，让"专业林"景观永远以最美的一面展示在全校师生面前，以不同形式永远存在。

七、活动规则

1. 以个人形式进行报名，跨专业组队形式进行比赛，每队人数为6～8人。

2. 各参赛队应独立设计、制作，每位参赛者只允许参加一支队伍。竞赛期间不得随意换人，若有参赛队员因特殊原因退出，则取消该队员比赛资格。

3. 各参赛队必须在规定时间和地点参加竞赛活动，迟到或缺席者视为自动弃权处理。

4. 全体××大学师生皆可为各参赛队投票，采取记名投票形式。比赛结束后，将在冠军支持者中抽取若干名幸运观众，颁发大赛纪念品。

5. 自行组队后，所有参赛队员及指导老师的参赛资料、实施总纲及阶段成果将分期放于长廊展示，并设投票箱以供学生投票。

6. 决赛结果将由评委评分和投票结果两部分组成，其中评委评分占总成绩的70%，投票结果占总成绩的30%。

八、活动特色

1. 本活动中，"专业林"的设置无疑是令人瞩目的亮点之一。"专业林"不仅给我校增添了又一处极富意义的景观，同时也在我校校园文化建设的画卷上画上了极富特色的一笔，必将成为一个深受××学子欢迎的校园景观，生动地体现了我校贴近自然、和谐共生的设计理念。

2. 本活动突出强调科技、环保理念，所设计的作品必须环保并具有科技内涵。

3. 活动以自己的审美为标准，育人为本，本次活动采用摄影、绘画、设计等多种艺术形式开展活动，旨在通过活动加深同学们对××大学的热爱。

4. 为了活动更好地开展，主办单位还将邀请专业的老师进行授课，增强同学们在景观方面的专业知识，使同学们在比赛中得到锻炼。

5. 本次活动打破以学院为单位的模式，采取各学院代表组队，同学们可针对自己的专业学以致用，更好地为各个学院的发展和团结做出更大的贡献。

6. 本次活动展示建筑大学优秀的文化景观，吸纳××市各个大学的同学来××大学游览，为××大学的校园文化宣传做出自己的贡献。

7. 此次活动一改往日的"闭门造车"，通过参观、学习一些优美的文化景观的建设，开阔视野，提高同学们对我们建大景观的理性审视与分析。

九、活动预算

1. 拱门条幅（150元）	喷绘（100元）
2. 展板	200元
3. 晚会会场	300元
4. 晚会布置	150元
5. 奖品	1000元
6. 不可预知费用	200元
总计	2100元

奖项设定

一等奖	1名
二等奖	1名
三等奖	1名
最佳创意奖	1名
最佳团队奖	1名
最具人气奖	1名
最佳宣讲奖	1名

十、评分标准

1. 本次比赛专家评委的评判分数占总分的70%,同学的投票占总分的30%。

2. 决赛阶段,所属规划方案至少含有一个科技点,若有其他科技点的创意应用,则会进行相应的加分。

3. 决赛规划方案应用一定的声、光、电、磁学等物理知识。

4. 决赛规划方案应具备自给自足的供电、供暖、供水等设施。

5. 决赛规划方案应贴近学生实际生活需求。

6. 方案提倡大胆创新但不脱离实际生产生活需要。

7. 沙盘应具有一定规模,以方便在大学生活动中心向现场评委以及现场观众进行展示。

十一、活动备注

1. 各团队选出一名队长,便于团队与主办方之间的沟通交流。

2. 各参赛队调研过程需准备一台相机,记录调研、制作过程,方便随行记者收集材料。

3. 主办方将邀请各二级学院专业成绩排名第一的同学担任初赛评委。

4. 每支团队配有一名宣讲志愿者,全程参与所在团队调研、模型制作活动,为日后校内宣讲、校外宣讲打下良好基础。

5. 每支团队配有一名随队记者,全程记录该团队调研、模型制作活动,整理材料并将其展示在"智慧树"发展图上,便于全校学生了解比赛进程。

××学院学生会

 任务演练

一、为学校"创新创业论坛"设计一份活动策划书。
二、为学校"校际联谊"晚会设计一份活动策划书。
三、设计并编写一份"校园文化创意活动"策划书。

扫描二维码,赏析"车展活动策划方案"。

扫描二维码,赏析"沙滩音乐会策划方案"。

第六章
跨文体写作

学习目标

1. 了解跨文体写作的文体特点
2. 欣赏文学作品中的跨文体特征表现
3. 能够以自己喜欢的方式进行跨文体写作

第一节　跨文体写作概说

 引航

　　文学，说到底是人生的艺术写照。被文学史所定位的文体格式并不能反映出人生的波澜壮阔，现存的文学体裁也难以艺术地再现人类的心灵世界。现代科学、媒介的发达，给了作家思维腾飞的翅膀，"跨越"了无限的可能性。面对浩瀚的大千世界，不要拘泥于文体的束缚，只要表达出你对生活以及人生的认识，表达出你的审美体验，就是好的作品。

一、跨文体写作的含义

　　从体裁来说，跨文体写作是指旧有体裁界限的跨越或模糊，如诗歌不分行而采用散文样式，或在同一文本中出现各类体裁的杂糅；从语体来说，它既指各种表达方式的综合运用，如叙述与抒情的转换、虚构与写实的结合、独白与对话的穿梭、口语和书面语的交叉等，也体现为文学文本和非文学文本（如音乐、美术、哲学、历史、自然科学、社会应用文本）的拼贴混合；从风格来说，跨文体写作与作品的主题、题材和作者的创作个性有着紧密的联系，常常呈现出恣肆铺排和舒缓写意的融合，夸饰与内敛的交缠等，不一而足。

二、跨文体写作的使用

（一）跨文体写作的发展

　　在国外，跨文体写作最早的版本是英国作家劳伦斯·斯特恩1759年创作的《项狄传》，叙述的顺序是东一榔头，西一棒槌，完全打破了顺着事件发生的时间先后按部就班、一板一眼的传统程式。《项狄传》被认为是"世界文学中最典型的小说"。它打破传统小说范式，扩展了小说的结构。评论家指出，20世纪小说中的意识流手法可以追溯到这部奇异的小说。

　　跨文体并不是几种文体简单的相加，更不是简单的杂糅，而是跨越单一文体边界，充分吸收借鉴其他文体的长处，融汇多种表现体式，"终究应在众多文类中确定一个主导性文类，让读者感觉到明确不致混淆的文体特征"。从这个意义上说，我国古典小说的典范——《红楼梦》正是在弘扬先前小说和所有文学创作成果的基础上勇于创新，吸收了多文体创作的长处，在坚守小说文体大类的前提下，坚持"定体而能破体"的文体主张，采用"假作真时真亦假"的叙述策略及"诗意飞扬"的情节结构方式向我们展示了一种全新的跨文体写作方式。

跨文体写作在20世纪20年代掀起了第一个浪潮，出现了法国作家纪德的《地上的粮食》《伪币制造者》、美国作家格特鲁德·斯泰因的《软纽扣》、俄国作家安德烈·别雷的《银鸽》《彼得堡》、英国作家麦多克斯·福特的《好兵》、诗人艾略特的《荒原》等一大批享誉世界的作家作品。到20世纪60年代，这种写作方式在美国蔚然成风，出现了纳博科夫的《微暗的火》、品钦的《V》、巴塞尔姆的《白雪公主》、巴思的《迷失在开心馆》等作品，并形成了一个国际性的写作浪潮，成为"与主流文学并行的重要文学景观"。到20世纪八九十年代，跨文体写作已成为一种文学自觉，仅我们所熟知的作品就有美国作家多克托罗的《鱼鹰湖》、唐·德里罗的《天秤星座》、品钦的《葡萄园》等；英国作家麦克尤恩的《时间里的孩子》、法国作家让·菲利普·图森的《照相机》、罗伯·格里耶的《科兰特的最后日子》等。

可以说，跨文体写作是贯穿了整个20世纪的全球性的、重要的文学浪潮。正如作家刘恪所说："凡有文本意识的重要作家都有这方面的代表作或在长篇巨著中融入超文本写作的特征，这已成为世界文坛在20世纪一个不争的事实。"

（二）跨文体写作的类型

常见的跨文体写作类型有以下几种。

1. 小说

跨文体写作的主要成就体现在小说创作中，它综合了诗歌、散文、戏剧、回忆录、传记、神话、传说、民谣、学术文体、科学、哲学、新闻、电影、寓言、日记、童话等文体的风格，甚至包含了字母游戏、刑侦报告、魔术积方、导游图册等元素，时空错乱，文字灵活，极具包容性，对纷繁复杂的20世纪进行了全方位的、立体的表达。可以说，跨文体揭示了"人类思维的无限丰富性"。

2. 传记

传记属于广义散文里的一种文体，它多用形象化的文字，记载人物事迹，描写人物的生活经历、精神风貌及其历史背景。传记既有历史特征，即尊重史实；也有文学特征，即强调艺术性。传记的基本特征是纪实性和文学性的高度统一。

3. 杂文

杂文是文艺性的社会论文，它兼有政论、文艺两种因素。杂文虽以议论为主，但不像一般议论文那样抽象地说理或者简单地举例说明，而是运用形象化的方法，通过对具体事例的剖析，用比喻、征引、联想、引申、夹叙夹议等手法来阐发深刻的道理。

4. 新闻特稿

新闻特稿是一种文学性新闻报道，是刊登在报纸杂志上的纪实性散文。作者通过使用与小说相联系的叙述以及修辞技巧，将经核实的内容写作成故事或随笔。这些堪与现实主义小说相媲美的报道最基本的一点是：它们包括了传统新闻的内核——真实。

新闻特稿中的每个故事、每个细节都是实际发生过的，甚至每一句话、每一次心理活动都是采访对象承认过的。但传统的新闻报道强调的是事件本身，而文学性新闻报道却以其多元化的文学手法将新闻与文学巧妙地融合在一起，以事实本身的张力给人情感震撼。新闻特稿一方面展示了报道主题的新闻价值，另一方面突出了文学性新闻报道的文学性和创造性，这种集多种文学手法于一体的新闻报道方式，在处理具有争议性的事件时，比传统的新闻写作模式更能够客观地反映事件的真实面貌。

5. 报告文学

报告文学用文学的手法报道现实生活中的真人真事，它是兼有新闻性与文学性的一种交叉文体。"报告"指的是新闻性，它所反映的人物、事件应是现实生活中新近发生的具有新闻报道价值的真人真事。"文学"是指它有别于一般新闻作品的表达方式。报告文学是一种极富文学手法、报告新人新事的独特的新闻样式。正因为它有新闻与文学相融合的特点，才有感动人的魅力。

6. 科学小品

科学小品用小品文的笔调，即借助某些文学写作手法，将科学内容生动、形象地表达出来。科学依靠逻辑思维，讲究严密的推理、雄辩的证据，以理服人；而文艺依靠形象、引人入胜的情节和群众喜爱的语言，以情感人。好的科学内容加上好的文艺形式和手段，阅读效果自然更好，能够激发读者爱科学的兴趣，启发读者的求知欲，把他们引进科学的大门。

第二节　跨文体写作案例赏析

一、集小说、散文、随笔、诗歌等文体为一体

赵丰的《雁南飞》，其中有人生的抒写、故事的呈现，亦有作者的议论抒情。赵丰从西方哲学那里吸取了诸多人生启示，在行文过程中恰当地插入了帕斯卡尔的"在人类的内心，存在着理智与激情之间的战争"、尼采的"我们学会了在爱的时候，而且恰恰是在爱得最深的时候，鄙视被爱的对象"、泰戈尔的"你若爱她，让你的爱像阳光一样包围她，并且给她自由"等名言名句，既照应了人物的情感，推进了故事的进展，也提升了小说的艺术品位。《雁南飞》是一篇集小说、散文、随笔、诗歌等文体为一体的作品。

二、小说、新闻、报告文学等交融

周梅森的小说《人民的名义》以检察官侯亮平的调查行动为叙事主线,故事围绕一家国有老厂的股权争夺展开故事情节。该小说是新闻文体、戏剧对话、报告文学等文体的交叠。

三、小说与诗歌的交叉

契诃夫的《草原》写的是"一个旅行故事",描写一个小男孩跟舅舅到城里上学,一路经过草原时的所见所闻。小说看上去像一部极干净、极单纯的叙事诗,苦难中闪烁着童话的美德和宗教的纯洁气息。

四、新闻+故事化

随着媒介的发展、受众需求的拓展,故事和新闻的结合越来越紧密,新闻的故事化报道契合了受众深层次阅读需求,为新闻传播提供了一种新的思路,增强了新闻报道的可读性,提高了新闻传播效果。用讲故事的方式写新闻报道能够在一定程度上克服传统新闻报道死板、生硬、单调的缺点,让文章变得吸引人、打动人、感染人,从而易于传播,更具效果。

2015年,白俄罗斯女记者阿列克谢耶维奇摘得诺贝尔文学奖桂冠。她创作的纪实文学,每一本书都要历经数年的采访写作。她依靠新闻专业收集信息,但所使用的文体,微妙地把持在新闻和小说之间,将内在性和现实性结合在一起。

五、小说与书信、剧本的杂糅

莫言小说以其独特的文体风格和绚丽不羁的语言特色赢得了世界文学界的关注,小说中体现出的跨文体写作特征是莫言小说重要的文体特色。其中,书信体小说可谓是其跨文体写作的代表性类别,代表作有《蛙》和《酒国》。

《蛙》这篇小说共有5个章节,由4封长信和一部9幕话剧组成。信的内容与小说情节紧密相关,借用书信这种形式,"我"即剧作家蝌蚪向日本友人杉谷义人先生诉说中国几十年的计划生育问题。结尾的"九幕话剧"为对前面的故事情节的有力补充,通过几个场景来完成对那个时代的控诉与批判,新颖奇特,引人入胜。

书信体的形式不仅方便了作者的叙述,也拉近了时空的距离以及作者与读者的距离。采用书信的"讲述"形式,作者能够自由地在文本中穿梭,能够借助人物之口发表自己的看法。同时,这种书信体的讲述方式又具有一种修辞学上的优势,它可以通过酣畅淋漓的讲述来证明自己的在现场,即把潜在的读者直接设置为"在场"。读者的在场感增加了叙述的真实性，更能够拉近作者与读者的距离，还原历史的真实。结尾的话剧则是对信件部分另一种角度的重新叙述和有效补充，它把莫言对生命的敬畏与膜拜情结向更纵深处推进，整部小说也因之更加富有意味和张力。

六、应用文体的跨文体特质

新闻、广告策划、讲话稿、介绍词、先进事迹报告等，在传统的写作基础上，可以融入散文、诗歌中的形象画面描写，或采纳小说、报告文学中典型事例的表现手法，抑或运用象征、蒙太奇等现代写作技法。由此，交叉性文体就有了一种新的生命力。

来看这篇《儿童百服宁系列·找人篇》广告文案：

她在找一个人

那天在火车上，我孩子发高烧，他爸又不在，我一个女人家，真急得不知道怎么办才好。多亏了列车长帮我广播了一下，车上没找到医生，还好有一位女同志，给了我一瓶儿童用的百服宁，及时帮孩子退了烧。我光看着孩子乐，就忘了问那位好心女同志的名字和住址，药也忘了还她。你瞧这药，中美合资的产品，没药味，跟水果似的，能退热止痛，并且肠胃刺激又小，在我最需要的时候，百服宁保护了我孩子。

人家帮了这么大忙，我和孩子他爸都非常感谢她，真希望能再见到她，给她道个谢！

王霞
××年×月×日

找到她了！

王霞，听说你在找我，其实给你一瓶药，帮你的孩子退烧，只是一件小事。

那天在火车上，我一听到广播里说你孩子发高烧，又找不到医生，正好包里有一瓶医生给我孩子开的退烧的药——儿童用的百服宁，可以退烧止痛，肠胃刺激小，而且又有水果味，孩子也乐意吃，所以就给你救急了。那瓶药你就留着用吧，我家里还有。我孩子也常常发高烧，家里总备几瓶，在最需要的时候，百服宁可以保护我的孩子。

都是做妈妈的，你的心情我很了解。希望你以后带孩子出门，别忘了带施贵宝生产的儿童用的百服宁。

张虹
××年×月×日

采用信件形式来宣传产品，跨文体的创意令广告不落俗套。

**任务演练**

一、自己任选一种跨文体写作的方式写一篇文章。

二、撷取学校最近发生的新人新事，以跨文体形式编写一则新闻。

扫描二维码，查阅"跨文体写作PPT"。

参考文献

[1] 葛红兵,许道军. 创意写作教程[M]. 北京:高等教育出版社,2017.
[2] 郭雪峰,宁淑华. 实用应用文写作[M]. 北京:中国传媒大学出版社,2010.
[3] 卢勇. 应用文写作与口语表达[M]. 北京:航空工业出版社,2015.
[4] 章年卿. 应用文写作概论[M]. 北京:科学教育出版社,2015.
[5] 张耀辉,戴永明. 简明应用文写作[M]. 北京:高等教育出版社,2015.
[6] 吴宝玲. 实用文写作[M]. 北京:高等教育出版社,2017.
[7] 由亚萍,陈宏. 应用写作教程[M]. 北京:清华大学出版社,2016.
[8] 钟礼平. 钟老师讲写作[M]. 北京:新世界出版社,2010.
[9] 任遂虎. 大学写作训练[M]. 北京:中国人民大学出版社,2016.
[10] 姚国建. 基础写作[M]. 北京:高等教育出版社,2013.
[11] 姚玉红. 应用文写作简明教程[M]. 北京:高等教育出版社,2016.
[12] 吴瑕. 文案策划与写作[M]. 西安:西安交通大学出版社,2018.
[13] 朱文斌,周金声. 大学语文阅读与写作[M]. 北京:高等教育出版社,2017.
[14] 欧阳国忠. 活动策划实战全攻略[M]. 北京:清华大学出版社,2013.
[15] 范时勇. 最新经典创意案例集[M]. 重庆:重庆大学出版社,2009.
[16] 赖声川. 赖声川的创意学[M]. 北京:中信出版社,2006.
[17] 冉福祥. 职业发展与就业指导[M]. 兰州:甘肃科学技术出版社,2009.
[18] 陈桂良. 毕业论文写作100题[M]. 杭州:浙江大学出版社,2007.
[19] 叶小鱼,勾俊伟. 新媒体文案创作与传播[M]. 北京:人民邮电出版社,2017.
[20] 山香教师资格考试命题研究中心. 面试实战技巧与真题演练[M]. 北京:首都师范大学出版社,2016.
[21] 孙珊. 莫言小说的跨文体特征研究[D]. 济南:山东师范大学,2014.